凤凰师轩
FENGHUANG SHIXUAN

行知工程 Education
教育求索系列

欣说教育那“一亩三分地”

一位一线教师的教育微思考

王庆欣◎著

江苏凤凰教育出版社
Phoenix Education Publishing, Ltd

图书在版编目（CIP）数据

欣说教育那“一亩三分地”：一位一线教师的教育微思考 / 王庆欣著. — 南京 ：江苏凤凰教育出版社，2016. 12

ISBN 978-7-5499-5956-3

Ⅰ.①欣…　Ⅱ.①王…　Ⅲ.①小学教育—教学研究　Ⅳ. ①G622. 0

中国版本图书馆 CIP 数据核字（2016）第 172653 号

书　　名	欣说教育那“一亩三分地”——一位一线教师的教育微思考
作　　者	王庆欣
责任编辑	雷利军　沈倩倩
出版发行	凤凰出版传媒股份有限公司
	江苏凤凰教育出版社（南京市湖南路 1 号 A 楼　邮编 210009）
苏教网址	http：//www. 1088. com. cn
照　　排	北京世纪鸿文制版技术有限公司
印　　刷	三河市九洲财鑫印刷有限公司
厂　　址	河北省三河市灵山大口
开　　本	787 毫米×1092 毫米　1/16
印　　张	15. 75
字　　数	274 千字
版　　次	2016 年 12 月第 1 版　2016 年 12 月第 2 次印刷
书　　号	ISBN 978-7-5499-5956-3
定　　价	30. 00 元
网店地址	http：//jsfhjycbs. tmall. com
邮购电话	025-85406265，85400774　短信　02585420909
E - mail	jsep@vip. 163. com
盗版举报	025-83658579

前言

向往不如前往

从事了某一项职业，只要是有追求的人，都会对这个行业的领军人物抑或顶尖人物怀有敬慕之情，甚至在心里默默地想：什么时候我也能成为他（她）？就拿教育系统来说吧，对于各课程的教学与研究，在全国范围内，每个学科课程都有令人仰慕的教学专家、教学能手，这些教学精英早就成了一线教师心目中的偶像。

向往之情，无可厚非。有向往，才会有追求。面对台前光鲜照人的精英，我们应该绕到他们的背后，去看看他们抛洒了多少汗水，付出了多少心力，才有了现在的成就。这些名师、专家之所以能够成为行业的领头雁，成为教学研究与实践的翘楚，是因为他们怀揣着对上一代名师的向往之情，立足当下，苦心耕耘。

若我们光有向往之情，却驻足不前，向往就只能成为永远的“空中楼阁”“镜花水月”。对于一线教师而言，我们心中揣有教育教学名师、名家的“样板”，将那些德艺双馨的教师“锁定”为效仿的对象，这对教育教学的发展而言，的确是一种莫大的动力。名师、名家之所以成名，是因为他们身上所散发出来的独有的人格与学术魅力，是因为他们拥有“化平凡为神奇”的魔力。这魅力、这魔力绝不会凭空而降，而是名师、名家在实践中用智慧去统整、用师能去建构、用师魂去捍卫的结晶。若我们只有成为名师、名家的梦想，并没有付诸实践的勇气与力量，那么向往只能是一种“阿Q精神胜利法”而已。

暑假里的一天晚上，我看了一期中央电视台的访谈节目——《小崔说事》，节目中邀请的嘉宾是作家慕容雪村。他是从高薪岗位上隐退，专门从事写作的作家。当主持人崔永元问他小时候的作文写得怎么样时，慕容雪村说了两件事：一次习作得高分，内容写的是这样一件事——小时候，他看到同学有一支漂亮的圆珠笔，很想占为己有，终于把它偷了过来。然而，他在课堂上不敢明目张胆地拿出来使用，在家里也不敢当着父母的面使用，忐忑不安，一点儿也不觉得兴奋。经过激烈的思想斗争后，他终于把笔还了回去。语文老师认为他写得情真意切，给了满分。然而这件事是他编造的，他并没有偷过笔。第二篇习作是慕容雪村认为到目前为止他写过的最有想象力的一篇原创作文，大概内容为自己走进了一个外星人的城市的事。老师却给了四个字的评判“胡说八道”，慕容雪村的该篇习作被评为不及格，获得了低分。节目做到这里，主持人崔永元呼吁道：“如果我们看这个节目的观众有老师，真的应该求求你们，对这样的作文手下留情。”

编造的习作得了高分，发自孩子真性情的想象写出来的东西却得了低分。我问自己，在现实语文教学中是否有过这样的蠢事发生？一位合格的小学语文教师应该具有怎样的情怀？是不问青红皂白地一味想当然，还是能走进孩子的真实世界？若没有这样的人文情怀，你又有什么资格去向往那些在教育教学方面功成名就的名师、名家呢？写到这里，我不禁想起了陈之藩先生的一篇文章——《莫须有与想当然》，说的是陈先生上小学时写的一篇佳作却被语文老师疑为抄袭，排在最后一名，老师说：“你如果说你不是抄的，拿出证明来！”同样令他委屈的事情在陈先生读大学三年级时又上演了一次。当陈先生在美国做教授后，有一位学生提交的论文“不仅风格清新，而且创意满纸，令人不能相信是一个大学生所作”，他到图书馆花了两天的时间查询“捉妖”，结果无所发现。一位同事这样告诉他：“如果你不能查出你学生是抄来的，你就不能说他是抄来的。你的学生并没有义务去证明他不是抄来的，这是罗马法的精神；文明与野蛮的分际，就在这么细微的差别上。我觉得这是常识，你却觉得这是个问题，好奇怪!”

我们暂不去评判陈先生的学识，从治学严谨这一细节上，我们就能看出名师、名家的不平凡之处。“莫须有”不可有，“想当然”不足取。陈先生最后说：“听了这一番教训，我倒没什么惭愧的感觉，而是想起中国文化中好多好多莫须有与想当然的故事。”对于我们一线教师而言，用陈先生的这一番话来观照我们平时的教育教学，“莫须有”与“想当然”的事件是否也常有发生？也许对于工作了很长时间的教师而言，这并不算什么大事，但对于每一个孩子来说，经历的小学教育在他们的记忆深处是唯一的。像慕容雪村、陈之藩这样的名人，对小学时候的事情也一直记忆犹新。可见，教育教学真的是无小事。

向往成为教育教学方面的行家里手，就要从做一位不误人子弟、不胡乱扣“莫须有”罪名、不“想当然”、有爱心、有耐心、有匠心的合格教师做起。当你成为合格教师后，再向优秀教师的行列靠近；当你的教育教学得到了同行、家长、学生的认可，当你已经成为走在前列的教师后，千万不要自满自足，而要不断地挑战自我，朝着卓越、不凡的杰出教师的方向去努力。这样，你站立在三尺讲台上的每一天，心中都会腾涌起不同的向往，这些向往都会化成你具体工作实践中的不竭动力，推动着你不断地奋进。此时的向往就成了引导你前进的推进器，这样的向往就有了充分的现实存在价值。

选择了教育，也就选择了奉献；选择了教育，也就选择了挑战。时代的发展，需要教育不断地适应，只有最适合孩子的教育才是最好的教育。作为教育的实施者，只有恪守职业操守，心怀学生，拥有公平、公正之心，在师德上追求高尚，在师能与专业发展上不断追求超越，才能成为行业中的标兵，才有资格成为他人学习的榜样。若我们教师队伍中的每一个人都能这样真切地意识到自己所从事的事业的价值与意义，并付出百分之百的真心，不断地修炼自我，奋力前行，那么，教育彼岸的花朵就有望在我们的手中绽放。

最后，我想用自己写的一首小诗与各位同仁共勉——

向往不如前往

苍鹰向往搏击长空
剑鱼向往腾跃浅底
骏马向往驰骋绿原
小小的我向往精彩人生
向往的高处
总是令人心驰神往
险峰处
总是汇聚着无限风光
有时
向往只是挂在墙上的装饰画
不积跬步无以至千里

向往固然美好
一味仰望只会僵硬脖子
山脚下的高山仰止
只是让向往成为标榜
带着向往的满腔激情
背起前往的行囊
将向往定位为前往的目的地
一路前行……
向往不如前往
前往的远方
总会有彩虹辉映

目录

第一章

与教育有关的关键语汇

教育应让学生做最好的自己

写下这个标题时，心中涌起一种澎湃的激情。这个题目不是我的原创，而是我校与温州市实验小学、中国人民大学附属小学开展的“京浙闽三地三校教学研讨联谊活动”中的“教学论坛”的题目。这个题目道出了教育的追求——让每个学生都做最好的自己。

尽管素质教育的呼声此起彼伏，但应试教育的阴霾犹在。如果说小学阶段还有素质教育的成分存在，那么到了中学，学校的大多数活动都围绕着中考与高考的指挥棒转——分数依然是学生与教师的“紧箍咒”。不可否认，考试也是一种能力，能检测出学生对某一些基础知识的掌握与消化状态，但并不是学生素质的唯一评价指标。德国著名物理学家伦琴说：“把你们在学校所学的知识统统忘掉，剩下的就是素质。”这话虽然有点儿调侃的意味，有些知识已经内化于心，哪有可能一下子全抛弃？若真都抛弃的话，则有时可能又会犯常识性的低级错误，连一些简单的原理都弄不明白。但有一点是确定的，那就是学校教育不能将学生教僵化了，学生在学校学习的应该是思考问题的方式与解决问题的策略、方法，是能够将所学知识内化、引申、扩展、扬弃乃至发扬光大的本领。目前，我们还没有找到选拔人才的更有效的路子，考试是相对公平与公正的一种方式。人的一生，经历的考试何其多，这也是人生必经的一种历练。现在社会上出现了一个叫“考霸”的新名词，指的是那些参加过各种各样的考试并拥有各种证书的“考试牛人”。他们已经成了考试的机器，至于在现实中运用知识的能力如何，就不得而知了。若我们的教育还只是在考试成绩上打转，跳不出应试的怪圈，那么，想让每位学生成为最好的自己也只能是教育者的一厢情愿罢了。每年高考一结束，成绩公布后，学校最先关注的是，今年我校拥有几个清华大学、北京大学的上线生？我校有没有文科状元或理科状元？全省文科、理科的前百名，我校究竟分得“几杯羹”？我校的本一上线率是多少？……更可笑的是，同一区域内的学校之间还展开了“高考榜”的较量，校门口的电子显示屏闪烁不停，各校均将自己认为最耀眼的成绩发布出来，以吸引更多的学生青睐、关注自己。明眼人一下就能看出名堂来——这是在用高考成绩做广告，争夺优质生源，为下一年度的高考“龙虎榜”能继续光耀学校门楣做好“招兵买马”的准备。

不止中学这样，就是小学，教师们也非常关注自己所教班级的学科成绩，每次考试，学校都要就学生的成绩进行统计与排序，虽然只在小范围内公开，但作为教师评优晋职的一个评价指标，试问又有哪位教师敢掉以轻心呢？难怪有时学校新收一些插班生时，教师对那些入学考试成绩不是太出类拔萃的插班生总是有些不喜，虽然接受了学校的安排，但内心深处是排斥的。为何？就是担心这些插班生跟不上本班学生的步伐，影响平均分，拖班级的后腿。

出于大班化的原因，目前，想让教育“因材施教”“分层教学”“有针对性地为每位学生设计发展方案”，在现实状况下是理想化了。再者，在基本“一刀切”的课堂教学实施中，要想让教育适合每一位学生的发展，就显得有点儿异想天开了。但作为教育者，我们就应该排除万难，尽力为学生寻找适合他们发展的路子，而不能以客观现实为借口，为自己的教育乏力找台阶下。

在现实状况下，应该如何让教育为每位学生成为最好的自己服务呢？我认为应做到以下几点。

一、要深刻认识教育的要义与内涵

作为与学生亲密接触的一线教师，首先应该对教育的要义与内涵有清晰且深刻的认识。教育是什么？教育就是使学生养成良好的习惯，形成优秀的品性，掌握必要的学习、生活的方法与能力，懂得与人相处、共事的方式，拥有积极、向上、向善、阳光、进取的心灵。教育，应该承认学生在认知方面的差异。多元智能理论告诉我们，不同的学生，智能在不同的方向各有优劣。我们不能企求所有的学生在学业上都是精英，都是考试的能手。这个时代不仅需要精英，也需要普通劳动者。再者，就是在精英阶层，各自的发展也不尽相同。就像在一个“尖子班”或“强化班”里，依然会有第一名与最后一名之分。

教育，不能单纯以学业成绩论英雄。学业成绩只是个人成长道路上的一个重要指标，而绝非全部。教育应更倾向于看学生的心智与心灵的成长状况。教育，不应该看横向比较，而应该看纵向比较，让学生自己与自己比较，只要有进步的脚印留下，教育就应该不吝啬掌声，以张扬起学生自信与奋发前行的风帆。

二、要着眼于学生的可持续发展

教育，不仅存在于课堂中，更存在于日常生活中，正所谓“处处留心皆教育”。因此，教育首先要做到课堂内外相勾连。教师要注意提升每一节课的生命质量，因为课堂是教师与学生进行生命对话的场所，教师要培养学生什么样的生命观、价值观、人生观，一切全在师生的课堂交互中。只有提升到生命质量的高度，每位教师才会潜心去了解学生生命的需求，将课堂的每一分钟都运用到极致，不浪费一寸光阴。这不仅是对学生的生命负责，也是对教师的教学生命负责。

其次，教师要将“教学生六年，着眼学生未来发展六十年”的箴言牢记在心坎。教师与学生相互交融、碰撞、激荡的时间毕竟是短暂的，只是学生生命成长过程中的一小段。小学六年，教师要考虑学生未来六十年的发展之路该如何去行走丈量。有了这样的眼界，教师的教育情怀就会变得壮阔。课堂上，教师关注的目光不应只停留在那一小部分所谓的学优生身上，而应将关注的目光较均匀地分配到全班每位学生身上，让他们都能全身心地投入课堂活动中。同时，教师应特别关注班级中的学困生，创造一些机会，给他们提供表现的平台，帮助他们树立自信，能更从容地面对学业。有了这样的教育情怀，教师就不会因为学生的学业成绩欠佳而采取一些过激的行为；有了这样的教育情怀，教师就不会单纯聚焦学生的学业状态，而更加注重培养学生的行为习惯；有了这样的教育情怀，教师也不会动不动就把学生家长请来，对某些学生进行无休止的“告状”。

再次，学校教育要与家庭教育、社会教育有机结合起来，通过教育实践、体验活动，促使学生感悟真善美，懂得为学校、家庭、社会做力所能及的事情，将感恩、爱、情意、善行、善举、善心等融汇到日常生活的点点滴滴中。一位有孝心、责任心、爱心、包容心的学生，就算学业不甚出众，未来也一定能成为有益于社会的人。教育的终极目标就是要培养社会主义事业的合格建设者与可靠接班人，这与其是一脉相承的。

三、要让教育变得温暖且可人

某日下午，学校接到市教育局通知，由于“凡亚比”台风可能正面袭击厦门，决定第二天中小学停课一天。校园广播刚播报完这则消息，就听见校园里所有的班级都沸腾起来了。那一刻，我就在想，学生经过暑假的休整，回到学校上学才刚刚一周，就如此渴盼不上课，而很少有学生会因为放假不上课脸上流露出遗憾、失望的神情。为何教育这样惹学生生厌？

教育难道只能以这样的面目示人吗？教育，是引领学生从无知走向有知、从稚嫩走向成熟、从无序走向有序、从懵懂走向明理的过程。教育者是引路者，引路者不能以可憎的面目出现，否则就没人愿意跟随，教育者就只能无奈地当孤独的举灯人了。

教育，要想走进学生的内心，就应该收起冷酷、严肃的面容，换上真诚、和蔼与亲切的面容走向学生。教师的言行、举止、目光、表情等都是传达这种信号的“发射塔”。作为教师，每天都应该将微笑挂在脸上，用真挚的笑容温暖每位学生的心房。一直以来，我很喜欢一句话：把花种在地上，得一季芬芳；把心种在花上，得一世芬芳。曾看过一篇题为《“自杀崖”上的50年微笑》的文章，说的是在澳大利亚悉尼港的东部有一座被称为“自杀崖”的临海悬崖，因为悬崖边的护栏高度仅有一米，许多想不开或有心理问题的人就选择在这里结束自己的生命。有一个叫里奇的人就住在距“自杀崖”约100米的地方，从34岁开始，他每天早晨起床后做的第一件事就是到二楼卧室窗前观察“自杀崖”。如果发现有人站在悬崖边，他就会立即冲过去，竭力将他们从死亡线上拉回来。50年来，里奇成功地从“自杀崖”边挽救了160条生命。人们称他为生命的“守护天使”。你想知道里奇采取了什么样的方式拯救了那么多自暴自弃的灵魂吗？方法很简单——他与想要自杀的人保持“安全距离”，不给对方提出忠告与建议，更不试图去窥探对方的隐私，而是送去一个温暖的微笑，轻柔地询问对方是否愿意和自己聊聊。待对方情绪缓和后，他便很随意地微笑道：“如果你有兴趣，我十分高兴邀请你到我家喝杯茶。”一个简单的微笑，在瞬间让人感受到从未有过的温暖，很容易就打消了自杀的念头。大多数人都乐意接受里奇的邀请，去他家里和他共品香茗。

这就是微笑的魅力！若教师也能时刻保持微笑，每天都和颜悦色地面对每一位学生，相信每位学生都会感到温暖。若教师只会板起脸训人，还能指望学生与他亲近吗？只有温暖而可人的教育，学生才会乐意并心悦诚服地接受。

教育，让学生做最好的自己！既然从事了教育事业，既然我们深知教育的责任与义务，那么，作为一线教师的我们有什么理由推诿，有什么理由退却呢？从事教育工作一天，我们就应该让学生做最好的自己一天！

教育的别称叫素养

我有两位朋友，做日本电器生意。由于销售业绩突出，不久前受日方厂家邀请，到日本旅游。回国后，他们与我谈起了几件事，让我很有感触，特此记录下来。

一、谦恭是发自内心的

在日本，不管是在饭店用餐，还是入住普通酒店，抑或进商场、小店购物，你会发现，每个提供服务的日本人都会向客人深深鞠躬；席间敬酒，当客人举起酒杯时，作为主人的日本人总是将酒杯低置于客人酒杯的腰部，双手护杯，身体略微前弓，每一个动作丝毫没让人感到做作，而只有受尊重的感觉。朋友说，在日本期间，接触的日本人不少，这种谦恭是相同的，是发自每位日本人的内心的。

听到这里，我不由地想，这谦恭的品质已然成为日本人待人接物的一种风度，也许是日本教育陶冶并促成了整个民族的谦恭品性，单就这一点，日本人给人的第一印象就是谦和、平易，有了这基础，后续的商洽就便利、轻松多了。也许，这就是日本人外交的一个“法宝”吧。

二、民族自豪感强烈

朋友说，日本夏普株式会社在接见经销商时举行了盛大的欢迎宴会，来自中国不同省份的20多位经销商齐聚一堂。夏普株式会社衷心感谢经销商的贡献，并赞扬中国市场广阔与壮丽的前景，而他们能够在中国市场立住脚跟，开辟新局面，是夏普株式会社的荣光。但接下来对方说的话，就让人不爱听了。日本人在宴会上说，虽然中国的制造业正在努力发展，但日本在电器行业的领先地位是中国永远也赶超不上的。在说这番话的时候，那位日本人的语气是明显加重的，同时可以看到周遭其他日本人脸上洋溢着的自豪感。那一刻，朋友攥紧了拳头，心里有说不出的郁闷。但又有什么办法呢？事实的确是这样，在国内，一说到电器，消费者立马想到的就是日本品牌。中国的经销商之所以得到这样的礼遇，从某种意义上说，正是因为他们是日本电器业在中国“掘金”的帮手。这是无可厚非的，在全球经济一体化的今天，市场由质量、品牌说话。到哪一天，我们的产品牌子“强硬”了，也让外国人为我们的品牌经销、打工，那才是中国人的福音。

一个在任何领域都能把民族自豪感显现在脸上的民族是非常可怕的，这种自豪感是深深植根在每个人心灵的土壤上的。哪一天，我们也能这样挺起腰杆，对着世界说，在许多领域，我们中国的产品就是“NO. 1”的时候，我们的民族自豪感才能得以真正的燃烧。

三、地铁站的“潮男”

在日本，乘坐出租车是非常昂贵的。朋友外出，选择了乘坐地铁。日本地铁的发达，举世闻名。但对于不懂日语，身边也没有翻译随行的朋友来说，选择这种出行方式无疑是冒险与唐突的。到了驻地就近的地铁站，朋友一看傻眼了，全是日文标识，该乘哪一条线路，该怎么买票，朋友一筹莫展。正巧，旁边站着一位打扮很时尚的年轻人，头发染成了黄色，戴着闪亮的耳环，耳朵上套着“夸张型”的耳麦，正在边听音乐边摇晃脑袋，一副很陶醉的模样。单从外表看，显然是那种不好惹的“问题青年”。见朋友一脸焦急，那个“潮男”向朋友走过来，嘴里叽里咕噜说了一通，见朋友没有反应，猜测出来是个“日文盲”，于是，两人便开始用“哑语”交流，朋友比画了半天，年轻“潮男”似乎猜出了大半，接过朋友手中的钱币，熟练地来到自动售票机前点击屏幕，很快，地铁票与找回的零钱一同从售票机的口中吐出。“潮男”双手将票递给朋友，然后摊开手，将找回的零钱一枚一枚地清点给朋友看，并示意朋友再数数。朋友非常激动，向对方点头致意，“潮男”忙回以鞠躬礼。这与他那“放荡不羁”的打扮显然很不相符。但事情到此还没有结束，地铁来了，那位“潮男”与朋友一同上车，起初朋友以为可能是同路，但当朋友到达所要去的站点时，“潮男”笑吟吟地提醒，并与朋友一同下车，将朋友送到了目的地，然后才满足地离去……

听到这儿，我的内心与朋友当时的心情一样，激动与感动并存。没想到，年轻一代的日本人能够把助人为乐之事做得如此细致，在我们一直以“礼仪之邦”著称的中国，可能就难以这般用心经营。原来外表的“潮”“酷”与内心深处的“柔软”“悲悯”是没有一点儿瓜葛的，用教育培植起来的“平民常态中的温情”，才是一个民族强大内核的关键。

1. 评价一个地方的总体特点，是从一事一物中窥探的。到一个地方，每个人都注重感觉。感觉是微妙的东西，是由内心深处升腾出来的。平常的一事一物往往会让人揪住，成为评判的准则与依据。因此，作为一个社会人，就必须一事一物皆关己，一事一物均关爱。

2. 个体是群体的永恒“代言”。社会是由众多个体组成的。对一个社会、一个群体的总体特点，还未深入接触的外人审视的依据是什么？是与他产生交集的个体。因此，社会群体中的每一个人都是这个社会、这个国度、这个地区的“代言”——虽然没有代言费，也不管你有没有意识，但是你已经在代言了。

3. 教育关乎个人与全体的素养。教育的目标不是追求分数，而是培养人的综合素质。综合素质是多方面能力与特质的总和。抛开个人的专业与特长不谈，在平常的交往中，人们更看重的素养是什么？是发自内心的、自然的大气与利他的爱。拥有这种素养的人，心中有大爱，时时刻刻都牢记着一个公民的权利和义务。这才是现代教育要追求的大目标。

教育需要的是坚持

2010年9月10日晚上，在厦门人民会堂隆重举行庆祝第26个教师节活动，市委书记与市长亲临会场，市委书记做了重要讲话。活动表彰了一批优秀教师之后，还安排了一场文艺演出——《心声》，以表达广大一线教师不忘使命、奋发进取的肺腑之言。

有这么一个节目，深深地打动了我。这是一个舞蹈节目《走在山水间》，表演者是厦门市特殊教育学校的学生，清一色女生，最大的十五六岁，最小的才八九岁光景。音乐采用《山路十八弯》进行改编，节奏明快，富有山野气息。这是一支特殊的舞蹈队，队员们全是听力有障碍的孩子，20多个孩子因为舞蹈走在了一起。此前，我并没有这样近距离地观看过聋哑人的舞蹈表演，2005年央视春节联欢晚会上《千手观音》的成功演出技惊四座，誉满全球，但我只是在电视上看过。虽然我们也知道，残疾人表演节目要付出常人难以想象的艰辛，但我们毕竟没有现场见证。可当天晚上，我与全市1000多名教师代表共同见证了这些听障孩子的美妙舞蹈，那是一种震撼人心的美。

台前站着一位指导老师，从音乐乍起的那一刻，这位指导老师的手与身体没有一刻是“清闲”的，她不但要陪着台上的孩子们一起跳，还要通过只有听障孩子才能看懂的肢体语言传达着节拍与动作“起承转合”的信号；台后也站着一位指导老师，同样用手语传递着只有她们看得懂的指令。我是一个五音不全的音乐盲，对于舞蹈更是双脚如坠重物，无法挪步。记得有一回，年级要在教师联欢会上集体表演一个节目，全年级的老师都扭起了秧歌，只有我不敢摆动腰肢，动作僵硬，惹得台下笑声一片。我是一个听力正常的成年人，对乐点、节拍等的反应是如此迟钝，而在舞台上表演的20多个孩子，她们的听力全都是有问题的，若没有看到台前、台后的指导老师在发出指令，想必大家都不会相信，这群和着音乐翩翩起舞的美少女竟是残疾人！

我更惊叹于她们舞姿的蹁跹与舞蹈队列的多变。这支特殊的舞蹈队虽然选择的是高难度的舞蹈，但动作协调，充分展现了舞蹈的变幻之美。

望着台前不住“摇曳身姿”的指导老师的背影，一位30岁左右的女教师，个头不高，穿着朴素端庄，身材略显单薄，她是“衣带渐宽终不悔”，为了台上的20多个孩子，她心甘情愿挥洒着才智和汗水。不知道她在这个舞蹈节目的背后付出了多少，一个月？一季度？还是一年、两年？……如果没有爱心与责任感的参与，时间并不能让孩子增值。舞台上孩子们的精彩表现，虽然呈现的只是短暂的时光，但她们把美、把对生活的热爱与向往留在了舞台上，也镌刻进了观赏者的心坎里。指导老师付出的辛劳，其意义不仅在于成功排练了一个节目，而是树立起了听障孩子的自信，听障孩子也能在无声的世界里，凭自己的理解，用肢体动作将对世界、对社会、对生活的理解传达出来，尽管不易，但是她们享受着这种痛并快乐的过程。

看着舞台上的翩翩舞蹈，我想到了一个词语——坚持。有舞蹈指导老师的坚持，坚信只要真诚、努力、悉心指点，就一定能让“铁树开花”；有听障孩子的坚持，尽管自身条件有缺陷，但只要心中燃烧着一团执着的火焰，就一定能让“一切皆有可能”！坚持的过程是难熬且痛苦的，可能有过打退堂鼓的念头，也可能有过自我质疑的时候，但只有坚持到最后，才会笑得最灿烂，并从中获得乐趣、信心，进而越走越远！

于是，我想到了学校的教育教学，特别是一些所谓的“主科”，总会制造出所谓的学困生。孩子从入学那一刻起，只要不是先天性的智力低下者，一般是站在同一起跑线上的，当然由于学生在“多元智能”方面可能有短有长，但还不至于相差太远。可为什么年级越高，孩子的学习差异会越来越大，并且学困生的数量也会“水涨船高”呢？很重要的一点是，教师没有做好预防性辅差工作。没有预防性辅差的意识，没有分层教学的举措，一切都按部就班，全班学生“齐步走”，不管学优生“吃得饱不饱”，更不管学困生跟得紧不紧，一切均按教师个人的设想进行教学，什么因材施教，什么循序渐进，如滑耳际……结果，蝼蚁之穴，溃堤千里。学困生不仅诞生了，而且还有可能变成特困生。

听障孩子在指导老师的尽心培植下都能够在流光溢彩的舞台上跳出曼妙的舞姿来，更何况是智力正常、身心健康的孩子呢？我们的教育没有选择对象的权利，每一个孩子都有接受教育的权利。对于学业暂时落后，行为习惯、道德品行等暂时不良的孩子，教育应该发扬《士兵突击》中所宣扬的“不抛弃、不放弃”的精神，以坚忍的意志书写教育坚持的品质，坚信精诚所至，金石为开！

我们从事教育的工作者要敢于喊出“教育没有掉队者”的豪言壮语，在正确的教育教学思想的指导下，努力让我们的教育不出“次品”“残品”。为此，我们必须做到以下几点。

1. 要耐心十足。对于学业暂时落后、品行表现欠佳的孩子，辅导、教育起来不可能立竿见影，况且学生有时所犯的错误会不断重复，教育是没有“一剑封喉”的绝招的。在辅导与教育的过程中，教师要修炼耐心，理解和宽容学生，让学生感受到温暖，激起学习的信念和勇气。

2. 要爱心满盈。孩子的心灵是敏感的，教师对他们的态度如何，孩子的心中像明镜似的。教师要进一步增强教书育人的责任感和使命感，不仅注重教学，更注重育人；不仅注重言传，更注重身教，以自身满盈的爱心，尊重、关心、爱护每一个学生，诲人不倦，因材施教，引导全体学生努力向上、积极进取。

3. 要方式多样。教学是讲究科学性的，教育是讲究艺术性的。对孩子的教育、引导，需要广大教师开动脑筋，积极应对问题，寻求解决的方案。教育最忌千年不变用古法，因为学生群体正在顺应时代的发展，如果教育不能与时俱进的话，那么，教育的步伐便永远不能与时代同步、与学生的现实发展需求同步。

4. 要行动坚定。这一点尤为重要，这个时代，各种诱惑太多，对于职业抑或事业的挚爱，不是挂在嘴上的，而是要落实在行动上的。认准了教育事业，就要以坚定的信念去践行，切忌半途而废。

教育，需要坚持；教育，需要坚持好的、对的；教育，需要坚持正确的方向。在育好人、教好学的前提下，让坚持谱写出教育更恢宏的华章！

教育应坦然面对竞争

现代社会，各行各业对“竞争”一词都不陌生。例如，商品要想在竞争中脱颖而出，成为消费者的挚爱，就必须拥有上乘的质量与良好的口碑。为什么同是衣服，名牌与非名牌之间的差价会那么大？因为品牌的价值不同。

竞争，有恶性竞争与良性竞争之分。恶性竞争是以利己为追求目标，为了逐利不惜采用不正当手段甚至是违背法律法规的手段。而良性竞争则是在公平、公正的前提下，你追我赶的一种“促进化的游戏”——获得优势或优胜的一方只是暂时的，不是永久的，一旦止步不前，就有被他人取代的危险；暂时处于劣势的一方，失败也只是一时的，只要信心不泯，就有东山再起的一天。良性竞争能激发竞争双方或多方的斗志，促使他们不断提升自身的竞争力。

只要一踏入职场，竞争就会如影随形，谁也回避不了。我常想，是不是只有我们中国人热衷于竞争？其实不然，竞争也是一种全球性热潮。最近，我收看了一档节目，叫《百万厨房争夺赛》，是由美国一位著名的大厨捐资设置的，他想挑选出一位厨师到拉斯维加斯的一家新店去当大厨——价值百万美元的厨房。这是多少厨师梦寐以求的。活动的开展形式与我国的一些选秀节目有些相似，也是采用淘汰制。最后有两名厨师进入了决赛，分别是已为人妇的维多利亚和才25岁的琴瑟。决赛异常紧张，在两名选手不知情的情况下，节目组请来了好莱坞巨星品尝团。两名厨师要按照客人所点的餐品，按照先前餐，再主餐，后甜点的顺序上菜。两位主厨都配有一些供其调遣和与其配合的厨师，厨师团队中有的是曾经参赛，但在残酷的竞争中败下阵来的成员。于是，在竞争中，人性中的一些不善的因子就凸现出来了。例如，有人故意不听主厨的吩咐，切中手指，以包扎伤口来延误时间；有的故意放慢速度；有的在厨房现场愣站着不动……

给主厨带来了不小的麻烦。最后由品尝团成员打分，由出资办赛事的知名大厨决定“花落谁家”。有意思的是，当镜头对准那些曾经在竞争中落败的厨师时，他们都对这两位主厨表现出极度的不服气。其实这也正常，人人都认为自己是最好的，面对别人超越自己，最有效的心理暗示是——在这次比拼中，我可能稍逊一筹，但并不糟糕。我应该表现得大度一些，向对手表示祝贺，这是绅士与淑女才具备的素质。

该怎样促进良性竞争？该怎样培养竞争者的平和心态？这是处在竞争的风口浪尖处最迫切需要解决的两个问题。我身在教育界，对教育中的竞争较为熟悉，我想借助这两个问题为教育开启一扇思索的“天窗”。

一、校际竞争需要“当家人”展示胆略与魄力

在升学压力有升无降的今天，初级中学拼的是中考的升学率，高级中学拼的是高考的升学率以及考上重点院校的比率。虽然小学取消了“小升初”考试，采用就近派位入学的方式，但一入学，高一级学校会进行入学摸底考试，就临近几所学校学生的学业状况进行横向与纵向比较。教育行政主管部门也会以质量监控的形式予以验收。可见，升学压力依然压得学校喘不过气来。因此，校际之间的竞争就必然存在。同一地域，由于存在校际竞争，校际之间的教育教学交流就显得“可遇而不可求”了。据了解，有些学校还向学生下“封口令”——凡是本校用于练习或考试的试卷，绝不能流向其他学校。各个学校的“封山育林”措施，使得各校各自“闭门造车”，教育教学质量难以形成有力的“组合拳”。

教育，不是国防机密；教育，是无边界的，是促进所有人共同发展的事业。教育，一旦背负起沉重的升学压力，就会放弃甚至抛弃对人的品格、德行、信仰、素质等的培养，使教育误入学业的泥潭，这是最可怕的结局。

作为一所学校的校长与领导班子成员，在应对竞争时，一定要开阔视野，要立足学校自身的实际，不被眼前的狭隘利益所诱惑，随波逐流，丧失学校自身的办学特色。学校靠质量立校是正确的，但对质量要义的理解应该是多元的。学校要把促进学生身心健康发展摆在首位，不被分数所奴役，不被小利所诱惑，不被个人升迁所羁绊，一切以学生的发展效度说话。我曾看过一篇报道，说我们的高校大多数崇尚以赢利为目的的办学理念，而哈佛大学不是这样，他们的学校收入主要依靠从这所学校毕业的学

生在各自的岗位上建功立业后的回馈捐赠。因为需要让学生有朝一日“报得三春晖”，在学生求学期间，校方势必要使出浑身解数以让每一位学生都记挂着学校的千般好与万般情。在这样的办学思想引导下，学生在学校的生活必然是充满阳光与鲜花的。

哈佛大学的做法是不是值得每一位学校“当家人”思考呢？

二、教师竞争需要学校营建良好的环境和良性驱动

只要有单位存在，单位成员之间的竞争就必然存在。俗话说，文人相轻。特别是文教系统，知识分子聚集的地方，这种不服气、不钦佩、不兼容的现象并不少见。你的教学水平与教学能力与任教相同学科的教师之间存在着竞争；你所管理的班级与其他班级之间也存在着竞争；你要晋升职称，与同等条件的其他教师之间存在着竞争；学校实行岗位绩效工资制，在职称“评聘分开”的情况下，你与其他教师之间同样存在着竞争……

当然，学校教师之间的竞争还会反映在评优评先等活动中，还会存在于学校所推出的各种竞聘任职的活动中。竞争可谓无处不在，无时不有。有竞争，就能有“活水”，就会消除教师的职业懈怠。从某种意义上说，竞争推动了教师奋进。

作为学校的决策层和管理层，要努力为教师间的良性竞争创设健康和谐的环境。学校要发扬正气，树立正确的舆论导向，积极树立教师身边的模范，努力发扬学校办学征程中的优秀传统，竭力提升学校文化，使每一位为学校服务与奉献的教师都能领悟到学校优秀文化的精髓——人人都力争上游，人人都争当最好的自己。学校应依法治校，对教师的教育教学水平要有一套完整的评价体系，凡事只对事不对人，在规则面前人人平等。竞争，不是为了争名夺利；竞争，只是为了更好地发展自我，形成学校发展的共同体。

学校要高度重视教师的精神文化生活，积极地为教师的日常工作“舒压”，如组织教师社团活动，以备课组为单位实现教育教学经验的分享，以工会牵头组织联欢联谊活动等，通过多种渠道经常性地开展精神文化活动，增进教师之间的情谊，让教师专业发展之间的竞争朝着良性的方向发展。

三、教师竞争需要教师自身在坚持不懈中保持平和心态

教师，是一项需要不断更新与引进活流的职业。教师要想常葆专业上的强劲势头，就必须不停地吸纳、内化、催生、输出……也就是说，一位合格的教师，在专业发展的道路上必须始终保持着奔跑的态势，一旦停滞，就意味着教育教学生命的凝固甚至倒退。当然，这并不是说让教师每天都绷紧神经过日子。职业特点决定了教师专业发展的动态性，我们必须奔跑，但我们也必须拥有一颗平常心。奔跑是我们选择的生活态度，但并不是非得要争取第一名，毕竟第一名只有一个。观看体育比赛时，每当看到镁光灯只是聚焦在冠军、亚军、季军身上，作为一个旁观者，我的内心充满了悲凉——冠军、亚军、季军固然需要彰显，但对于那些彰显体育精神、积极参与体育运动、坚持不懈却与奖牌无缘的选手，我们有什么理由去忽略他们呢？同样，让每一位教师都成为第一名显然是荒谬的。

每位教师须谨记，不管目前自己在专业上取得了怎样的成绩，那都是过往的辉煌。奔跑的态势告诉我们，我们应该坚持不懈，继续登攀。我们可能得不到第一，但要有不服输的劲头，岁月能增加我们的皱纹，但不能摧垮我们的斗志，我们要做最好的自己，以每一天都比昨天更棒的状态存在着。平和的心态，让教师在和自己的纵向比较中获取不竭的前进动力，这才是教师应该具有的本色。

只要正确地认识竞争的内涵，积极地投身于竞争的行列，竞争就能驱动你大踏步地行进在教育的康庄大道上。感谢竞争，浇铸出教师永不停歇的耕耘者的形象。

教育应提供正能量的滋养

兔年寒假，我比较清闲，傍晚时分会准时关注央视二套财经频道的《生财有道》栏目。2月15日的这一期节目讲述了白领辞职饲养孔雀致富的故事。江苏有位叫娄霞的女士，原先是学设计专业的，是一位玩具设计师。一次偶然的机会，有朋友从南方回来，送给她6只小孔雀，让她煮着吃。娄霞面对可爱的小孔雀，怎么也舍不得下手，于是，就把这6只可爱的小孔雀送到了乡下父母处。一家子也不知道孔雀吃什么，就像喂鸡鸭一般喂养着，给它们吃五谷杂粮、饲料等。没想到，这6个小家伙竟也茁壮成长着。一年后，6只小孔雀下蛋了，很快就变成了50多只小孔雀。孔雀一多，麻烦也来了，发情期的孔雀叫声非常嘈杂，邻里开始有意见了，甚至向林业部门投诉，政府部门出面干涉，说个人不能养殖孔雀，假如是观赏的话，顶多养一对。于是，娄霞只好登报，请求有喜欢孔雀的人士认养。结果，看的人虽多，领养的人却很少——因为没有地方可圈养。这一登报，倒引来了酒店与生态园的人，他们的话给了娄霞这位原先就有创业想法的女性以启迪和勇气，蓝孔雀可以饲养，酒店的需求量还蛮大的，江苏南京养殖孔雀的人不多，市场供不应求，很有前景。

想到自己的创业激情，娄霞决定“背水一战”——辞职专门养殖孔雀。在靠近公路、方便运输的地方，她投入了40多万元，开办了“东南飞孔雀养殖场”。一开始还挺顺利的，但两个月后，问题就出现了：有几只孔雀突然死亡，经解剖，发现是撞击引起内出血所致。奇怪的是，孔雀好端端的，怎么会做出这样不可理喻的行为呢？经过跟踪观察，娄霞发现，原来孔雀胆子特别小，而养殖场紧临公路，车流量大，喇叭声不绝于耳，孔雀经常性地担惊受怕，一害怕就振翅往屋里飞，结果就重重地撞到墙上，出现了“自戕”现象。在社区的帮助下，娄霞将养殖场搬迁到了比较安静的郊外。可刚过不久，又出现了新问题。有一天，娄霞发现，有孔雀头部出血而死。这又是怎么回事？经过观察发现，原来养殖的孔雀一多，孔雀之间难免会发生抢食行为，结果就出现了伤亡事件。这可怎么办？不是养殖专业出身的娄霞也一筹莫展，虽然试了不少方法，如人员干预、气球诱惑、用玩具分散注意力等，但只奏效两天后就失效了。后来，在孔雀怕噪音的启示下，娄霞突发奇想，让孔雀听音乐，用音乐来抑制、舒缓孔雀聚众好斗的习性。没想到，这一招还真管用，在音乐的陶冶下，孔雀之间的争斗骤减，让我们不得不感叹音乐的非凡魔力。

孔雀在快乐地成长着，可不久，问题又来了。有一天，孔雀又莫名其妙地死去了，而且一下子死了40多只，这可把娄霞心疼坏了。上网求助也无能为力，娄霞带着死孔雀找到当地动物园寻求帮助。专家解剖后告诉她，孔雀死于寄生虫，如果提前预防、消毒的话，这种状况是可以避免的。于是，在专家的指导下，娄霞建起了消毒池，为孔雀注射了预防药。经历了这种种的“磨难”，目前，娄霞的孔雀养殖业已做得风生水起，一只孔雀的成本价加一年的投入大概在300元以内，卖给酒家，一只可卖500多元，行情好时甚至可以卖到800多元，若卖给人观赏，一只可以卖到1800多元，利润空间巨大。娄霞凭着自己的胆识，尝到了养殖孔雀的大甜头。

由娄霞的成功创业，我联想到平日里接触到的一些朋友，他们大学时学的专业与后来从事的职业“风马牛不相及”，但这并不妨碍他们的事业发展。也有些朋友原先在学校里的学习成绩并不理想，有的甚至没有考上大学，但并不妨碍他们的商业意识与商业天赋，把生意也经营得红红火火。一位朋友在与我交流为什么要让孩子读大学时，阐述了他的观点——孩子一定得读大学，还必须读名牌大学，不是为了家长的脸面，而是想让孩子到名牌院校中去接受综合素质的全面培养。专业并不重要，重要的是孩子能在高校的学习中培养起社会交际的能力、解决问题的能力、踏实做事的能力、组织决策的能力等。到社会上打拼时，这些综合能力会发挥出重要的作用。

把娄霞的创业故事与我朋友的观点糅合在一起，以一个教育工作者的视角来看教育，我不禁问自己：我们的教育究竟应该为孩子未来的发展提供怎样的帮助？难道仅仅只是那些可以用成绩来评判的知识、学业成绩吗？

世界的未来是属于孩子们的，不光是大学教育要培养学生的综合能力，其实，在基础教育阶段就必须努力培养学生各方面的能力，特别是应对环境、应对困难、应对挫折等的能力。像娄霞学的专业与她后来从事的养殖工作一点儿关系都没有，但她身上有一种不怕挫折、善于观察、善于思考、善于解决问题的特质。试想，假如娄霞的抗挫折能力差，在遭遇孔雀的“自戕”风波后，她的世界可能就要阴霾一片了。但她咬牙挺过来了，背水一战的她没有冲动，而是理性地对待，冷静地全力寻求对策，这就是能力。这是孩子走向成熟，立足社会求生存、图生活、谋发展的根基所在。

教育，就应该有这样的前瞻性，要全力培养学生的综合能力，这也是素质教育的应有之义。然而，在教育现实中，由于安全责任重于泰山，学校教育受到的制约又特别多，加上独生子女受父母的呵护过多，学校不敢也不能开展更多的有益于学生综合素养发展的活动，只能局限在校园的狭隘空间里，唱一唱有限的“素质教育之歌”。一说到学生的素质，衡量的标准更多的是孩子的学业成绩如何，孩子会几样艺术特长，孩子参加了多少艺术类、文化类的比赛，捧回了几个奖项，等等，学业成绩依然是外界评价学校办学效益的主要指标。学校不敢冒风险，在校本课程的设置上往往也没有多大的作为，于是难以形成真正意义上的办学特色。

一所“一心只读圣贤书”“唯分数论英雄”的学校，学生的能力发展必定是有限的。不可否认，学业成绩的高低也能检测出一个人能力的高低，但需要明确的是，那也仅是一项指标。试问，曾经数理化学习成绩非常优异的人，他的知识在现实生活中运用的又有几何呢？曾经那么出色的数理化学业成绩，对他如今的现实生活又有怎样的影响？影响固然是有的，但不是学业成绩，而是思考问题的方式与方法，这才是一个人立足社会的所需。

我们的社会是纷繁复杂的，不是真空，也不是“家天下”。特别是当独生子女成为社会主力军的时候，人际关系就显得尤为突出。假若我们的教育，特别是基础教育，没有培养起独生子女与他人和谐共处的习惯和良好的交际能力，可以想见，当这些独生子女走上社会时，我们的社会该变得怎样触目惊心。

教育，不光是学校的责任，家庭教育与社会教育也一样重要。从这个意义上说，我们每个成年人都是教育者，只有我们的孩子成长了，发展了，能力提高了，心智健全了，心理健康了，心态阳光了，我们的社会才会有一个明媚的未来。教育，不是一个人的话题；教育，是全社会时时刻刻都必须关注的话题。作为教育工作者，我们理应立足课堂、立足校园、立足平时的点点滴滴、立足师者的表率，不唯分数、成绩为上，而是潜心研究培养、提升学生综合能力的方法与途径，不遗余力地促进学生各项能力的发展，以己之力，为我们教育的美好明天献力。这才是一位教育工作者的良知与道义！

教育应与孩子的发展变化同步

邻家有个小女孩，刚满一周岁，家里人唤她妮妮。她家与我家隔一条小巷道，我家厨房的窗户与她家客厅的窗户相对。小家伙最爱找人玩，有时我们在做饭，无暇理睬她，她就会很生气地用食指指着我们，嘴里发出咿咿呀呀的独特小“女高音”，以期引起我们的注意。她开心时，就发出像小狗吠声一般的笑声，一手捂着嘴，一手做抛飞吻的动作，希望能博人一笑。小家伙还很会“折腾”人，用手抓妈妈的眼镜，用手扯妈妈的脸颊，在妈妈脸上“拍鼓点”，嗤嗤地笑，还会冲我们“挤眉弄眼”，做鬼脸。可当她爷爷抱着她到小区下面玩耍时，任我们怎么打招呼，她那“隔栏问候”的影子都不见了，摆出的却是“横眉冷对”的“酷架势”。这一切，大人们并没有教她，这小家伙不仅全都会了，还能运用得恰如其分。回想十多年前我女儿好像比这“鬼灵精”要逊色不少！是什么促成小家伙“自学成才”呢？根本原因在于，时代在发展，孩子的“先天性因子”也在发生变化。

孩子从出生那刻起就与这个多变的世界紧密地联系在一起，在同一年龄阶段的横坐标上，现在的孩子变得更机灵、更敏感、更有慧根。当这些孩子到了入学的阶段，我们的教育起点又会发生变化，如果我们还用以前的“经验主义”来对待这些“新新人类”，可能我们的教育就要落下“老古董”“泥古不化”的骂名。

经常听到身边的同事抱怨：“现在的孩子怎么越来越不好教育？”我在想，孩子越来越不好教育，根源在于孩子在与时俱进，可我们的教育方式、教育方法没有适时调整，无法适应孩子心智、情智等方面的发展变化。

一日，我到一位朋友家小坐，朋友最近心情郁闷，经过闲聊，发现原来症结出在他那上初中的儿子身上。朋友说，他已经半个月没有和儿子讲话了，儿子的脾气变得越来越糟糕，大人多说他两句，他就摔东西。之前孩子愿意让父亲中午开车去接他回家吃午饭、睡会儿午觉，现在不但“拒乘”、拒绝回家吃午饭，还振振有词地说：“中午留在学校吃饭，为的是赶时间做点作业，为晚上减轻点负担，早点睡觉。否则影响睡眠，影响发育。”道理一套一套的，想挑毛病都难。我“刨根问底”，原来他们父子关系暂时恶化的原因竟出在手机上。孩子在暑假里整天用手机玩游戏、挂QQ，手机不离手。开学了，父亲担心他“玩物丧志”，没收了他的手机，于是就产生了父子纠纷。

还有一位朋友，女儿今年上小学二年级。朋友曾是县里的高考状元，是清华大学的毕业生，因此对女儿有莫大的期待，希望女儿能超越自己，成为更优秀的人。朋友对女儿的学业要求非常严格，除了要求女儿完成老师布置的作业之外，还经常拿《黄冈题库》中的试题来训练孩子，他遵循的理念是“题海里出精英”。但事与愿违，孩子渐渐地产生了厌学情绪。

凡此种种，在我们的身边并不少见，家长、教师的心愿是美好的，但为什么好心没有办成好事呢？究其原因，关键在于我们的教育理念、教育方法还在原点徘徊，没能与孩子的发展变化合拍。

教育是以变应变的艺术，企求一劳永逸的教育是空想。教育的“变”得益于教师在教育教学过程中的不断反思与提炼，要在旧经验与新问题的矛盾冲突中寻找新的平衡点。一旦建立起新的平衡，新的矛盾又会出现，教师与家长就要重新审视、构建，这就是探索教育的乐趣所在。

我还有一位朋友，女儿上小学三年级。小姑娘在学钢琴，但每次练琴都很被动，任凭父母如何赏罚都没有效果。后来，朋友想了一个办法，下班回家后，朋友就做疲惫状，口中念念有词：“现在我要是能听听某某的钢琴曲，就可以消除疲劳啊！”其实，朋友提的这些曲目都是女儿最近新学的，女儿听见了父亲的话，也想为父亲尽点孝心，就说：“爸爸，我为您演奏吧！”无形中，朋友的做法给女儿搭建了展示才艺的舞台。在练琴的过程中，女儿怀着愉快的心情在弹奏，效果非常好，因为没人逼她演奏，一切均源自女儿的内在驱动力。教育方法的转变，让女儿对练琴有了新的期待。

可见，与其埋怨孩子不循规蹈矩，还不如从自己身上找根源。孩子在变化，这是发展的必然，我们的教育更应该寻求变化，以适应孩子的发展变化。世界上找不到万试万灵的教育妙招，这就要求我们广大教育工作者要“变则通”，要研究现代学生的心理特点，要在实践中潜心研究属于自己的实用教育学，建立学生的分类档案，对学生进行有针对性的教育，抛开简单粗暴，丢弃批评叱责，丰富我们的课堂，启迪孩子的思维，激发孩子的学习兴趣……

孩子每天都在变化，教育每天都在跟进发展，唯有这样，学校才有望成为孩子的乐园与学园，教师也才会成为学生心目中的“偶像”。教育与孩子的发展变化同步，就会变得美丽动人起来。

教育要讲究科学性与艺术性

一直以来，我们常常说，教学是需要艺术性的，教育是要讲究科学性的。从表面上看，这种表述是有一定底气的。因为我们在日常教学中所观摩或见识的一些名家名师的课堂，他们的开放、包容、睿智、和谐、风趣、巧妙等，均给我们留下了深刻的印象。这些名家名师对课堂教学已经驾轻就熟，是我们这些平庸之辈难以望其项背的。

一天，我在韩国的一个综艺节目中看到一位来自日本的姑娘，能坐在独轮车上高速旋转，最高转数达到了 500 圈，令人叹为观止。对于我们平常人来说，别说是骑独轮车了，就是在原地能旋转 500 圈就算创造奇迹了！普普通通的独轮车在这位“独轮车天后”的脚下，却成了一种高雅的表演，这就是艺术。从这种意义上说，名家名师的课堂教学的确是在用他们的智慧创造着令人赏心悦目的教学艺术。

再来看看教育的科学性。走过了漫长的历史长河，教育也逐渐地发展，从稚嫩走向成熟，成为一门涵盖面很广的科学，走进了人们的视野，并被人们广为接受。

什么是科学?《现代汉语词典（第 6 版）》中是这样定义的：反映自然、社会、思维等的客观规律的分科的知识体系。还有一种释义是合乎科学的。经过漫长岁月的浸润，反映教育客观规律的分科的知识体系也越来越精细化。

但我对教学的艺术性与教育的科学性产生了质疑，主要有以下几点思考。

一、厘清教学与教育的含义

《现代汉语词典（第 6 版）》对“教学”一词是这样解释的——（1）教书；（2）教师把知识、技能传授给学生的过程。“教育”——（1）按一定要求培养人的工作，主要指学校培养人的工作；（2）按一定要求培养；（3）用道理说服人使照着（规则、指示或要求等）做。若按现代教育与教学的理念来观照，你就会发现，《现代汉语词典（第6版）》对教育、教学的概念界定存在着狭隘性与滞后性。我认为，“教学”是在一个特定的场景、场合里，教师以学习组织者、参与者、促进者等的身份置身其中，以教材为凭借，在和谐、宽松的氛围中，达成知识的学习与能力的培养的过程，而并非《现代汉语词典（第6版）》中所谓的教师的知识、技能的单向授予，若以此来衡量，教学则成了学生“被教学”的意思。这显然与现代教学理论是相悖的。

“教育”是对受教育者的一个积极、正面的塑造与培养的过程，不仅指知识的滋养、能力的培植、品行的塑造、情操的熏陶、爱心的培养、美德的传承等，还要求以一个合格公民的标准来完善自我、服务人类、感受人生的幸福等。

因此，我认为，教育的外延是广阔的，教育的场景是不受时间和空间的制约的，正所谓“生活中处处是教育”“教育无处不在，无时不有”。教学仅是教育的一个组成部分，是受教育者在整个教育人生中的几个有限的阶段而已。教育还有“他教”与“己教”之分，他人教化是需要一种自我认同的介入，自我认同程度高，接受“他教”就能产生正效应，否则，“他教”效果就会大打折扣。“己教”是最关键的因子，自我教育不停步，每日三番五次反省自身、督促自身、内化自身，此时的教育就已经与受教育者的生活紧密地联系在一起了。就此而言，教学是教育的“子集”，教育是教学的“总集”；同时，教学含有狭义的教育之义，让学生从教学活动中获得规则、秩序、道德等的启示。正如第斯多惠所说：“教学具有教育性。”

二、辨析艺术性与科学性的意义

什么是艺术性？《现代汉语词典（第6版）》中给出了这样的解释——文学艺术作品通过形象反映生活、表现思想感情所达到的准确、鲜明、生动的程度以及形式、结构、表现技巧的完美的程度。什么是科学性？《现代汉语词典（第6版）》中没有这一条目，借鉴“科学”的定义，我认为可以这样表述——科学性就是合乎某客观规律的分科的知识体系的“根正源清”的行为、方式。

艺术性更倾向于创造，是个人对生活的思考与提炼，并借助某一媒介（如文学作品、艺术作品等）加以呈现，是一种智力的新开拓，是对已有模式、范式等的突破与超越。而科学性则更多指向合乎规则，是必须“按常规出牌的”，所涉及的分科的知识体系都是“有据可查”的，是对客观规律的反映。艺术性指向鲜活、跃动、富有挑战性；科学性指向凝练、遵循、呈现顺从性。

三、叩问“教”的对象

不管是教学还是教育，都指向“教”的对象——学生。学生是什么？学生首先是“人”，其次是“社会人”，再次是“公民”。是“人”，就必须成长，包括生理与心理的共同成长；是“社会人”，就必须与社会大环境紧密地联系在一起，需要适应社会，与社会交融；是“公民”，就必须有担当，有责任感，能服务他人，乐于奉献……

可见，“教”的对象——“人”，是“教”的出发点与归宿。人，是复杂的，复杂在人的丰富的内心世界，没有两个人的心理世界是完全一样的。人，思维复杂，没有两个人的思维是如出一辙的……“教”的对象也在不断地与时俱进，二十世纪五六十年代的孩子与二十一世纪的同龄孩子相比，显然在认知起点上是不一样的，若我们还在用以前的眼光来看待现在的孩子，那么我们的“教”必定会遭到孩子的抵制，因为这样的“教”已经落伍了。“教”的对象已经与当下的时代发展紧密地联系在一起了。

四、教学期待着科学性的“回位”

教学，凭借的是教材，虽然教材不是教学的全部，但它是教学的重要组成部分。“教材无非是例子”，教师要发挥聪明才智，将“例子”的辐射功效发挥到极致。教材的编写是有规律的，是由易到难、由浅入深、螺旋上升的，这是符合学生的认知特点的。教材呈现的知识并非学习的终极目的，它是学生借以通往更高认知的“台阶”，更何况在当今知识量、信息量巨大的时代，知识绝不是每个人学习的目的，而应该是必要的手段。从教材的知识体系中掌握学习的方法，并在不断地学习中寻找适合自己的路子，这种过程是超越知识本身的，是一种内化、顿悟、凝练、突破的过程。

教学的内容是以知识体系呈现给学生的，学生在学习过程中，知识是以手段的方式存在的，最终使学生掌握符合自身需要的学习能力。而教学是师生共同参与和支撑的思维与情感等多方交互的过程，作为学习知识的先行者，教师必须根据自己的专业背景与知识结构，对所要教学的内容进行建构，形成知识建模（板块），并依据教学原理与教学原则，设计合乎学生认知的教学环节。这些教学程序虽然不是固化的，但一定是有原则性的，是以学生认知心理学与教育学为依托的，必须遵循一定的科学性，否则，所有的教学只能是“竹篮打水一场空”。

其次，虽说“教无定法”，但“教学有法”。教学是需要遵守科学规律的，在科学施教的前提下，教师可以对教学方式进行合理的变革，而不是毫无科学依据地“信马由缰”，如若按超常儿童的认知来设计教学内容与教学程序的话，教学效果可想而知，因为这违背了教学的科学性，是一种激进式的糊涂教学。

再者，教与学是能相互影响和促进的，教师只是知识的先学者，并非知识的“霸权者”。在教学中，学生以自己的视角解读出的含义，有时可能是教师在备课中并未想到的，甚至超出教师的想象，这是教学的喜人风貌。通过教学活动，师生相互启迪、相互勉励，碰撞出新颖的、有益的创见，这也弘扬了与时俱进的时代精神，是教学不断走向科学发展的现实反映。

五、教育呼唤着艺术性的“吸附”

教育是什么？教育就是养成习惯，养成终身受益的好习惯。“习惯是所有伟人的奴仆，也是所有庸人的帮凶。”

由于先天遗传与后天环境等因素的影响与干预，教育所面对的对象——学生，注定不可能“千人一面”，学生的性格、兴趣、气质、思维、习惯等，均呈现出多姿多彩的样貌，这就决定了教育不可能像工业流水线一样，在同一个产品模子的轧压下，所有的产品均呈现一种面孔，连容量、厚薄等也都不差分毫。要是真能这样，教育就成了天底下最舒心的工作。而事实是，教育对象的千姿百态，注定了教育是一项复杂的工程，不可能简单了事，不可能用一种“放之四海而皆准”的方法来完成育人工作。

学生的性情天天在变，全班几十个学生，人人都有自己的问题……能期待将全班所有学生都“格式化”吗？显然是理想化了。教育，是用五十种方法教育一位学生，而不是用一种方法教育五十位学生。这不是简单的数值移位，而是育人理念的区别。前者是以艺术性的眼光来看待育人工程，后者则是以科学性的视野来审视教育。教育一旦过于追求科学性，势必将教育引入简单化的泥沼；而教育要是被艺术性“吸附”的话，那么，教育就会向复杂化转型。只要教师认清了教育的复杂性，就会绞尽脑汁地因材施教，寻找到教育的万千种法子来。基于这种认识，我们可以说，教育是一种创造性劳动，没有最好，只有更好。

教学是简单的，把简单的事情复杂化，并把它当作艺术，是对艺术的曲解；育人是复杂的，把复杂的事情简单化，并把它看作科学，是对科学的轻视。因此，我们应该坚持科学教学、艺术育人，而不应当是艺术教学、科学育人。

教育要从平凡处品悟非凡美

一、从教育的视角看世界杯

2010年6月～7月，全世界的目光都锁定在南非世界杯足球赛上。足球，这一黑白相间的圆家伙，究竟有什么魔力让人们如此着迷？关键就在于足球比赛具有不可预测性，没有一支球队敢说自己是无敌的，足球比赛结果总是充满不确定性。因此，足球运动才会有如此的魅力，引无数球迷“竞折腰”。

6月16日的两场小组赛给人们留下了深刻的印象，一组是巴西队对阵朝鲜队，另一组是西班牙队对阵瑞士队。赛前，舆论、媒体、球迷纷纷表示，巴西队与西班牙队作为两支夺冠呼声很高的球队，一定会走得很远。况且，瑞士队在此前与西班牙队的交锋中，曾有过12次败北的纪录，目前，瑞士队的状态依然低迷，要想与在热身赛上未失利一场的西班牙队对抗，简直是痴人说梦。再来看看巴西队，球星云集，实力强劲；而朝鲜队虽被称为“神秘之师”，但与巴西队对垒，无疑是鸡蛋碰石头。甚至有人预测，这场比赛，朝鲜队不仅得零分，还会被巴西队灌进三至四个球。

当然，这仅是赛前的猜测，一切都得由正式的比赛结果说话。赛场上，朝鲜队的表现令人肃然起敬，他们顽强地拼搏到最后一刻，将比分定格在2∶1上，虽败犹荣；瑞士队虽然在门前制造的威胁远不如西班牙队多，甚至一直被西班牙队压着打，但仍然以1∶0笑到了最后。

这就是足球，这就是足球比赛，只要主裁判的终场哨声不响，场上就有可能风云突变。没有永远的强者，也没有永远的弱者。

除了享受世界杯带来的视觉冲击外，我也想从教育的视角来审视世界杯，从中获得一些教育启迪。

1. 优越的条件不一定造就人才

都说艰苦的条件能成就人。看看朝鲜的足球运动员，他们的收入少得可怜，而世界级球星C罗、卡卡等人，他们的年薪是朝鲜足球运动员的几百万倍。虽然收入差距很大，但国家的信仰在，为国争光的意志在，朝鲜足球运动员在赛场上所展现出来的精神令世人瞠目。

由此，我想到了当下的教育，随着经济的发展、人们生活水平的提高，各个家庭都在尽力为孩子营造温馨、舒适的生活与学习环境，这是无可厚非的。但在优越的成长环境中，人反而会失去斗志，贪图安逸。比如，现在的孩子受不了苦与累，军训时，在太阳下多站一会儿，就会有好几个学生倒下。夏令营拉练，还没走多长的路，好多学生就会问："为什么不坐车?"住的地方没有空调，有的学生就开始埋怨："这么热的天，在家里吹吹空调多好，跑到这鬼地方做什么？我想回家!"思考题的难度稍微提高点，不少孩子就不愿意动脑筋，专等着老师、家长"喂答案"。老师布置作业时，不少学生叫苦不迭。轮到值日的学生故意晚点到学校，期盼着让别人多干一点……凡此种种，不一而足。

吃苦、坚持、坚忍，是人才成长的必需条件，然而，在优越的生活条件下的孩子将这些可贵的品质抛弃了。家长与教师应该看到优越的生活条件所带来的危机，尽可能制造一些吃苦的机会，锤炼我们的孩子，让他们变得坚强、刚毅。

2. 不要太骄纵学优生

看绿茵场上，不少拥有世界顶级球星的球队，都围绕着球星打比赛，"喂给"球星不少的球，但身价不菲的球星往往将机会丧失，赛场上的表现与他们的身价并不成正比。反观那些没有耀眼球星的球队，却注重团体配合，往往会出奇制胜。

学校里，很多时候，教师往往会对学优生多一点关注，为他们提供更多展示、表现的机会。在评优评先时，学优生也常常尝到更多的甜头。久而久之，他们就会产生一种优越感，甚至觉得班级里有什么好事都会轮到自己。教师的关爱、同学的迁就，助长了学优生的骄纵。在现实教育教学中，我们会发现，若是一位学优生与一位成绩一般的学生发生矛盾时，成绩一般的学生受到的指责要比学优生多得多，教师对学优生的教育口吻也常常是温和的、委婉的，而对成绩一般的学生则更多的是强硬的、严厉的口气。

学优生仅在某方面或某些方面比较出众，并不是完美无缺的。作为教育工作者，要公平对待所有的学生，为了锤炼学优生，让他们的未来更明媚，教师对学优生不能优待，相反，对他们的要求还要更加严格。

3. 要善于发现特殊生的潜质

特殊生往往是因为习惯问题或是家庭问题等导致的。一个班级就是一个小社会，形形色色、性格各异的孩子都有。我们不能期盼一个班级就是一个学优生的集合体，学生间的差异是客观存在的。只要你承认差异，你就不会用异样的眼光去看待特殊生。转化特殊生是件棘手的活儿，需要耐心和恒心，不能指望对特殊生的教育一蹴而就，因为孩子的行为出现反复是正常的。

一位高明的足球教练总是不停地在排兵布阵，而绝不会让球队主力在球场上踢到筋疲力尽，毕竟球赛不止一场，胜利得靠一场场拼搏积累。对于替补球员，高明的教练总会给他们机会，有时哪怕只是短暂的几分钟，但对替补球员来说，就是证明自身价值的时候。有些替补球员会紧紧抓住表现的机会，给大家带来惊喜，最后终于化蛹成蝶，成功蜕变，进入一线球员队伍。

这也给我们的教育以启迪，对于那些所谓的特殊生，他们身上同样有着闪光的潜质，作为教师，我们有责任和义务去挖掘他们的闪光点，给他们提供展现的机会，重塑他们的自信。学业暂时落后不可怕，只要他们的自信在，能从课堂上吸纳到学习的方法，就算速度慢些也无妨，因为教育的眼光应该是有前瞻性的。只要孩子掌握了方法，即使目前可能跟不上，等到他醒悟过来时再去吸取、提高也为时不晚，因为现在就是一个终身学习的时代。

朋友有个女儿，上小学时练习拉二胡，老师一直要求她节假日抓紧时间练习，不仅要练已经学会的，还要提前预习下一阶段要学的，只有走在前面，到时学起来就会更加得心应手，那时的她还不能理解。等上了高中，功课难了，课程多了，她再品味二胡老师的那番话，便觉得非常有道理，于是就按照这样的方法去学习文化课，果然成绩优异。

在享受世界杯盛宴的同时，用一双教育的慧眼来看球赛，那么收获的则是足球以外的感悟。如此观球，个中乐趣，不言而喻！

感谢世界杯，感谢教育的另一只眼！

二、饲养松鼠的教育启示

端午小长假期间，我在家里收看了一档《理财在线》节目。这期节目说的是东北的一对夫妇，丈夫从十来岁起就喜欢松鼠，曾经到林场恳请护林员帮自己捕捉一只松鼠，结果遭到拒绝，理由是松鼠非常聪明，很难捕捉到。他自己也尝试过用网兜罩、用铁笼子诱捕等方法，均未奏效。长大后，他对松鼠的钟爱依然不改。后来，在一次外出时，他听说有人饲养松鼠，可把他乐坏了，赶忙联系人家，花了一万多元买了 20 只松鼠。

回到东北，凭着平时对松鼠的观察与了解，他找了一处空旷的地方，建起了高大的铁笼，开始了松鼠饲养工作。

真是“物以类聚”，这位东北汉子的妻子也是一位松鼠迷，两人随即将养松鼠当成了工作与事业。他们精心地饲养着，为松鼠建木屋，为松鼠洗水果，因为担心水果打过农药，会有细菌；为松鼠砸松果、核桃，便于松鼠取食。渐渐地，在他们的精心照料下，20 只松鼠快乐地成长着，小家伙们毛色发亮，像抹了油似的，两口子高兴得合不拢嘴。有一天，他们发现有好几只松鼠的状态不佳，食欲不振，没过几天竟相继死去了。他们既悲痛又焦急，怎么办？细心的丈夫捧着松鼠的尸体摩挲着，突然他发现，这几只松鼠的牙齿特别长，顶着它们都合不上嘴，更不用说吃食了。问题的症结找到了，就因为他们把松鼠照顾得太细致了，松鼠的牙齿生长速度很快，它们需要靠吃坚果来“磨牙”，表面看起来，夫妇二人为松鼠节约了吃松果的时间成本，但实际上是害了松鼠。

吃一堑，长一智，夫妇俩的松鼠饲养工作顺利地开展着。松鼠终于开始下崽了，这可把他们高兴坏了，两人忙得不亦乐乎。原本顺畅的饲养之路，不久之后又遭遇到了问题。有一天，他们发现有一窝松鼠没有出来活动，怎么回事？妻子揭开木箱子一看，惊呆了，有四五只松鼠幼崽死了。他们十分心疼，开始查找原因，发现这几只松鼠幼崽的脖子上都有深深的牙印。该不会是被蛇咬的吧？他们猜测，但随即又否定了，因为他们的防护设施做得很好。那么问题出在哪里呢？冷静过后，妻子想起，在松鼠下崽后不久，饲养场的外面来了两条大狗，它们垂涎于松鼠的美食，被妻子轰走了。但那天以后，松鼠妈妈就表现得异常惊恐，上蹿下跳的。噢，明白了，松鼠妈妈担心幼崽的生命安全，一只只地叼着幼崽转移地方，直至自认为到达安全地带为止。事情明朗了，这几只幼崽的死亡并非由于外力的谋害，而是松鼠妈妈的惊恐转移所酿成的。于是，他们特别“肃清”了周围的不安全因素。松鼠们就这样在温馨、安全的环境下悠闲自在地生活、繁衍着。一年过去了，20只松鼠变成了200多只，他们获得了成功。现在，他们每年可向全国各地的休闲园区、动物园、宠物店等输送2000多只松鼠，年收入达60多万元。

看完了节目，我的思绪又回到了自己所从事的教育行业，我们教育者应该从这个故事中获得怎样的启迪呢？我认为至少有以下几点。

1. 不要轻易否决孩子的兴趣

节目中的东北汉子，可能没有炫目的文凭，但对松鼠的喜爱情结一直伴随着他，他也在适当的时机，凭着兴趣，找到了生活的乐趣与创造财富的门路。我们来设想一下，假如这样一个爱松鼠的孩子就出现在你所教学的班级里，他每天不交作业，经常逃课，为的是跑去附近的林区找松鼠、看松鼠，并且想尽一切办法去捕松鼠，相信很多教师都是受不了的，还可能给其扣上“玩物丧志”“没有上进心”等帽子。我们教育工作者常说“兴趣是最好的老师”，可是更多时候关注的是孩子对学科课程的兴趣，并非学生的内在兴趣。在这一点上，显然一些国外的家长要比中国家长开通一些，一些国外的教师要比中国教师开明一点，他们能让学生从自己的兴趣入手，选择相应的课程，为自己未来从事的职业做铺垫。而我们出于各种因素，面对孩子的兴趣，始终将其狭隘化，认为凡是对学业有益的兴趣才是兴趣，其余的则都是无益的，会横加反对。

比如，一个孩子爱看漫画书，喜欢在课本上画上各种富有创意的画，这是这个孩子的兴趣，这个孩子的兴趣如果能得到很好的保护，没准日后他有可能成为中国的漫画大师呢！问题是，中国选拔人才的机制还是单一的，教师与家长一样，“输不起”也“试不起”，所以，尊重孩子的兴趣，顺应孩子的兴趣，培养孩子的兴趣，提高孩子的兴趣，也只能是美好的愿望罢了。

2. 不要过分包办以弱化孩子的能力

东北夫妇的心意是好的，为松鼠砸松果、核桃，精心地喂养它们，显然，松鼠在他们眼中是“尊贵”的。然而，事与愿违，谁曾想，照顾得太细致，反倒葬送了松鼠的性命。

我们的教育又何尝不是在重复这样的“悲剧”呢？我们学校每年都会举行夏令营活动，一般学生都要在外生活 4 天。出发那天，总会看见家长替孩子背着、扛着大包小包，担心孩子不会自己洗衣服，担心天气太热，孩子容易中暑，担心孩子夜晚睡觉会从床上掉下来……有的家长还会悄悄地到营地看望孩子，偷偷地给孩子塞一些好吃的。营地规定学生不准带通信工具，可依然有家长置若罔闻。更有甚者，谎称孩子有病，拒绝参加夏令营活动。

这是爱孩子吗？亲爱的家长，孩子是需要练翅的，他们日后总会有属于他们的天地，不练翅，雏鹰无法成长为能在天空自由翱翔的雄鹰。千万不要小看孩子，孩子是有无限潜力的，潜力得不到挖掘，能力就无法展现。家长不可能跟随孩子一辈子，孩子的天地还是应该让孩子自己去闯荡。

千万记住，包办不是真爱孩子，它会成为阻碍孩子发展的绊脚石。

3. 要理智地表达对孩子的爱意

现在大部分家庭只有一个孩子，每个家庭都希望自己的孩子是最棒的，孩子是家庭明天的希望，上一代没有实现的愿望就自然而然地落到了孩子身上。于是，孩子身上承载的压力也随之增大，在父母都想让孩子考名牌大学、学热门专业的期许下，我们给予孩子的爱就多多少少掺杂着功利的因素，似乎孩子就是我们的门面招牌。某县的一位教育局局长在儿子高考时，竟然违规进入考场协助儿子作弊，其最主要的缘由是，每年局里的人都会攀比谁家的孩子更争气，更有前途，当然最主要的还是看大学的牌子。结果儿子违规被惩处，父亲也丢了“乌纱帽”，付出这么大的代价，只是为了那不理智的“面子”。

节目中的松鼠妈妈一直想为孩子找一个安全的藏身之处，结果折腾来折腾去，却令儿女丧生在自己的嘴下，松鼠妈妈为了它的爱，却让幼崽付出了生命的代价。

家长、教师对孩子的爱，应该是理智的，是长远的，是立足于孩子未来发展的。爱，如果长远了，我们在与孩子交往、沟通的过程中，就会少一点急功近利，多一点宽厚期待，就会少一点盲目追风，多一点成长规划……教育，不仅应关注孩子的学业，更应关注孩子的品行，如感恩、责任、善良、正义等，若单纯为了追求学业上的高分，而置人性中最重要的品质不顾，这样的孩子，未来绝对是不幸福也不出众的。

三、教育应该向张艺谋学什么

寒假里的一天，《中国电影报道》节目中有一期介绍了张艺谋执导战争片《金陵十三钗》台前幕后鲜为人知的故事。

众所周知，张艺谋善用新人，他所拍摄的电影捧红了不少新人，有的甚至已经成为国际级的影星。起用新人，能给人耳目一新的感觉，但起用新人也要冒很大的风险，特别是启用那些刚从学校毕业，或正在学校学习，甚至是对演戏一无所知的新人。拍摄之前的训练任务与压力是可想而知的。然而，张艺谋就是敢于冒险，也敢于训练这样的新人。他训练新人都有哪些法子呢？

1. 请专业人员进行训练

不管是学院派还是非学院派的新人，面对拍摄镜头，必须要有镜头语言该有的姿态、状态。拍摄电影前，张艺谋针对剧本情节，有计划地请各个方面的专业人士对这些新人进行专项培训，如穿旗袍后怎样走路，怎样跳国标舞，怎样表现风尘味，怎样在瞬间让自己哭等。总之，舍得给时间，让新人接受专业的训练。

2. 请亲历者现身说法

为了更好地表现当年那段历史，为了更接近人物的原始风貌，张艺谋还邀请了一些曾在上海滩风月场当过舞女的健在的老人，培训这些新人如何表现当年的风月女子的真实情况，如如何抽烟，如何有韵味地走路，如何接待客人，如何优雅或轻佻地说话等，尽最大努力还原真实的历史。

3. 由易到难，重视鼓励

张艺谋不是按剧本的固有顺序拍摄，为了树立新人“首次触电”的信心，激发他们对电影这门艺术的好奇心，他有意识地挑选简易的镜头开始拍摄，让新人消除紧张感。比如，《金陵十三钗》拍摄的第一个画面就是人们提着行李赶路的镜头，大部分采用的是拍人物背影的镜头语言，要求新人按照自己的理解走路。镜头拍摄完毕后，张艺谋请新人看录影，并予以充分的肯定，表扬他们第一次参加电影拍摄就能达到这样的效果，很不简单，新人听到这样的夸赞，脸上都笑开了花。

4. 胶着之时不乱发火

一位大牌导演，为了打造自己的作品，一定是有性格与脾气的。张艺谋也会发火，也会焦虑，但有一点是相当可贵的，他从不向演员发火。对演员，特别是新人，他关爱有加。比如，一位新人有一出戏怎么都进入不了状态，原定晚上8点收工的戏，拖到了夜里12点都没有拍摄成功。张艺谋心急如焚，但他没有向新人发火。待收工后，他专门请这位新人到工作室谈戏，并一再肯定这段时间以来她的进步，相信下一场戏她一定会更出彩。果然，再拍这场戏时，这位新人的表现没有令张艺谋失望。这就是期待的力量。再比如，参与饰演教会学生的演员全都是十三四岁的孩子，刚开始，孩子们觉得拍摄电影挺好玩的，可在一幕表现孩子们奔跑的镜头就拍了10多条之后，孩子们不由得有些厌烦了，觉得拍电影太枯燥，有的甚至想家了。张艺谋心里也着急，但他从不向这些小家伙撒气，而是颇有耐心地一遍遍给孩子们说戏，并亲自示范，还时不时地询问孩子们功课学得怎么样。当有孩子过生日时，张艺谋还带头为孩子唱《生日歌》，活跃现场气氛，舒展孩子们的心灵。

正是这样的坚持，这些新人在张艺谋及其团队的精心栽培下，最后呈现在电影里的效果并没有让观众失望，甚至可以说是创造了惊喜。这就是张艺谋的独特魅力之所在。当然，个中艰辛也只有张艺谋及其团队心知肚明。假使他们不起用新人，而是借助知名演员来表演，在制作成本上虽然会增加，但起码在训练上要少费不少精力。但张艺谋没有这么做，而是选择了啃一些“硬骨头”，想必这与他的性格有关吧？但更深层的原因是，他想证明自己，只要辅以肥沃的土壤，提供充足的养料，新人一定会迅速成长。许多有成就的演员都是从新人成长起来的，为何不多给新人一些机会呢？张艺谋就是乐于当这样的伯乐。事实证明，他的选择是正确的。

由此，我想到了我们的教育，教育应该向张艺谋学些什么呢？

我们常常会看到这样的现象：学校在组织教师或学生参加一些竞赛活动时，在人员的选拔上，往往更倾向于那些曾经在其他比赛中拿过奖项的教师与学生。为什么？因为他们有过这样的锻炼，经验比较丰富，参与竞赛获胜的概率更高。还有一个原因，这些教师和学生的底子都比较扎实，在进行指导训练时也比较省心，不必花费太多的精力。

这明显违背了教育的“两全”方针——教育要面向全体学生，教育要促进学生全面发展。对教师而言也一样，一所学校只有教师的总体素质提升了，教育教学能力发展了，学生的发展才有希望，学校的发展也才有可能。我们决不能因为图省心、图保险，就把所有的机会给个别的教师与学生，而漠视大多数教师与学生的存在。这种狭隘的视野不利于学校教师队伍的成长，不利于学生的综合发展。

我们应该向张艺谋学习，像他那样敢于起用新人，竭尽全力提携新人，积极创造一切条件促进新人尽快地成长，为中国电影的繁荣添砖加瓦。作为教育者，我们也要敢于推出新人，乐于培养新人，创造各种各样的机会，让新人展示自己，以长远的目光关注新人。每一位教育教学方面的专家、大师，也都是从新人走过来的。

教师要有提携新人的胸怀，善于发现学生中各方面的潜在人才，舍得花时间挖掘、训练他们的潜质，让每一位学生都能找到自信。教师要与家长配合，尽全力培养孩子的综合能力。教师还要有一颗公平的心，要有长远的目光，多给学生提供锻炼的机会，淡化对名次的关注。

如果你是学校管理者，那么在教师的培养上，在教师队伍的整体建设上，你就更要拥有宽阔的胸襟。不要在乎一时的得失，将各种赛事当作集训、选拔、提高的绝佳机会，要善于发现新人，更要善于起用新人，以参加过赛事的教师与校内优质的智力资源为指导组，有的放矢、富有层次地进行分项、组合的培训，以赞赏、期待为添加剂，不时地为新人的点滴进步鼓掌喝彩。我们不妨这样想，培训新人的确是要耗费更多的精力，但新人成长了，那些曾经获得奖项的教师在参与指导的过程中也收获了成长，同时，当新人获得进步时，其他教师又会从新人身上寻找到自身的不足，产生紧迫感与危机感，这样就可以引发全体教师共同发展的需求，而这恰是让有把握的教师参赛所难以达到的效果。可见，舍得花时间、气力培养新人，想方设法促进新人成长，是一所学校实现可持续发展的关键所在。

一所学校，若每年都能推出新人，每一拨新人都能在日后的教育事业中有所作为，那么，这所学校就会永葆青春的亮色，成为教育领域的常青树。

教育要拥有佛眼禅心

在北京师范大学培训期间，培训中心专门安排了有关佛教理论的一场报告。也许有人会问，教育培训怎么邀请专家谈佛学？其实，万物之间都有着一定的联系。我很喜欢阅读禅语类的读物，虽然文字不多，但阅读之后掩卷沉思，总会有意想不到的收获，总会被禅师的大智慧所折服。著名作家林清玄“闭关”之后的作品都带有浓郁的禅味，隽永深刻，发人深思。做教育的人，了解一些佛学，换一种视野、胸怀看教育，教育的思路与风格就有可能大不相同。

我曾思考这样的问题：学校究竟应该像什么？学校应该在乎什么？学校是育人的场所，我们期待着每一位进入学校来接受教育的学生在毕业走出学校之后能有良好的发展，期待着每一位学生在接受学校的教育后，都能身心健康、人格健全，能依靠自己的诚实劳动，做对社会有用的人。学校在乎的是，自己的办学效益能得到上级主管部门、学生、家长及社会各界的认可。当然，更关键的是学校能获得一系列的殊荣，学校培养出来的学生能在与其他学校的学生的“比拼”中崭露头角，成为行业中的翘楚与标杆。一提到学校应该像什么，大家经常脱口而出的是，学校应该像学园，像乐园，像花园，更应该像家园。这的确是每一所学校都应该努力追求与付诸实践的。但问题是，由于地域、学校自身的内外环境、当地政府的教育投入等因素的制约，期待让每一所学校都成为这样的理想之地，可能并不现实。但这也不应该成为懈怠教育工作的托词，学校条件虽然有限，但热爱教育、钟情教育的人总能积极创造条件，在力所能及的范围内追求教育效益的最大化。

我认为，学校应该像泵，能够让每位学生都能实现自我提升，不管起点在哪里，进入学校接受教育后，每位学生都能拥有自信，在能力、习惯、品行、爱心、责任等各方面均有不同程度的提高与进步；学校应该像灯，不管学生今后走向何方，学校这盏温暖的灯总是不离不弃地在他们身后照明，当学生疲倦了、迷茫了，学校的大门永远为他们敞开，有灯的地方就是家；学校更应该像佛，佛是包容的，佛是教人行善的，佛是充满期待的，化育着世间的每一个人，让人朝着真善美的方向努力。心中有佛的人，在道德、品行方面就会有约束。佛，不发号施令；佛，期冀着人们能领悟出人生的真谛。学校在学生及家长的心目中，应该有佛的慈悲与博大。

学校应该在乎什么？应该在乎学生的可持续发展能力，应该在乎老百姓对学校的真实评价与信任，应该在乎要努力把学生培养成什么样的人。“金杯银杯，不如老百姓的口碑。”有社会各界的良好评价，学生走出学校之后回馈学校的再发展，这才是学校教育最幸福的时刻。

学校教育良好口碑的营造，重在落实学校的办学理念、办学目标。学校里的每一位教师都是学校的形象代言人，学生及家长对一所学校的认知与评判，往往根据的是任课教师的点点滴滴的工作。所以，学校要“成佛”，需要每一位教师都能拥有“佛眼禅心”：以佛眼看人，每个人都有善、爱的一面；以禅心读人，可以超越尘世，以超脱、睿智、高远、温情、宽厚、包容的心，去点化、唤醒、启迪世人。

然而，在现实的教育教学实践中，教师与学生的关系还远未达到和谐的状态。虽然素质教育一直在深化推进，但应试教育的阴霾犹存，学校内部的各种评比，上级主管部门的各种检查、评优风起云涌。经常在校园内可以听见教师的呵斥声；为了抓学生的作业、学业成绩，经常可以看到教师对学习暂时落后的学生“吹胡子、瞪眼睛”；为了让学生在学校组织的某一项比赛中获得好的名次，教师对学生不到位的表现大动肝火……

学校是教育学生的场所，最终目的是让他们能以阳光、健康的心态走向社会，成为合格的社会人。在教育的过程中，学校仅是学生成长过程中的一个个驿站，当学生驻足一个驿站时，这个驿站给予的爱与温暖能点亮他们的心灯，让他们带着爱与责任轻松自信地走向下一个人生驿站。学校、教师应该以赞赏、宽容、仁慈的佛眼禅心真诚地对待学生与家长。优秀教师与平庸教师之间最大的区别就在于是否拥有一以贯之的爱、责任与坚忍，相信铁树总会开花。已故的著名特级教师霍懋征之所以得到学生的景仰，并非她有神奇的技艺，她育人的一些方法与途径，我们一线教师也都知道，甚至都用过，只不过她坚持了下来，真正把全身心的爱给了那些令无数教师头疼的问题学生。在她的调教下，这些曾经的问题学生都正常且超常地成长着，创造了教育的奇迹。霍老师就是一位拥有佛眼禅心的“教育禅师”，她用自己一辈子的教育实践告诉我们：只要每一位教师都拥有佛眼与禅心，都发自内心地热爱自己从事的教育事业，一定会创造教育奇迹！

从即刻起，修炼我们的佛眼与禅心，让每一个教育者身上都散发出迷人的禅味吧！

教育应学习中医治病的智慧

九月初的一个晚上，由于学校要举行全校性的家长会，每位老师都留在学校里，等待着晚上七点的家长会。我在办公室里忙碌着，这时，门外闪进一个熟悉的身影，细细打量，原来是我两年多前教过的一位女生，如今已经是初三的准毕业生了。她特地从学校赶过来，为的是向我道一声“老师，节日好!”。

我赶忙放下手中的活儿，拉过一把椅子，示意她坐下。她喘着粗气，对我说：“老师，我是专门过来看您的。您是我最崇拜与尊敬的一位老师。离开小学两年多了，只有您给我留下了深刻的印象。”我笑着说：“老师可不敢当！要知道当年我可没少批评你!”她赶紧打住，说：“老师那都是为我好！我现在热爱语文，语文成绩在年级排名前列，还是班上的语文课代表，这都是您当时教导的功劳，是您激发了我学习语文的兴趣!”我说：“老师只是引路人，关键是你自己爱读书。小学时，你的文字功底就不错，只是你看问题的角度有点儿偏激，有时文字显得有点儿灰暗。”她若有所思，随手翻了翻我桌上摆放的已批阅的学生周记，打开一本，看到我为学生写的批语，说道：“老师，我发现，您的批语总是那么温暖，不仅教会我们写作，更关键的是教会我们做人。前段时间，我翻阅了您为我批改的周记与习作，我看到了您是用心在与我交流。我当时怎么就没能读懂您的心意呢？还给您添了不少麻烦！现在想想真是后悔!”

听她讲到这里，我的眼前不由得浮现出她当年的样子来：伶牙俐齿，得理不饶人，喜欢与人“唇枪舌剑”，常用文字“揭弊”，有点儿“愤青”的感觉，与同学的关系不融洽，常常是“孤家寡人”一个；语文学习成绩不错，但讨厌背诵，作业与考试成绩随心意而起伏，高兴时状态很好，不高兴时状态很糟。虽然我苦口婆心地教育，与家长合作进行引导，想方设法引领她往阳光、正确的方向前行，但成效并不大。

然而，时间能改变一切，原先那个令人心焦的小女孩已经长大了，懂得以感恩与反思的姿态来回报曾经帮助过她成长的小学老师，还会用赞赏的语言来表达对老师的敬意。

“老师，我现在依然记得您当年讲的语文课，充满激情与幽默，我觉得自己很幸运，能遇到您这样的老师。我的字能写得工整有韵味，也得益于您当年的潜移默化。”我立即说：“孩子，谢谢你对我的肯定，老师很感动，希望你一如既往地热爱语文，特别在中国传统文化上多下功夫，进一步丰富自己的文学底蕴，做一个有书卷气的知性女孩！祝愿你在未来的日子里有更大的进步！”

末了，她很恭敬地折叠起我的手写赠言，并深深地向我一鞠躬，再次祝福我教师节快乐。看着她远去的背影，想起我们师生间过往的一幕幕，回想起当年我对她未来发展之路的担忧，我不禁对自己说：莫担忧，每个孩子都有成长的空间。我们不能用狭隘的视野禁锢孩子的未来发展。教育就像中医治病，不可能立竿见影，但绝对能慢慢调理，有条不紊地解决病症……

教育像中医治病，那我们能不能以此为托词来开脱当下教育的无奈呢？显然是不能的！对于学生存在的不良习惯，在是非真伪、善恶爱憎以及人生价值取向、道德准则规范等方面，我们必须积极地加以引导与教育。只要我们以公正、公平、善意、仁爱、宽容、呵护之心去对待孩子，就算当下孩子不会理解，相信随着年龄的增长、阅历的增多，他们总有一天会理解我们的良苦用心。

教师最重要的职责就是陶行知先生所倡导的“千教万教教做真人”。只有教师先做“真人”，才有可能引领着学生做好“真人”。尽管成为“真人”是非常艰巨的事，但既然从事了教育事业，就应一辈子不懈地追求。

不要埋怨教育的无能与乏力，关键是，作为教育工作者，我们要想方设法将教育做到学生的心坎里，修正学生的行为，培养学生良好的习惯。教育如中医治病，需慢慢进行调理，让身体自己产生抗体，正气上升，邪气自然就会下沉，这就是中医的智慧。教育何尝不需要这种智慧？

教育，能促进学生未来更好地发展。让我们竭尽全力又满怀期待地投入教育实践中，乐当教育界的老中医！

第二章

与学校发展有关的核心要义

学校是什么

也许你会问，怎么突然间冒出这么一个“小儿科”的问题——学校是什么？我们都知道，学校是培养人的地方，是传授知识，教会学生求真，教会学生做人的地方。这话固然千真万确，但现实中是不是所有的学校都是这样办学的呢？

我的孩子上高一了，在孩子眼里，学校就像“魔鬼集中营”，三天两头考试，一考试就必定要按分数排名，发张排名表到家长的手中，每科成绩在班级、在年级的排名都一目了然，所有学科的总分在班级、年级的排名也清清楚楚。一切以学习为重，课堂上讲的是教材上所编排的，但课外“加工练习”的难度、考试卷上的试题难度又是“升级版”的。当然，“教材是个例子”，考试提高难度是为了检测孩子的知识掌握与运用能力，这话固然没错，可问题是，孩子每天“两点一线”——家里、学校，每天除了写作业还是写作业，虽然一门学科只有区区一张练习卷，但所有学科的作业加起来便数量可观了。孩子常常熬夜写作业，没有时间自主消化，只能在题海中挣扎，凌晨睡觉是常事。本想周末可以睡个懒觉，可不少学生都在课外补习，我们又怎敢掉以轻心？于是，课外辅导机构笑得合不拢嘴了——生源丰盛，累垮了孩子的身体，累坏了孩子的眼睛。应试的压力在中学丝毫没有减弱，似乎还有愈演愈烈的趋势。学校是什么？难道就是专门摧残身心健康、专门灌输知识、专门培养解题能力的地方吗？

学校不是培养学生能力与素质的地方吗？训练孩子成为“解题机器”，难道就是教育的目的吗？我们是否思考过，当孩子走上社会，进入“社会人”角色，担当社会职责时，真正运用到书本上所学的知识又有多少呢？爱因斯坦说：“当你把学校教给你的所有东西都忘掉以后，剩下的就是教育。”多么精辟的言论！

学校是什么？学校不应该是知识的生硬“出产地”与“包装线”，更不应该是“流水线”。那学校应该是什么呢？我也陷入了困惑中，直到前几天，我才豁然开朗，有了答案。

这得从我校建校 65 周年校庆说起。因为是 65 周年庆，只能算“中庆”，因此在规格上走的是“平民校庆”的路子，校庆活动不请领导，不发请柬，只在本地影响较大的报纸上登了几天的“校庆启事”，告知校友校庆活动的时间与地点。本次校庆活动的主题是“忆往昔校园生活，看今日校园变化，议往后学校发展”。原本以为来参加庆典活动的校友人数不会多，没想到，庆典日当天，校园里人山人海，不少校友还纷纷撰文，回忆当年的小学生活，学校从中挑选了 16 篇文章，在《厦门日报》上做了“厦门实小我的母校我的爱”的专版，篇篇文字都含情，字字句句都透露出校友们对学校的拳拳爱意。特别令人感动的是，在庆典活动中，有不少校友纷纷赶回来表演节目，其中有三个节目令人印象深刻：一个是历届校合唱队的成员计 70 余人，从 30 多岁到 60 多岁的校友都有，重新佩戴红领巾，引吭高歌少年时代的歌，歌声中透露出对母校的深深依恋；一个是校友与学校现在的铜管乐队联袂演出，传达出对母校 65 周年华诞的深深祝福；还有一个节目是当年舞蹈队的小姑娘，如今都已成为大妈甚至是奶奶级的女性了，她们身着火红的西班牙斗牛舞裙，在《我爱你中国》的歌声中载歌载舞，抒发出满腔的赤子情怀。

曾 8 次夺得乒乓球世界冠军的郭跃华说：“母校 65 周年华诞，我再怎么忙都要回来看看，厦门实小是我学校生活中待的时间最长的地方，我接触乒乓球就是从厦门实小开始的，我经常很自豪地向别人介绍——我是厦门实小人!”也就是从那一天起，我对“学校是什么”有了不一样的认识。

一、学校是“泵”

泵，能把低位的水往高位抽取。我们应该正视学生各方面的差异，要敢于承认差异的存在，多元智能理论也证实了这种种差异的存在。如果学校还按“一刀切”“齐步走”的方式来培养学生，势必会“捧起一小撮，打倒一大片”，使大多数学生变成学业的失败者，自信心深受打击。学校要是能成为“泵”，就会以促进学生发展为己任，竭力让学生每一天都比昨天有进步。学生个体自己进行纵向比较，只要今天好于昨天，明日胜于今朝，就是成功。

二、学校是“佛”

存在人们心中的“佛”，是善的象征。说学校是“佛”，是说学校应该成为“善良之源”，做好人，行善事，有爱心，懂宽容，不记恨，会合作，能谦让……一切善根都应该在学校教育中成就。如果单纯以分数论英雄，势必牺牲善的培育，会产生“唯分数论”的弊端——爱计较，好妒忌……我并不反对必要的应试，因为应试也是素质教育的重要组成部分，关键是要权衡利弊，趋利避害，把学校的善意、善知通过“水过无痕”的方式传递，而这靠的就是“佛”的本事了。

三、学校是“家”

家，是温馨的港湾，是心中永远的牵挂，是快乐的集结地……就像我在校庆庆典上所看到的那样，好学校是值得校友们挂念的地方，不管岁月如何更迭，不变的是对学校的依依深情。这种情愫是发自内心的真情流露。源自哪里？学校和教师。温暖的家，必定是父慈母爱的；温暖的家，必定是惠风和畅的；温暖的家，必定是荡漾笑声的……这种“家”，教师是亲和友善的，品德高尚，民主大气；这种“家”，校风严谨，学风纯正，文化底蕴深厚；这种“家”，学生有礼，文明活泼，大方热情，自信开朗……无论何时何地，“家庭成员们”都会通过自己的努力和奋斗，为所挚爱的“家”添砖加瓦。

真正明了学校是什么之后，再来审视当下的学校，我们就会懂得有很多迫切的工作要做，尽管路漫漫，但我们大胆举步前行。做真教育的人，不要辜负了所担当的神圣使命！这一切，我期待！

学校应在乎什么

2012年，我的女儿参加高考，因此特别关注有关高考的信息。学校在高考成绩公布后的第二天就要求学生返校，登记成绩信息。当高考录取分数线公布之后，学校就开始在大屏幕（竖立在校外）上进行大规模的宣传——本校在今年的高考中喜报频传，出了XX高考文科状元，出了XX高考理科状元，先是省里的状元，接着是市里的状元，全省高考前50名中，本校占了几位，多少人上了本一线，比例为多少，同时有多少人被国外XX名校录取。

除了学校的“宣传轰炸”外，当地的平面媒体、有声媒体也不得闲，“你方唱罢我登场”，今天邀请某位状元的班主任上台讲“培育状元心经”，明天专版刊登家长、学生、教师对该校的评价文章。特别是教师，一定会标注是哪一届XX高考状元的XX课程教师，有时标注是某一单科状元的任课教师，有时标注的是哪一届多少人上北京大学、清华大学的班级的班主任等。

不仅学校这样，连那些校外培训机构也一样大张旗鼓地宣传自己的“辉煌业绩”。我的一位朋友的女儿参加中考，成绩一揭晓，就有当地名校的教导主任亲自登门送学习材料，盛情邀请朋友的女儿在填报志愿时一定要填该校，并许诺一定让孩子进重点班。

每当看到、听到这些事时，我的心里就不是滋味。宣传学校是一种需要，但这些数据究竟有多少可信度？教育部三令五申不允许搞排名，这些排名又是从何而来的？得到过官方的确认吗？老百姓能辨别其中的真伪吗？宣传的目的其实带着很强的功利色彩——争夺优质资源，为下一次高考的“辉煌业绩”储备人才。

可是，学校关心过那些在高考、中考中失意的孩子吗？我不知道当这一部分孩子及其家长看到这样的宣传标语后，心中会腾涌起怎样的情感。

还有一位朋友的孩子在某重点中学上“合作班”。所谓“合作班”，就是中考录取的时候，成绩稍微比“正取”的会低一点儿，但必须多缴费。学校与国外高中联手办学，学生可以在高三时申请到国外读大学。因为学校设置的课程跟国内的高中课程有差异，加上国外的教育理念与国内的又有所区别，在一次聊天中，孩子这样诉苦：“在学校里，我们这些学生会被人瞧不起；在老师的眼中，我们这些学生也是智力不如别人的。由于课程不同，我们想参加国内的高考是不可能了，只能一门心思地考雅思，现在唯一的追求是，尽快出国，摆脱自己在老师心目中的印象。”

听到这里，我的心里真不是滋味。为什么我们总是不能顾及全体学生的感受？有时，我们是不是该换个角度思考：学校宣扬那些上了名校的学生，可这些学生是否会从心底感谢母校与老师呢？他们能取得优异的成绩真的全是学校的功劳吗？那些中等水平的学生同样为学校的“一本录取率”做了贡献，可惜榜上无名，是否会对学校心存芥蒂呢？对于那些考试成绩不如意的学生，为什么学校不多加把劲，“拯救”一下他们呢？学生对学校的感情是植根在心底的。哈佛大学、牛津大学之所以有那么多的校友捐赠，就是因为学校已经扎根在学子的心中，他们事业有成后一定要回馈母校的恩情。若我们的学校做了吃力不讨好的事，今后学校在学生心中的形象可能就要大打折扣了。

2012 年 7 月 5 日《南方周末》的“南周专栏”上刊登了台湾“清华大学”教授李家同写的一篇文章，题为《得天下“差生”而教之》，文中说了这么一件事：作者在台湾乡间开车，无意中被一所初中学校进门的一大排黑板树所吸引。进去以后，发现这排黑板树下有一个石牌，牌子上写着：“王老师，谢谢你，我们的考卷都还留着。XX 年放牛班全体同学。”“放牛班”是当时台湾为那些被放弃的一群孩子开设的班，现在教育部门已经不允许设“放牛班”了。几乎没有老师肯教“放牛班”，因为班上的学生无论上什么课都没有兴趣，学校也从来不在意“放牛班”学生的成绩，只盯紧几位功课好的学生，实施各式各样的“恶补”，使他们能够应付高中入学考试。如果真有人考上了名校，学校门口就会高挂大红布条，写上学生的姓名及其被录取的高中。当时有一位王老师却偏偏抢着教“放牛班”。王老师在接“放牛班”之初，会让学生进行一项测验，但题目不难。他会告诉学生不要花太多时间在难题上，而应该将基本的知识学好，这样，虽然不会做难题，但总能拿到一些分数。王老师还告诉他们，只要会基本功夫，将来长大成人，进入社会就可以应付所遇到的问题了。

文章中最令我感动的是王老师的教书秘诀。为什么黑板树上会有“考卷都还留着”的留言呢？这所学校现在的校长就是王老师当年的学生，在校长保存的档案夹里全是考卷。校长当年数学成绩很差，可王老师给他卷子上写的话很特别。其中一张试卷上写道：“XX 同学，实在对不起你，看来，你仍不会最小公倍数，不要担心，我会好好教会你的。”另一张试卷上，王老师写道：“XX 同学，实在抱歉，没想到你对于负数的加减乘除仍弄不清楚，不要担心，下课我会教你的，你必须多练习几次，一定学得会的。”当学生上了轨道后，王老师不再道歉，但仍然不吝于勉励：“XX 同学，你做得真好，没有问题了。”“XX 同学，你等我下次出稍微难一点的题目给你做，当然我会先给你看难题的例题的。”

在文章最后，作者这样写道：“放牛班学生为什么如此怀念王老师？说穿了，道理很简单，王老师使他们在学习的过程中很快乐，增加了他们的自信心，也建立了他们的自尊心。正如那位校长所讲的，他当年何其幸运，被分到了放牛班。很多人痛恨放牛班，其实如果放牛班有王老师，学生才真是有福了。问题不在于有没有放牛班，而在于放牛班有没有王老师。”这篇文章向所有的学校发出这样的诘问：学校在乎“差生”吗？为了增加他们的自信心，学校该做些什么？

我汗颜，我与文中的王老师差距还很大。但一所学校只要出现一位那样的王老师，想必学生对这所学校的真情记忆就会深刻很多。若我们每位教师都能像文中的王老师那样对待学困生或是品行方面暂时有缺陷的学生，以真心去换取真心，真诚且有艺术性地培养他们的自尊心与自信心，等到他们毕业了，就算不能像其他学生那样给学校增添光彩，但至少他们能成长为自信大方、对社会有用的人，这就是教育的大功劳。学校、教师留给他们的也将是一辈子回味无穷的记忆，就像文中的王老师在学生的试卷上所写的话一样，值得学生终生珍藏。

只要有爱，连考试都会变得如此可爱。每年高考结束后，有多少学生撕书、撕试卷，那是学生积怨的一种宣泄。学校、教师是否也应该责问自己：为什么我们不能像王老师那样，让试卷成为学生心中弥足珍贵的记忆？

学校应在乎什么？我似乎找到了答案。学校应在乎那部分在学业上不出色，在学校期间“默默无闻”的学生的感受，应在乎学生在这所学校求学的岁月中是否快乐与自信，是否拥有成长的幸福。

我希望在每年高考、中考发榜的时候，在学校对外的宣传屏幕上出现的是进步学生的信息，出现的是学困生及其家长对这所学校所付出的辛劳的真心赞许的话语。我想，一所让学困生都能昂首挺胸做人，自信走向新起点的学校，在每一位学子心目中的地位一定是崇高的。得天下优生教之并不能体现学校的价值，得天下“差生”并有效教之，才是好学校的功夫所在。这条路虽然艰辛，但作为教师，我们都应该向文中的那位王老师学习，为每一位学生的健康成长奉献我们的智慧与心力，这也是我们每一位教师义不容辞的责任。

学校发展要走“绿色航道”

邓小平同志指出“发展是硬道理”，胡锦涛同志提出“科学发展观”。大到一个国家，小到一个单位、一个家庭，发展都是第一要义。学校当然也离不开发展。发展是时代的主旋律。

目前，“发展”的确成了热门话题，每所学校都在大谈特谈“三年规划”“五年规划”，都将发展作为主攻方向。这是可喜的，因为这是教育均衡发展的需要。然而，由于急功近利之心在作祟，人们对“发展”一词的解读并不明了。

“发展”，按《现代汉语词典（第6版）》的解释是——（1）事物由小到大、由简单到复杂、由低级到高级的变化；（2）扩大（组织、规模等）；（3）为扩大组织而吸收新的成员。对照学校的发展要素，该如何来解读“发展”呢？若取第一条解释——学校由小到大、由薄弱到强盛、由单一到多元的变化；若取第二条解释——学校不断地扩大办学规模等；若取第三条解释——学校不断地招收教师和学生。细细品味这套解读出来的学校发展要旨，总觉得有点儿别扭。学校的发展似乎停留在表象的特征居多——办学规模由小到大，办学内容由单一到多元，学校人数由少到多，却忽略了学校发展的核心——教育教学质量。因此，我认为，学校的发展应该直面学生与教师的同步发展，只有师生在人格、学识、精神、体魄、修养等方面和谐发展，才是贴近发展内核的真发展。

由于对发展的误读，不少学校不惜斥巨资在“门面工程”上下功夫。楼越盖越高，越修越漂亮，增加班级数量，多收学生，多增加收入。表面上看，办学条件明显提高，但教育教学效果如何呢？

《吕氏春秋》有言：“全则必缺，极则必反，盈则必亏。先王知物之不可两大，故择物，当而处之。”“今有人于此，以随侯之珠，弹千仞之雀，世必笑之。是何也？所用重所要轻也。”

这两段话的意思是，完美就会转向缺损，极端就会走向反面，满盈就会转向欠缺。先王知道不能两方面同时发展壮大，所以对于事物要加以选择，适宜做的才做。假如有这样一个人，用随侯的宝珠去弹射千仞高处的飞鸟，世人肯定会嘲笑他。这是什么原因呢？因为他所耗费的太贵重，所追求的太轻微了。

这两段话是在告诉我们，对立着的矛盾双方不能同时得以发展，所以做事得权衡利弊，择一而从，同时要权衡得失，不要得不偿失。

学校的发展也应该走"绿色航道"。何为"绿色航道"？就是可持续的、适宜适度的、无"不良反应"的、不"强塞硬拽"的发展之路。

一、学校发展要立足传统，寻准"起跳板"

老校都蕴含着比较深厚的办学底蕴，有着较优良的办学传统，那是一辈又一辈教师与一批又一批学子用智慧、汗水打拼出来的。学校的发展不能无视曾经的办学历史，学校应该设立校史展馆，那是学校办学路上的铿锵脚步声。每一位在学校中从教的教师、求知的学子，都应该对校史崇敬有加，如数家珍，充满自豪感。若是办学历史还不长的学校，那就更应该值得恭喜了，因为你们正在为后人创造历史，你们今天的书写将会被后人所铭记，你们是学校办学传统的缔造者。老校的传统要从经验中总结出金子般的办学财富，作为今日学校与时俱进的起点；新校没有传统的束缚，脚下就是新起点，就是学校发展的"起跳板"，每一天都是超越的好时机，每一天都是书写传统的好时光。像我所在的学校已经走过了 70 多年的风雨，"严、实、精、活"四字教风就是好传统，正在学校辈辈相传；"诚、勤、毅、创"四字学风就是好传统，正在学校代代传承。学校只有在传统的基础上寻准"起跳板"，学校发展"起跳的弧线"才会优美。

二、学校发展要立足师生，寻准"投入点"

教师的发展、学生的发展、学校的发展三者相辅相成，没有教师的发展，就不会有学生的发展，更不会有学校的发展。因此，学校的发展理当立足师生的发展。理想的学校管理，应该把精力最大限度地放在教师的身上，以制度做基础，以教学、教研、学习、进修、培训一体化为抓手，舍得投入，打造优质的教师共同体。目前学校正在落实的《岗位设置管理实施意见》就是一种有效的促进手段，它变教师的"身份管理"为"岗位管理”，在一定程度上调整了教师消极的工作态度。另外，学校还应多方架设让教师提升教育教学水平的平台，将进修、学习、培训作为奖励教师求发展的福利，大力表彰优秀备课组、教研组，打造优秀教师共同体。

教师的专业得到了发展，有目标、有追求之后，发展就会成为教师内在的需求，教师就会不断地汲取新知，伏案笔耕，教育教学思想就会变得严谨而开阔，教育教学理念就会变得新颖而实用。

学生在这样的教师的引领下，求知、求学就会变得快乐有趣很多，探求知识的欲望就会变得越来越强烈。师生之间会经常砥砺思想，激荡思维，课堂在这里成了教学相长的主阵地。师生之间是没有隔膜的，一切均在平等与和睦中展开，师生交往成了校园里最美的风景，将学校营造成真正的学园与乐园。

三、学校发展要立足精细，寻准“耕耘地”

在我老家，常听菜农说这样一句话：想吃菜，田头拜。意思是，要想让自己所种的蔬菜获得好收成，就必须在精耕细作上下功夫。迁移到学校建设特别是软件建设上来看，我觉得这句话依然适用。学校的“耕耘地”在哪儿？当然是校园。如果没有那么多的土地、那么多的资金来扩大规模，难道学校就不能发展了？答案显然是否定的。学校的发展之路就在脚下。横向、纵向发展不了，硬环境改变不了，不要紧，学校还可以走“软发展之路”。

精心耕耘校园文化，动员全体教师，发动全体学生，人人动手，时时创意，让每一面墙都说话，让每一块砖都眨眼，让每一方寸都饱蘸着文化的墨香……不要动不动就让喷绘公司来美化，不要动不动就用电脑设计，把每一处地方都腾给学生，给机会，给题目，给意向，给平台，让教师与学生全身心地融入校园的文化氛围创建中，不时地评选“最佳创意奖”“最佳设计奖”等，给更多的学生以锻炼的机会。

精心耕耘学校特色，每所学校都有自己的长处和短处，学校发展要扬长避短，寻找自身特色，并努力地将其发扬光大。一所学校的精力有限，面面俱到难免会顾此失彼。因此，学校发展应该要有属于自己的“拳头产品”，外人一提到某个项目，就会脱口而出某某学校。果真这样的话，学校的发展也是成功的。

四、学校发展要立足品质，寻准“品牌源”

品质保证是商家发展的不竭动力。同样，学校的发展离不开品质追求。俗话说，口口相传才是最好的广告。学校的工作除了要赢得上级主管部门的肯定，还应得到广大学生家长的认可。这就需要学校在办学品质上下功夫。目前的情势是，各级各类的检查名目繁多，学校的自主权越来越小，被干涉或受干扰越来越多。这就需要学校在正确的教育方针的指导下，坚持走自己的特色发展之路，这需要校长的胸襟与魄力。一所学校想全面开花，全面结硕果，愿景无可厚非，但实现起来是艰难的。因此，学校要正确地剖析自身的优势与劣势，扬长避短，发展学校的长项，以长项为发展主业，其余项目为辅，抓住“品牌源”，打造高品质的学校。

当然，学校教育不能只关注考试分数，教学生六年，就要考虑学生往后的六十年。因此，不管寻觅到哪种“品牌源”，都要把培养学生的综合素质摆在首位。一个学生的学业可以暂时缓慢起步，但心智、情智、处事能力、与人交往能力、文明礼仪等绝不能慢半拍。学生从学校毕业，步入中学、大学时，蓦然回首，最难忘的还是小学的光景，那一刻，学校教育才是真成功了。

五、学校发展要立足绿色，保障“环保度”

任何良性的发展绝不是激进的，而是平和、渐进的。因此，学校发展也应该遵循循序渐进的原则，不搞冒进。就像“休渔期”，为的是更好地捕鱼。

有的学校，底子比较薄，一心想借助“傍名校”“借巢生蛋”的方法，顷刻间提高学校的办学效益，结果名誉扫地，得不偿失。其实，不同的学校起点是不一样的，学校要正视自己的起点，不要妄图一蹴而就。

起点低，不是妄自菲薄的理由，可以自己与自己进行纵向比较，今天比昨天好，明天比今天好，学校依然有发展的空间。起点高的学校，要学会横向比较，与一些与自己起点相同的学校作比较，制订适度的、适宜的发展方略，不以牺牲学校的发展潜力为代价，学校潜力应有序挖掘，不宜一次掏空。

因而，学校发展要立足实际，立足绿色，要有良性循环的生态发展意识，让学校的发展充满着“环保”的情怀。若真这样的话，每一所学校都定将在“绿色航道”上平稳矫健地一路欢歌前行。

学校应拥有“伦敦碗”的低碳意识

2012 年伦敦奥运会成功举办。在经济窘迫的大环境下，伦敦以自己的方式顺利地拿下奥运会主办权，让世界各地的运动员齐聚伦敦，在四年一度的体育盛会上演绎精彩。

英国人在奥运会成本经济核算上的智慧，是值得我们深思的。

先来看看这届奥运会的主赛场——“伦敦碗”吧。从成本来看，它的投入远低于 2008 年北京奥运会的“鸟巢”。这是因为在设计上它努力贯彻“绿色理念”，上下层是可拆卸的，座位是可拆卸并可随意组装的，采用的是自然能源，并减少了空调等的使用；奥运会结束后，基本实现可持续利用，减少维护费用，成为一个足球俱乐部的主场及训练场。对比“伦敦碗”，北京的“鸟巢”的确堪称建筑杰作，但从投入产出比来看，北京的“鸟巢”在性价比上比“伦敦碗”要低很多。

如果站在教育者的角度看，“伦敦碗”的投入产出比，能给中国当下的教育，特别是学校教育以怎样的启示呢？

一、硬件投入应量力而为

当下的学校教育都想在“面子工程”上做足文章，动不动就斥巨资建盖新的教学楼，修葺气势宏伟、派头十足的校门，甚至不惜借贷进行校园建设。教学楼美观大方，的确能让人赏心悦目，学校师生一定都期盼环境是一流的，设施是上乘的，这样自己工作、学习起来，劲儿便会更充足，还会油然而生一种优越感——瞧，这就是我工作或就学的现代化学校。但若是政府投资，或是学校为了发展不惜借贷建设（诸如一些高中学校，属于非义务教育阶段），为了追求“面子”，而在硬件投入上“脑门子发热”，就会有得不偿失的可能。

事物总是在发展变化的，想让硬件一直立于不败之地，那是一厢情愿。就像学校使用的多媒体教学设备一样，更新换代的脚步是多么迅猛，若为了追求与时代同步的目标，一股脑儿地斥资购买的话，过不了几个月，新一代的产品又“破土而出”了。总之，你永远赶不上时尚的趟儿。因此，学校在硬件建设上应该量体裁衣，量力而行。

二、内涵建设应多存慧心

我曾看过一篇文章，讲的是学校的文化标识问题。试问，一批学子从一所学校毕业了，多年后，当他（她）回首自己当年的求学生涯时，留给他（她）更多甜美记忆的是什么？校舍、雕塑、老师、同学，还是其他？可能每个人心中的印记是各不相同的，但有一样是共存在每一位学生心中的，那就是学校的文化标识。什么是文化标识？它可以是有形的，也可以是无形的。就拿牛津大学来说吧，在牛津人的心中，他们心中的文化标识就是牛顿当年住过的那座小石屋——石屋前有一棵苹果树，先不遑论是不是当年牛顿发现万有引力定律的那棵苹果树，牛津人以能在那间小石屋里住上一晚，站在窗前凝视苹果树为傲。而每年也只有一个学业成绩最优秀的学生才有资格享受这种至高的荣耀。这就是牛津人的文化标识，是镌刻在每一个牛津人的心底的。

因此，学校的文化标识并非外表上的光鲜，而在于内涵的修炼。就像一个有涵养的人一样，粗看可能与常人无异，但随着时间的推移、了解的深入，这个人的“气场”等就慢慢地显现出来了，这就是内涵散发出的迷人魅力。学校也一样，应该更侧重于文化标识的内涵建设。

1. 关注教师的身心健康。育人者首先得身心和谐，心平气和方能让教育谱写出最华美的篇章。学校要舍得在促进教师的身心健康方面投入，诸如，建立“减压吧”，提供茶点、咖啡、书籍、轻音乐等；成立教师社团，倡导教师健身、运动；假期组织教师自助游，愉悦身心，增进友谊等。

2. 关注教师的道德修养。作为学生的精神、道德、文化、知识等方面的引路人，教师的道德修养尤为重要，它是学校文化标识的直接缔造者——学校的文化标识是靠每一位教师用自己的真心真情一点一滴凝聚起来的。只有全校所有教师不断提高品德修养，学校的文化标识才能逐渐形成。学校要舍得投入，树立师德表率，以引领全体教师共同发展。

3. 关注教师的能力提升。教师是学校建设与发展最重要的人力资源，只有能力高强的教师，才能培养出有思维、有灵魂、有志向、有创意的学生。“艺无止境”“教海无垠”，教师的专业化技能是需要与时俱进的。因此，学校必须在促进师能提升上“不惜血本”，要积极鼓励教师在职进修，在职研修，外出培训、学习，提供各种各样的平台，锤炼师能，切磋师艺，为每一位教师的专业发展鼓劲加油。

4. 关注学生的特质培养。学校要有矢志不渝的育人观，确立始终如一的办学理念。每一所学校都在追求自己的教育品牌，但有一种声音是大势所趋，那就是努力培养“素质＋特长”的学生，要求学生心智健康，人格健全，素质全面，并且能拥有属于自己的特长，这个特长不一定非得是文学、艺术、科学等方面的，还可以是某项别人不具备的能力，诸如，可以用筷子接乒乓球，可以快速心算等，只要是学生感到快乐、喜欢且健康的，学校就应积极鼓励，并努力搭建舞台，让拥有各种特长的学生展示风采，收获自信与幸福。

三、策划实施应低碳环保

“低碳环保”不仅是口号，而应充分地落实到具体的行动中。在学校，我们经常会看见这样的一幕：举办一次活动，购买的设施、用品等往往都是一次性的——虽然物品还在，但今后再用的可能性几近于零；校园、教室等的布置，全部交由广告公司去制作，虽然美观，但校园总缺少一些灵气与书卷气。其实“伦敦碗”的设计理念可以给学校活动的策划与实施带来启示。学校在每一项活动的策划出炉之前，首先要把“每一个铜板都花在刀刃上”。在各项用品的添置上，要尽可能考虑其循环利用的因素；在校园、教室等的布置上，鼓励师生自己动手制作，培养全体师生的成本意识——花小钱能办大事才是真本事。

“学校是我家，发展靠大家”，应成为师生及全体学生家长的共识。对学校那些处于“休眠状态”的设施、用品，学校可以借助家长资源，进行维修或改良，可以推出“校园旧物改造”金点子创意征集活动，积极践行“低碳环保”理念。当节约成为一种校园时尚，改良成为师生日常思维方向时，学校也就开始步入了新一轮的发展征程，实现了质的飞跃。

学校应把节省下的每一分钱投入到最需要的地方去。只要精心地管好财、用好财，在有限的经费投入上花心思，就一定能让效益产出实现最大化。

以教育之眼看“伦敦碗”，若能在投入与产出方面给学校办学以些许启迪的话，那么，我们的教育也就能“隔空”从这个“特制碗”里分得“一杯羹”。若果真如是，也算是伦敦奥运会送给教育的一份厚礼了！

学校应在速度与激情中寻找平衡

最近我看了《疯狂的赛车》《头文字 D》《生死时速》等几部电影，常常被影片中风驰电掣般的速度所震撼。自己开车时，从来不敢超速——因为生命对每个人来说只有一次。虽然向往飙车的酷样，但从来不敢付诸行动，因此，只能凭想象感受那种超越速度极限的快感。

从表面上看，速度与激情是成正比关系的，但生活往往喜欢与人们开玩笑。我倡导绿色出行，因为家离单位不远，所以每天都是骑自行车上班的。每天早晨，我总会看见一对骑电动车赶时间上学的母女，那女孩看上去像初中生，坐在车上，捧着一本课本，正在默读。母亲骑车的速度比较快，经常与我同时出发，但她敢进入主车道与公交车一起“卿卿我我”，真替她们捏把汗。我每天上班的这条路上共有三个红绿灯，有趣的是，每次她都会把我抛在后头，但当我来到红绿灯处，经常会看见她们等着过红绿灯。我不禁莞尔：瞧你前面赶得火急火燎的，最终还不是和我一样重回同一起点吗?

也许有人会说，那可不一样，人家享受到了速度的激情——敢与公交车、私家车试比高。这一点我承认，但别忘了，安全是“1”，其他各项都是“0”。

“起点—速度—重回起点”，这个有趣的现象引起我对当下教育的思考。其实，在我们的教育中，又何尝没有这样的“怪相”呢?

镜头一：焦灼的教师

不久前，学校对小学毕业班进行了质量监控考试。一考完，当天晚上就组织人员进行流水阅卷。专人登分，统计数据，撰写考试检测报告，召开会议，通报学情、教情，希望毕业班的教师能从考试中获得启迪，调整接下来的复习策略。这一系列的动作出发点是正确的，能给教师以导向。拿到成绩，看到平均分、优秀率、及格率，以及与年级平均值的比较情况，有的教师坐不住了：我们班怎么考得这么不理想？这成绩在领导眼里该是一种怎样的印象？我们不敢找领导解释说明，但我们有“下级”——学生，我们可以找学生啊。于是，教师将试卷重重地扔在讲台上，开始了漫长的“唾沫轰炸”。再看看可怜的学生，个个面无表情，静静地接收着那高分贝的噪音，一脸的无辜状。等教师收起了唾沫星，进行试卷分析时，你再瞧瞧底下听课的学生——根本不在状态中，教师讲他的标准答案，学生在遐思中享受个人空间。

我们理解教师面对学生考试成绩不理想时的感受，但教师一通令自己暂时痛快淋漓的批评、指责，只能加快学生对教师的厌倦速度。试想，当学生面对着教师板着的面孔时，他们还有心情听教师的教导吗？我们不妨角色互换一下：若自己坐在下面，有一位领导这样痛斥你，那时你的感受就是学生的现实感受。

教师想为学生的后续学习加速，可惜不仅于事无补，还加剧了恶性循环。学生学业成绩不理想不是一天造成的，而是多方原因造成的。教师要提升学生的成绩，必须具体问题具体分析，只有找对方法，才能有效地服务学生。教育绝不是“骂”出来的，因此，焦灼的教师光有“激情”，是无法达到满意的“速度”的。

镜头二：扩容的学校

近几年，“做大做强”这样的话语不仅频繁出现在企业发展的规划书里，也躺在了学校发展的“口号册”里。特别是一些名校，动不动就办分校、办协作校。明眼人都知道，那是受地方利益的驱动。我并不是排斥优质教育资源的“再造血”，这对促进教育均衡，让更多的孩子能够受到优质教育是有帮助的。但问题是，有的分校、协作校，名校仅是挂一个名分，每年收取一定数额的“挂名费”。

名校招生压力大，我们可以理解。但规模做大了，面铺开了，在师资力量上难免会捉襟见肘，俗话说，“罗马城不是一天就建成的”。任何一所名校的发展，都是一代代名校人用智慧、汗水、心血浇灌出来的。我们买东西，信奉的是老字号、老品牌、知名品牌，当分店多起来的时候，我们往往认的是最开始、最正宗的那一家。

为什么北京加快现代化建设的进程后，不少人怀恋还的是老北京的建设风貌呢？为什么各地的城市建设越来越“洋气”，但迷人的魅力越来越寡淡了呢？旅游时人们为什么越来越喜欢往古朴、原生态的老城跑呢？因为人们的心中有怀旧情结，拒绝同化。

同理，教育的效应，百姓的口碑，他们认的依然是那块烫金的招牌。见过哈佛大学办分校吗？见过牛津大学办协作校吗？这些名校的指向非常明确——培养精英，拒绝平庸。一所学校的底蕴、社会效应，不是看规模，不是看表面建设，而是看内核——办学理念、办学质量、学生的综合素质等。在学校举办的校庆座谈会上，有校友就提出，学校发展不要提“做大做强”，那是吓人、骗人的噱头，应该提“做精做细”的发展口号。我认同他的观点，精致办学才能成就学校特色，而特色是一所学校发展的永恒动力。学校追求发展速度无可厚非，但学校的发展速度必须建立在现有的发展现实上，不能“乱花渐欲迷人眼”，随波逐流。

激情，是成就事业的基础，有了激情，更要有思想，还要有前瞻的视野与踏实前进的策略，这样，发展的速度才会是惊人的。

学校不可忽略的理念

国庆、中秋“双节”齐相逢，终于迎来了8天的小长假。这对于在外地工作的人来说，有了回家与家人享受天伦之乐的机会。我也回了一趟老家，与朋友小聚了一番。

朋友是老家一所中学的政教处主任，他将我领到了一个酒家，他说，这个酒家是他刚毕业时接的班的学生开的，这个班的学生与他的感情最好，经常聚会，不少学生还跟他“称兄道弟”，让他觉得很温暖。席间，朋友跟我谈教育，其中有这么一段话让我印象特别深刻。朋友说，他们学校管理层内部有一种共识——要特别关注中下层次的学生，要把特别的爱献给这些中下层次的学生。因为学优生虽然学习好，以后可以考上名牌大学甚至到国外名校深造，但学成之后回到老家，参与老家建设、做出贡献的概率几近于零；而那些中下层次的学生，他们或许考不上好的大学，甚至可能进不了大学，但是他们才是老家的未来，老家的建设与发展离不开他们。如果我们能够好好地对待这些未来的建设者，未来他们还会继续与我们在同一个地方奋斗，这才是教育的“大主体”。说得再直白一些，那些会读书、成绩优秀的学生，成人成才之后懂得感谢学校、感谢老师的并不多，对母校、对老师特别有感情的，往往是那些中下层次的学生。基于此，我们还有什么理由不好好对待这一群中下层次的学生呢？

朋友说的话或许有些“势利”，但细细品味，还是颇有道理的。未来与老师亲近的学生往往不是那些会读书、天天被表扬的学优生，而是那些挨老师批评多的、学习成绩不理想的中下层次的学生。我们应该承认，人的学习能力是受智力与非智力双重因素的影响的，会读书有时也是看禀赋的。学优生会学习，能在各级各类的比赛中为学校、老师撑台面、挣面子，但长大后他们往往胸怀大志，总想跳出老家的“围城”，到更广阔的天地去“搏击长空”，证明自己的人生价值。这是无可厚非的，但对于生他养他的家乡来说，优秀人才不回来，家乡未来的发展就会多多少少地受到限制。

在教育教学实践中，我们每一位教育工作者都深有感触，那就是教育学优生省心省力，他们往往比较乖巧，功课不需要教师操心。但对待学困生，特别是品行与学业“双重困难”的学生，教育起来就显得很费劲，甚至有时还会吃力不讨好。我所在的学校就曾经出现过几位特殊的学生，有的是被诊断为患有多动症的，有的是智力明显有缺陷的，有的则是行为出现极端暴力倾向的。这些学生就像一个个“重型炸弹”，不知道何时会爆发，但“摊上”了，学校就必须全力以赴，面对任何情况的学生，学校都应责无旁贷地承担起教育的义务。

教育，必须贯彻“两全”方针——面向全体，全面实施素质教育。学优生毕竟是比较少的，他们属于金字塔的塔尖部分，大部分学生则位于金字塔的塔身与塔基部分。细细揣摩朋友所说的话，我觉得还是很有道理的，理由如下。

1. 教育的目光关注的是“主体之主体”。我们常说，教育教学“下要保底，上不封顶”。善待中下层次学生的教师，满眼都是爱的柔情，对中下层次的学生都能充满真情去对待，更何况对那些根本不用操心的学优生？学生是教育教学的主体，当教师率先垂范，用自己的一言一行教育中下层次的学生时，他们定能从教师的谆谆教诲中不经意地接收到鼓励的信号，从而受到感召。持有这种教育理念的教师清醒地知道，只有中下层次的学生好了，才是真的好。

2. 教学的坡度观照的是“主体之主体”。心中有了中下层次的学生，教师在教育教学活动的设计与实施上就不会一味地“仰仗”学优生，而是站在中下层次的学生的角度上观照。这样的教育教学活动，考虑的是学生中的大多数，关注的是教学重点，关注的是基础知识、基本技能。俗话说：“先长骨头再长肉。”这“双基”就宛如人体的骨架，没有骨架，皮肉焉附？这样平缓的教学坡度设计是符合大多数学生的水平的。对于学优生而言，有了扎实的“双基”，他们的能力发展就有了“强劲的马力”。

3. 教化“成人成美”的是“主体之主体”。教育是滋润的过程，教育是培育的过程，教育本身就是在“和风化雨”，因此，从根本上说，教育就是让每一位接受教育洗礼的学生都能成为心智健全、人格完善的大写的“人”。拥有关注中下层次的学生这种教育理念的教师，他们不以学业成绩高低论英雄，对中下层次的学生尽力扶持、辅导、帮助，使学生真切地感受到了教师的拳拳爱心——不抛弃，不放弃，就算学业成绩不理想，教师依然会一如既往地关爱着学生。从这样的教师身上，学生读懂了什么是真爱，教师就是真爱的传播者。努力为他人付出爱，这是时代的呼唤，也是社会的亟须。虽然这些学生中有的学业成绩并不理想，但是他们心中有爱，他们阳光、乐观、豁达，他们正直、善良，他们心灵美好，拥有这些，他们就是新时代的弄潮儿。

想到这里，我又否决了上文对朋友这番话的评价——并不觉得他说的话有些“势利”。相反，让我感觉是对当今教育的“大胆表白”。我从朋友的话中，告诫自己要做到以下几点。

1. 对学优生不要有偏袒之心。有时在课堂上，教师为了课堂教学的顺利展开，往往把更多的机会给予了学优生，这实际上是在加剧“两极分化”，导致强者更强，弱者更弱。有时，当学优生与中下层次的学生产生矛盾或冲突时，挨批评的一定是中下层次的学生，这无疑中又增强了学优生的优越感，显然，这是有悖于教育真谛的。

2. 对学困生不要“恨铁不成钢”。为什么非得要成钢呢？铁也有铁的用处。为什么目前在就业市场上，高级技工比博士、硕士还吃香？都是“钢”，该用“铁”的时候怎么办？就算是铁，教师也要把它打造成好铁，这也是教育的大智慧与大功德！

3. 对本职工作不要自怨自艾。从事了教育教学工作，就要积极面对，你要这样想，作为教师，你是学生生命中重要的启蒙者，你要以怎样的面目、形象呈现在学生心中？若你认为自己从业那么长时间，见识过、教授过那么多的学生，每一位学生只是你教育生涯中的匆匆过客而已，那么在对待学生的态度上，你就难免会受情绪、心情等不确定因素的影响。对于教师职业而言，这是最不可取的。“三百六十行，行行出状元。”既然选择了教育，就不要自怨自艾。在教育的园地里，你将关爱、疼爱、怜爱、挚爱等无私地倾洒到每一位学生身上，相信学生长大成人之后，每每串起一个个记忆碎片时，回馈于你的将是闪光的感恩项链。这就是为师者的不同凡响之处。

感谢朋友无意间的一番话，它默默地镌刻进我的心坎，也必将感召着我，指引着我正确地行走在教育之路上。

学校精细化管理要落到实处

一所学校，就像一台机器。机器要运转，就必须让所有的零部件都启动。哪怕只有一个不起眼的零件“罢工”，都有可能导致整台机器“瘫痪”。

对于学校这台机器来说，校长无疑是主轴，校级领导是辅助轴，中层干部宛如轴承，教职工就是机器上的零部件，大家各司其职，既明确分工又协同配合，靠什么来维系这台机器的灵活运作呢？一是动力，二是润滑油。对于学校来说，什么是动力与润滑油呢？我的理解是，教师集体的凝聚力、向心力、战斗力是动力；教师职业的情操、规范、奖惩制度、纪律约束等是润滑油。

一所学校要想良性运转，核心是校级领导，执行力要依靠中层干部与年段长、教研组长等，落实到位又必须依靠全体教职员工的共同努力，形成合力。换言之，只有学校上下共绘一个美丽的同心圆，学校的各项工作才有望达成既定的目标（如下图所示）。

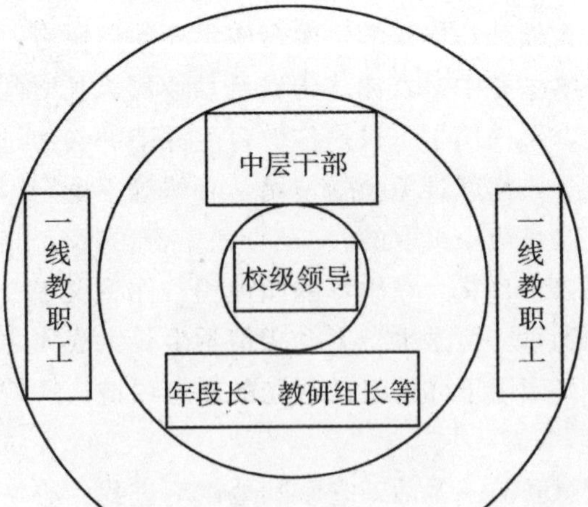

一所学校的核心决策层必须要善于思考，锐意创新，不故步自封，能与时俱进，顺应学生发展的需要，在贯彻党的教育方针的前提下，追求自身的办学特色，这是学校领导层的责任与义务。决策层的意志、主张、理念等要通过学校的中层干部与年段长、教研组长、备课组长等“二级管理层”去执行，执行层必须要理解决策层的意思，认同决策层的意图与观念，为了不使领导层的意图“衰减”，执行层的执行力就显得尤为重要。当执行层将具体的工作部署下去后，要督促全体一线教职工认真执行，其间也涉及决策意图是否“衰减”的问题。一所学校运转的最理想的境界是决策层能从宏观上描绘蓝图，执行层能创造性地从中观和微观上进行指导、部署、检查，一线教职工能积极响应，让领导层的决策意图在实践中得到落实，收到最大化的效益；次理想的状态是决策层、执行层、落实层呈等圆状态，决策层的意志、理念得到平衡的贯彻落实；最糟糕的状态是“层层衰减”，呈削弱态势，决策层虽有满怀激情，执行层却执行乏力，一线教职工的工作情绪“疲软”，导致决策层成了“消防队员”，事事躬亲，疲于“灭火”，成效甚微。

我们渴盼第一种最理想的管理图景，追求第二种理想管理成效，拒绝第三种管理劣态。在现实生活中，有些学校虽然也有不少规章制度，但执行层的人乐于当“好好先生”，谁也不想得罪，谁也不敢得罪，结果难见管理成效。学校如果执行力不佳，那么，所建立的制度规章都会变成一纸空文，决策层这种“自娱自乐”的管理又有什么意义呢？

于是，学校管理呼唤精细化。什么是精细化？就是精致、细致管理。所谓精致，就是要求学校的决策层在出台某项工作、活动决定时，首先应该考虑到学生的现实需要，考虑到教师的工作负荷，考虑到德育因素等。学校重大工作的决策必须要考虑延续性、系统性、发展性，不随波逐流，不“拍脑袋”做决策，不好大喜功，不违背教育规律。所谓细致，就是要求执行层在领会决策意向后，能好好地消化、理解，在立足决策层意图的基础上，能融进执行者的创意，对决策事项该如何落实进行有针对性的细化，不当“传声筒”，或只是机械地重复决策者的声音。若只是将决策者的意见记录在笔记本上，然后照本宣科，执行层就丧失了存在的意义。不管是决策层还是执行层，关键要树立一种意识，那就是，决策层和执行层都是服务者，是为广大一线教师、学生服务的，只要是有利于促进学生、教师、学校发展的事，就一定要无条件地做好。

一、精细化管理需要建立合乎民意的制度文化

制度若只停留在纸面与墙体上，就只是一种摆设。制度只有上升到文化的高度，才能让全体教职工明了什么可为，什么不可为，什么是“高压线”，什么是“地雷区”……有了制度文化，全体教职工才知道职业道德、职业操守的底线和要求，知道学校的每一个成员都要为学校的集体荣誉而奋斗，凡事不能只站在自己的狭隘视界里审视，而应站在全校大局的高度去俯瞰。有了制度文化，就等于是用制度来管理，不管什么时候，都只是对事不对人。有了制度文化，整个学校就能照章办事，人人都对制度规章有敬畏之心，人人都以遵循制度为荣，守住制度文化，学校师生就有了纪律保障，有了纪律才会有凝聚力，有了凝聚力，各项工作的落实才会有强大的基础。

制度文化的建立是一个系统工程，需要学校在办学过程中不断地累积，需要学校逐渐形成优良传统，以老带新，以新比新，用制度文化熏陶学校里的每一个人。好的制度，是积淀下来的，也是决策层根据教育形势发展的需要，自上而下或自下而上形成的产物，有的制度是决策层根据上级相关文件的规定结合学校实际出台的，有的制度是从一线教职工的反映中发现问题，自下而上形成的。但不管是哪种方式产生的，都必须是顺乎民意的，也就是能被大多数教职工所接受的，这样的制度文化才是有根基的。比如，逢年过节时，有的学生家长会用物质形式向教师表示谢意，从人情上说，这是可以理解的。但教师的职业要求我们必须公平、公正地对待每一个学生，一旦与物质挂钩，教师内心深处爱的天平难免就会有失衡的危险。发现这一问题后，学校立即组织讨论——师爱的内涵是什么？学校与家长应该怎样维持纯洁的朋友关系？在当下社会，面对物质诱惑，教师应该要有怎样的意志力？之后，学校通过教职工代表大会形成决议，向全校家长发出《致家长的一封信》，明确教师的神圣承诺，并公布监督、举报电话和邮箱等，还向学生家长发放无记名问卷，发现问题后及时解决，以树立良好的学校形象，学校正确的理念在制度文化中渐渐根深蒂固。

二、精细化管理需要决策层“放权”与“敦促”双管齐下

学校重大的决策，必须由校长办公会议集体研究决定，重要的人事、

表彰、评优、晋职、采购等决策还需提交学校基层党组织研究、确定。每个月有校长办公会议，每周有行政办公会议，有全体教职工大会等，决策层将工作决定与安排部署下来后，就要适时放权，将决策的执行交给中层干部，信任他们，不干涉他们的执行方式。但决策层绝不能只是一味地部署，分管部门的副校长要主动指导部门主任开展工作，领会决策意旨，开拓思路，尽可能简化头绪，采用适合教职工落实贯彻的举措。千万要避免产生“层层递加”的工作部署状况，将任务全部压向一线教职工，否则势必适得其反。决策层要不定时地找分管校长、部门主任了解决策意见的落实进度。决策层不能只是一味地发号施令，要勤走勤看，每天都要巡视校园，走访学校的每个角落，对学校的整体情况了然于胸。当部门主任汇报工作进度时，决策层就可以判别“真伪”，无形中也给中层干部“压担子”——只有真抓实干才能保证决策意见的顺利达成。当中层干部的工作遇到阻碍时，决策层要及时地予以帮助、协调。“放权”与“敦促”相结合，有利于决策意见的执行。

三、精细化管理需要执行层“指导”和“反馈”相结合

执行层是实现学校精细化管理的关键，执行层在制订具体细致的执行方案后，要在第一时间指导二级执行层——年段长、教研组长、备课组长、党小组长、工会组长等，首先明确工作、任务的意义，接着阐述部门的执行建议，最后指导二级执行层有效开展该项决策的具体方略，不闭塞视听，要广开言路，虚心听取二级执行层的建设性意见，集思广益，即时调整执行方案，以求找到最佳的执行路径。

执行层不能只限于任务、工作的布置，要多关心二级执行层，努力帮助二级执行层解决在工作中遇到的问题；要深入实践一线，查看二级执行层的工作执行状态，发现问题后，以温馨提醒与指导相结合的方式予以反馈、提醒；及时举行二级执行层的工作交流会，相互借鉴，相互启迪；要充分利用好每周一次的部门工作例会，及时表扬二级执行层的工作能力与业绩，为二级执行层更得力地工作鼓劲、助力；每周都要对二级执行层的工作情况进行点评，力争用数据和事例说话，以有效的反馈促进二级执行层工作效能的提升。

四、精细化管理需要全体教职工的“规则意识”融合

决策再好，执行力再强，一线教职工集体茫然麻木，再好的决策也只能成为空中楼阁。因此，一所好学校的所有教职工必然都是拥有“规则意识”的。人难免有犯错误的时候，但只要有了“规则意识”，人就会自觉自愿地接受学校制度的制约，从而减少工作中的错误。学校每月都会召开教职工教育教学工作考核会，依据考核条例，对该月教职工的整体工作进行客观公正的评价。在大会上对全体教职工的每月工作情况进行点评，在表扬先进的同时指出工作中出现失误的现象，对全体教职工进行警戒，有则改之，无则加勉。

在教育教学实际中，有些教师由于曾经的辉煌与卓越，获得了许多荣誉。但人是需要不断促进的，一旦丧失了外力的持续牵引，可能就会滋生懈怠的心理。怎么办？一所有生命活力的学校，管理者一定会正视这个问题，会出台具有学校特色的聘后、评后的管理的规章，让这些教师拥有的职称、荣誉有了“有效期”——不能产生一辈子坐在功劳簿上享清福的念头。比如，学校规定教师专业技术岗位聘期为三年，三年期满后，所有教师都必须按照岗位聘任条件重新申报与评选。教师认同这样的管理制度，不用学校“扬鞭策马”，所有追求上进的教师都会“自奋蹄”地往前驰骋。

全体教职工的“规则意识”的融入，保证了学校决策直达一线，赢得了一线教职工的认同。只有这样，学校的精细化管理才有望真正落到实处，学校才有望插上翅膀，腾飞翱翔！

学校要敢于争取办学时空

学校是教育教学的场所，是促进学生身心健康发展的殿堂。教育教学是学校工作的生命线，育人为先，教学为主，是学校工作的重中之重。但学校的教育教学经常会被很多计划外的烦琐的事务性工作所羁绊，导致教育教学成了“副业”，这不得不说是学校教育的一大悲哀。

就拿我所在的学校来说吧，临近期末复习这段时间，一个月内学校就先后接受了五次大型检查，分别为市收费大检查、市“文明单位”届中复查、省教育工委“文明单位”届中检查、市“安全主体责任评定工作”检查、中小学校年度工作绩效考核评估。每次检查，学校都必须准备汇报材料，整理文字、图片、档案资料，因为每次检查都有各自独立的评估标准，学校必须严格按照相关条款准备资料。于是，大家整天埋在材料堆里，每天都在疲于“奔命”，因为每次检查都对学校的前途命运有重要的影响，学校一点儿都不敢掉以轻心。特别是学校中层干部，除了要上好本职的教学岗的课，还要与同年级的教师在教学质量上一较高低，同时必须完成事务性的工作。个中滋味，难以言说。

学校领导也像陀螺一样转个不停，作为学校的核心决策层，要想将学校工作，特别是教育教学工作做好，就必须经常性地深入班级、深入课堂，到一线教育教学现场中去。只有对学校的教育教学情况了如指掌，学校领导才能更有针对性地进行指导，做出有前瞻性的思考与决策，这是学校领导最主要的责任。然而，很多时候，学校领导陷在无休无止的检查中“无法自拔”。于是，学校出现了一种“怪现状”——学校领导尽力应对上级部门的各项检查，“迎来送往”成了学校领导的主业，而教育教学则无奈地被边缘化了。

曾看过一篇通讯，讲述的是我国某著名高校校长呼吁高校能在社会主义教育方针的指导下，享有自主办学的权利，呼唤大学精神的诞生。高校有这等期待，其实，作为基础教育的中小学，也同样期盼能有真正自主办学的权利。

作为上级部门，指导、检查、评估学校工作，是对学校教育方向的把握，是对学校教育负责。但问题是，上级部门各自站在自己的立场上“俯视”学校，各自制定一套自认为适合本部门评判标准的指标体系，却害苦了学校。被检查的学校对每一项检查都得根据不同的指标体系从头倒腾文字材料，浪费精力不说，还违背了“低碳生活”的原则——浪费了多少纸资源?

学校要想形成特色，赢得社会、家长的口碑，必须“粗养精教”，在教育教学上创出令人信服的业绩来。所谓“粗养”，指的是学校教育要培养学生良好的习惯，追求朴素、耐吃苦、抗挫折等特质，此外也含有较为宽广地培养学生多方面的素养之义；所谓“精教”，就是说学校教育要在“教”字上走出自己的特色之路，“精心施教，精致教诲”，教给学生后续发展所需的学习方法，促进学生未来的可持续发展。

教育是需要创新的，想创新就必须付出艰辛的劳动。怎样培养学生的爱心？怎样让学生爱家长、爱老师、爱学校、爱家乡、爱国家呢？这些不能只停留在口号上。那么该怎样去唤醒学生潜意识中的爱呢？东北有位“超级奶爸”通过实践摸索出了这样的培育途径——从孩子咿呀学语时起，在教孩子认识事物、人物、动物等名称时，穿插进两个句式，从下意识里培养孩子的爱心。具体做法是，教孩子认识“茶几”“沙发”时，他不是单纯只教这两个词汇，而是这样对孩子说：“这是茶几，宝宝爱茶几。”“这是沙发，宝宝爱沙发。”……从表面上看，他只是把词变成句子，实际上却是对植根于孩子心灵深处的爱的意识的培养。这就是创新教育。我们的学校教育正期冀着有这样的“超级奶爸”出现。只有腾出时空给学校领导，他们才有时间去关注教育教学，才能静下心来好好描绘学校教育教学的宏伟蓝图。

我认为，要想让学校拥有真正教育教学的时空，可以从以下几个方面努力。

一、学校自身要有所取舍

面对上级部门开展的各种各样的评优活动，学校不能追求“样样都要”，而要有所取舍。学校要权衡轻重缓急，选择分量最重的数项进行精心准备。看准了，就要“志在必得”。学校要追求特色经营，对荣誉有所取舍，也是一种办学智慧。样样都要，势必使教师疲于应付工作，也享受不到荣誉带来的快感，久而久之，教师就有可能产生厌烦心理，敷衍了事，这对学校来说是致命的打击。而精挑细选参评项目，可以集中力量，重点突破，有利于学校腾出精力，真正聚焦课堂，实施真教育。

二、上级相关部门要能体恤校情

作为上级相关部门，要能以蹲下来的姿态，体恤基层学校的真实情况，不要多头检查，多元评价。建议教育主管部门出面协调，梳理、统计出一学期、一学年来各上级相关部门要对学校进行考评的内容、项目，并协同相关部门对考评的指标体系进行调整与融合，形成一套“放之四海而皆准”的学校工作评估体系。这套体系可以涵盖学校工作的方方面面，让学校按照这套统一标准收集过程资料，整理档案资料，形成相对稳定的材料系统，按年度装盒，平时只要适时地添加新材料，从而省去很多重复的劳动。

三、考评工作要能关注实况

上级相关部门对学校工作进行评价、考核时，要改变过去只注重查看“盒中资料”的陋习，毕竟材料是死的，是可以“临阵磨刀”的。因此，上级相关部门在莅校检查、考核时，应完全颠覆过往的评价要素，要能眼见为实，注重学校各项工作的现场实况，进入教室听课，观察学生课间的举止，随机抽取家长、学生开展座谈会，了解学校方方面面的真实情况。让实况说话，胜过冷冰冰的材料。

四、工作中心要能执意要务

学校要坚守自己的办学目标，紧抓教育教学这一要务不动摇，在师德建设、教师专业化发展、学生德育实践、学生学力发展等方面努力，要将党政工作的重心转移到以上四方面的工作中去。学校的发展有赖于教师、学生的协同发展，少了哪一方面，学校的发展都是“畸形”的。因此，学校要分清主次，要立足学校的教育教学，关注课堂，关注课间，关注校外，充分利用社会资源，为学生提供德育实践的机会；充分依仗高校、教研部门的力量，对教师的专业素养进行岗后培养；积极与兄弟学校“联姻”，搭建教育教学交流的平台，引进来，走出去，为教师的专业发展提供机会；立足校本研修，对学校不同的教师进行有针对性的培养；聚焦课堂，追求有效教学，注重培养学生的综合实践能力，让学生在实践中体验，在体验中成长。

学校有了自主办学的时空，那是教育的大幸！但关键还在于学校自身。学校只有深刻剖析自身，懂得最迫切的需要，再举全校教师的智慧，才有望撑起一片教育晴空来……

学校特色建设应让每一位学生受益

近年来，建设学校特色的呼声越来越响，要想在众多学校中有一席之地，得到学生、家长、社会、上级行政部门的认可，就必须加快学校特色建设的步伐。在各项评比要素与指标细则中，学校特色也往往被单列出来，作为一个加分项目。

事实上，各个学校的特色建设也正如火如荼地进行着，到学校参观、检查、观摩时，校长们总要对自己学校的特色侃侃而谈，这无可厚非，一所学校要想让人过目不忘，就必须拥有自己的"拳头产品"——特色。就像会唱歌的、声音条件好的人有很多，但要想在比赛中脱颖而出，就必须靠特色去争取让别人刮目相看。

但当我们静静地审视学校的特色时，就会发现，人们对学校特色的理解存在着偏颇之处，主要表现在这些方面：将某些特色单项夸大化，误以为这就是学校特色；将某些局部特长的成绩当成学校特色，以偏概全；将某些校级领导"拍脑袋"想出来的东西胡乱"贴标签"，牵强附会，当作学校特色……凡此种种，不一而足。

那么究竟什么是学校特色？衡量一所学校是否具有特色，有没有一种比较简便的检测方法呢？

查阅相关的文献资料中对学校特色的描述，定义众多，但有一个共识，那就是学校特色是在共性基础上追求个性。有人认为，学校特色是学校在实施素质教育的过程中所表现出来的独特的、优质的、稳定的并带有整体性的个性风貌；也有人认为，学校特色应该是学校在整体发展战略前提下，以学校独到的教育价值观为导向，在个性化办学的过程中形成的独特的风格。

我认为，衡量一所学校的办学特色是否鲜明，必须树立"儿童本位"的思想，也就是看是否能让每一位进入这所学校学习的学生都受益。这是评价学校特色的最简约而又最直观的方法。

举个例子，有些学校，如艺术学校、音乐学校、外国语学校等，本身就是以特色立校的，学校在选拔学生时，就是向相关特长生倾斜的。单就外国语学校而言，学生在外语方面的起点显然要比其他学校的学生高得多，学校还会在外语教育教学方面“加码”，在保证与其他学校一样的基本课程的教育教学外，学校还要在外语上有更大的作为与更高的建树。若一所一般的学校也想将外语当成学校的特色来经营的话，思路是可行的，但必须考虑到学校的外语师资力量，考虑学生外语学习的真实起点等。若只挂一个名头，教师只指导少数几位学优生进行外语学习、强化培训，在各级各类的比赛中，这所学校的学生也能拿名次，为学校争光，但这绝不能称为学校特色，顶多只能说这所学校比较注重对外语较好的学优生所实施的特长教育而已。

若这所学校能根据学校外语教师的结构与优势，积极开发外语校本课程，在稳妥、扎实地实施国家课程和地方课程的基础上，开发出适合本校学生外语学力发展的校本教材来，让每一位学生都热爱外语学习，每一位学生的外语学力都有提升，都有进步，该校学生的外语能力与其他同类学校的学生相比有一定的优势，那么，这种以学科教学或是校本课程开发、构建为要素的学校特色建设，因其能真正关注到每一位学生，让每一位学生都能在这种课程中受益，就可以说是学校特色。

当然，学校特色并不只是从一个方面构建，否则就显得单薄了。创建学校特色必须是一个整体经营的过程，应考虑到学校的历史积淀，考虑到学校的环境状态，要深入地分析学校的人文环境、经济环境、自然环境等因素，在学校办学理念的指导下，充分挖掘学校特色资源，以服务全体学生的成长、发展为旨归，从“点”入手，梳理成“面”，以“面”建“体”，形成学校的整体特色。

1. 合理选“点”。不管是新校还是老校，校长首先应提出自己的办学思想，形成自己的办学理念，拥有自己的办学愿景等。老校的校长还必须深入研究学校的办学传统，赋予办学思想与办学理念以新的内涵。

其次，校长应该具体地分析本校的人、事、物的特点，特别要分析教师的结构、特质，学生的素质起点、整体状况等，再结合从前期学校所进行的一切教育教学活动中分析、梳理得来的优势与劣势等，从学校办学思想特色、学校管理特色、课程教学特色、项目活动特色入手，来选择、确定学校特色的类别。在此基础上，紧接着要考虑“点”的确立。譬如，学校原来就有合唱、舞蹈等项目特色优势，结合学校育人的总体目标，以此为切入点，再将美育融入学校的所有课程中，确立了这样的“点”后，受益的主体就由原先只是部分在音乐方面有特长的学生变为更多的学生，甚至覆盖所有的学生。再如，学校原先就有武术、跳绳等传统体育项目的优势，结合学校健康成长的办学追求，就可以以此为一个“开发点”，将武术精神、跳绳运动中的坚韧与合作精神等，与全体学生的培养目标有机结合起来，让全体教师在所有的教育教学活动中全方位地强化这些精神、意志品质，从而形成学校的鲜明特色。

2. 缀“点”成“面”。学校特色若只拘泥在某一点上，显然是苍白的。因此，学校特色建设还应追求“多点开花，相映成趣”的迷人风景。学校特色建设不是一蹴而就的，而是需要一个较长的过程，需要经历孕育、初级、发展、成熟、高级的阶段。因此，学校特色建设可以先从某一“点”开始在小范围内实验，再逐步推展，往新的一“点”进发。不同的学生的兴趣、特质等是有差异的，这是多元智能理论告诉我们的。若一所学校在特色建设方面也能拥有这样的视野，就应该在多个“点”组成的“面”上为每一位学生的发展谋取福利。

3. 竖“面”建“体”。学过美术的人都知道，点能构成面，但若只有面，依然没有立体感，只能是平面。学校特色建设也一样，有了学校特色建设的“面”后，学校要做的是将这个“面”合理、科学、客观地竖立起来，构建成一个学校发展的“立体模型”。对于这个立体模型的构建，校长千万不能当“孤家寡人”，要积极主动地引导学生、家长、教师共同参与，尤其要让每位教师在学校特色建设中找到自己的位置与价值，让全体教师意识到：学校特色建设需要我的加盟，我为学校特色建设做努力，学生在我的教育教学活动中得益，我也从学校特色建设的过程中找到了自身的价值，得到了学生、家长、学校、社会等的认可，教育人生因为学校特色建设而愈发精彩。

在“点”“面”成型的基础上，校长要深入思考，引进先进的教育技术来对先前所进行的学校特色建设的成效进行评判，并科学地进行归结提炼，形成与学校的办学目标、办学思想等相契合的学校特色名称。名称的确立，为的是简约明了，易于记忆，更关键的是提醒学校要能坚持，相信唯有坚持才能出特色。提炼出凝练的学校特色名称有利于提高全体教师的认同度和参与度，同时有利于让学校特色追求实践的系列化，让学校特色产生影响力，加强学校特色内涵的深刻性，体现学校办学优势的鲜明性，而最终目的就是能更好地为让每一位学生成为最佳的自己服务。

让每一位学生受益，是学校特色建设的一项重要的评价指标，这样，校长在构建学校特色时，就能心知肚明，少走弯路，不折腾，不迷茫！

学校应积极为教师的发展"搭台"

植物的生长离不开土壤、阳光与雨露等，同理，从进入学校从事教育教学工作开始，教师就与学校紧密地联系在了一起。学校是教师成长的摇篮。我所在的学校提出了"师生和谐发展，素质全面提高"的办学目标，并将"积极创造一切条件，为了教师的发展，为了学生的发展，为了学校的发展"作为学校的办学理念。可见，教师的发展、学生的发展、学校的发展是三位一体、密不可分的。只有教师在具体的教育教学实践中获得了专业成长，学生的综合素养才能得以提高；只有学生与教师同步发展，学校的办学质量才有望获得新的提升。

学校的发展依赖于师生的和谐发展，师生的共同发展离不开学校的滋养与哺育。那么，学校在促进教师发展方面应该做些什么呢?

一、积极营造良好的教师成长环境

常言道，环境育人。此言既适用于学生教育，也适用于教师的专业成长。一所学校，不管是新校还是老校，都应致力于营造良好的环境。我所在的学校已走过了70个春秋，"爱生教好"已经成为学校的师德底线。一代又一代的教师在这个师德要求的熏陶下，已经将"爱生教好"镌刻进自己的心中。学校在过去的办学岁月中涌现出了一大批优秀的深受家长信赖和学生喜欢的好老师，如今，他们大多已经退休了，他们的孙辈也已进入他们曾经服务过的学校接受教育。老一辈教师依旧在关注着这所学校的新生代教师，他们从孙辈的学习与生活中近距离地了解新生代教师的教育教学状况和道德修养水平。在职的老教师在传承学校优良传统的同时，用自己的模范行为影响着中青年教师。学校的传承环境潜移默化地影响着新生代的教师。一个追求积极上进的集体，以昂扬向上的风貌，营造着健康、奋进的环境，为每一位教师加油鼓劲。

学校还充分发挥退协分会的作用，不定期地组织老同志、老领导莅校"明察暗访"、开展问卷调查、举办座谈会等，大力宣扬教师身边的优秀榜样，对教师中出现的一些不良的教育教学行为及时予以提醒、帮助，以正确的舆论引导教师。学校党总支注重"谈心工程"，经常找教师沟通、谈话，帮助教师制订发展规划，寻找差距，奋力跟进。学校每月在教师大会上都对全体教师的工作进行反馈，特别是对道德高尚、教育教学工作细致认真的教师予以赞赏、激励，努力创建良好的育师环境，提升教师的道德水平。

二、努力完善适宜的教师成长制度

依法治校，同样适合于教师成长。学校应努力建立与完善适宜的教师成长制度。虽然出于各种各样的原因，教师之间在教学能力、教学技艺、教学效益上存在差异，但学校应该通过制度建设，尽可能地缩小教师之间的差距。近几年，我所在的学校在教师成长制度建设方面主要做了以下工作。

1. 实行岗位聘任制。从1999年起，我校就率先实行了真正意义上的"评聘分开"制度，根据任职条件，鼓励优秀教师"冒尖"，实行"低职高聘制"，只要能力强，同事认可，就可以不受职称限制予以高聘，以此激发中青年教师的积极性。2001年起，我校真正实行了全员聘任制，按需设岗，竞争上岗，限期重聘，让每位教师都产生危机意识，敦促每位教师立足岗位，不止步，永向前。2009年7月，学校实行"专业技术岗位聘任制"，在制订相关的岗位任职条件时，依旧不论资排辈，让师德、师能、实绩讲话，将真正优秀的教师推到各专业技术职务的最高级别上，做到促进中年教师，鼓励年轻教师，适当照顾老年教师，并在一个聘期结束后，依旧采用"大洗牌"的方式让教师重新竞聘入岗，以消除职业懈怠现象。

2. 实行"导师负责制"。学校充分发挥校内优质资源的辐射作用，由特级教师，小中高教师，省、市学科带头人，市杰出教师等任"一级导师"，由校内优秀的小学高级教师担任"二级导师"，每位"一级导师"带2～3位"二级导师"，每位"二级导师"带1～2位初级教师，组成一个工作小组，实行"导师负责制"，通过每两个月一次的工作小组业绩考核，促进不同层次教师的共同发展。

3. 实行师能竞赛制。以赛促练，让不同层次的教师都能在师能竞赛中增强业务发展的紧迫感。

(1) 按年龄段或职称进行课堂教学竞赛。提前一个小时抽取课题，独立备课，请校外专家担任评委。比赛注重的是过程，专家的赛后讲评很重要。这些课例均被拍成录像，可以作为教师个人反思与小组教师进行课例研究的第一手素材。

(2) 进行“师能新三项”的训练与竞赛。何为“师能新三项”？朗诵、剖析教学内容重难点、“下水文”（数学教师围绕某个专题编拟应用题）等。

(3) 开展年轻教师的“课堂教学片段”比赛。像语文学科，给定一个篇目，在没有任何参考资料的前提下独立备课 30 分钟，15 分钟内对课文某一两个段落进行模拟上课，5 分钟接受评委教师的现场提问与答辩。这一师能训练能促进年轻教师注重对教材、教法等的研究，促进年轻教师尽快提高自身的专业理论素养。

4. 实行教师“招投标”制。为了促进教师的整体发展，学校借鉴工程“招投标”的方式，让参赛教师自行寻求指导教师或让教师自荐当指导教师，确定参赛或观摩的效果指标，达标后学校不仅为指导教师颁发证书，还予以一定的奖励。

三、竭力提供多样的教师成长平台

我所在的学校在为教师成长提供多样化的平台方面主要做了以下工作。

1. 自荐与选拔相济，形成良性竞争态势。有参赛或教育教学比赛的任务，抑或外地教育参观团莅校听课等，学校都不“点将”，而是让教师自荐，学校组织人员进行选拔，一切让课堂效益说话，推选出最佳人选参与比赛与观摩，“我要比赛，我要上课”成了教师发展的内驱力。

2. 保证教研活动的时间，让教育教学研讨的交流渠道畅达。学校充分保证每周各一次的教研组与备课组活动的时间，做到“雷打不动”。备课组研讨，每位教师都要轮流当研讨活动中心发言人；开展教研组活动时，采用某个专题的现场追问或沙龙等形式，不求唯一答案，但求人人都能对某专题有自己的认识，经过思维激荡后，都能让自己的认识往纵深发展，并形成教研活动后的感言。

3. 积极寻求各种机会，为教师提供锻炼的机会。除了参赛任务外，学校还积极向外延伸，如与西安市实验小学、青岛市实验小学、青岛银海学校建立友好学校关系，不定期地进行教育教学研讨，与中国人民大学附属小学、温州市实验小学建立“京浙闽三地三校”教学研讨共同体，每年进行教学研究；与阜康市厦门实验小学形成“手拉手联谊学校”，每年定期送教师到新疆交流；在省内，与福州市群众路小学、漳州市实验小学、连城县实验小学、上杭县实验小学等学校建立友好学校关系，为学校教师的教育教学研究提供了多种机会，在教学研讨中锤炼师能。

4. 举行教研现场会。一个学期、一个学年结束后，学校对成果比较丰硕、教师群体整体发展状况良好的工作组、教研组、备课组进行褒奖，并进行现场展示，以此促成一个个优秀教研共同体的产生。

5. 开展名优教师的专场展示活动。2010 年 11 月，学校为优秀教师李静举办了教育教学实践专场展示汇报活动，李静老师执教了散文、习作与文言文三种不同课型的语文教学，学校还邀请了中国教育学会小学语文教学研究会知名专家吴忠豪教授莅会评课，点拨小学语文教学新动态等，出版了李静老师的《爱的足音——李静老师成长小记》的个人文集。12 月，学校举办了“一级导师”群体展示活动，以课堂教学展风采，以课堂教学促发展。

学校，应该以人为本，教师是学校发展的重要生产力。学校理应为每一位工作、服务于其中的教师提供成长的沃土，让每一位教师都怀揣彩色的理想躬耕在教育教学的百花园里。只要给足阳光，施足肥料，灌足水分，就完全有可能让每位教师成长为最好的自己！

第三章

与学校德育有关的建议

德育者当以“两个假如”换位思考

参加在北京师范大学培训的小学校长提高班时，对教育部基础教育司原司长、教育部国家副总督学王文湛先生在报告中提到的“两个假如”——“假如我是孩子”“假如是我的孩子”，印象特别深刻。

人往往都有这样的“劣根”——事不关己，隔岸观火，多一事不如少一事，只要不牵扯到自己，别人怎么做是别人的事，对别人严格，对自己宽松……人与人之间之所以存在着摩擦、矛盾等，最主要的原因是，大家总是站在自己的立场看问题，少了必要的换位思考或换位体验。

俗话说，不在其位，不谋其政。其实，更多时候，若我们没有把自己放进事件现场，就难以有身临其境之感，也难以获得类似的认知。就像我们阅读小说一样，之所以会认为小说情节扣人心弦、跌宕起伏，甚至会为小说主人公的命运担忧，就是因为我们已经进入作者所创设的故事情境中了，已经在与小说中的主人公同呼吸、共命运了。这种从阅读中获得的快感，就得益于我们无意识中的“主动融入”。这实质上也是一种换位体验。

当我们从事教育教学工作的人真正把“假如我是孩子”“假如是我的孩子”这“两个假如”铭刻于心时，教育教学的规范就成了必然，也就绝不会发生类似浙江省温岭市幼儿园教师“虐童”等为人们所不齿的事件了，教育教学的景观也定将发生巨大的变化，因为每位教师都是这“两个假如”的忠实拥护者，和谐教育、愉快教育、成功教育等也就更加充满希望了。

一、“两个假如”道出了教育教学的原点——儿童视角

成人世界总是有别于儿童天地的。请回想一下，当我们处在儿童时代，面对着成人世界为我们设置的种种障碍与羁绊时，我们是否曾经这样对自己说过：要是我将来当了父母、老师，绝不会再这样对待孩子了，因

为我清楚地知道孩子的所需、所想。可是，当我们真正成人了，为人父母了，在各自的岗位上为生活而拼搏努力的时候，我们又总是把当年的诺言抛诸脑后，在现实社会中重又捡回了成人的“游戏规则”。这时候，我们又往往会以盛气凌人、居高临下的架势俯视孩子，总以凡事都是为孩子好的自我感觉来对待孩子。

正是由于两个世界的“天然落差”，导致了成人与孩子无法处在同一水平线上，眼界、视野之间难以找到交集，导致了成人与孩子之间的冲突与矛盾不断。拿学生的习作来说，一旦让他们写《我心目中的老师》，现实生活中的老师往往难以入学生的“法眼”，现实生活中的老师与孩子心目中所期待的老师还是存在着一定的差距。也许你会说，这都是人才选拔机制惹的祸，既然要追求学业成绩，就必然在各个方面对学生严加管理，而且学生之间是存在差异的。不可否认，孩子在学习方面有禀赋上的高低之分，在大一统的班级授课制中，对那些学习上的暂时“弱势者”，教师想要提高其成绩，难免会有“恨铁不成钢”的焦灼。可我们又往往忽略了教育的本质是要培养身心健康、人格健全的人。学生的情况各不相同，学生的需求千差万别，学生的发展途径丰富多样，当我们以“假如我是孩子”的视角，尝试着进入每一个孩子的世界去体验一遭的话，将心比心，设身处地，将自己对学生的举动、言语、眼神等“发射”到自己身上进行换位体验时，你就会发现，那种被冷眼、冷言、冷漠、冷淡等“杀伤的痛楚”是无法言说的。

学校是培育人的场所，教师是一位雕塑家。当你用温暖的手、仁慈的心雕塑时，你手下诞生的作品才有望是有爱、有情、有善、有美的；当你用冰冷的手、愤懑的心雕塑时，你手下诞生的作品就会是狰狞、丑陋、有恨、仇视的。可见，只有当我们以“假如我是孩子”的视角去迎合并快乐地融入孩子的世界的时候，我们就能真正地走进他们的内心世界，并让他们乐于接纳。而这才是教育教学工作的良好起点——亲其师，方能信其道。

二、“两个假如”道出了教育者的从业良知——以孩子为中心

以什么为中心，是教育的重点。以教师为中心的教育教学，容易陷入“家长意志”的独裁式教育，表现在课堂上，教师以展示自身的教育教学水平为主，眼中只有自己，没有学生。虽然这样的教育教学能给学生一定

的知识量，但这种给予完全是教师意志下的灌输，依然属于“目中无人”的教育。这种以教师为中心的教育教学是与学生的发展需求相悖的。

以知识为中心的教育教学，一切以知识的授予与接纳为中心，只注重结果——前人已经总结的、提炼的知识，采用各种方式全盘给予学生，但忽视让学生进行探究、体验、实践的机会。这种以知识为中心的教育教学，只注重结果而遗忘过程。

我们的教育教学，所面对的对象是学生，也就是孩子。教育教学效益的最终评议者应该是受教育的学生——孩子。之所以说教育是一项长期工程，是因为教育的成效不是立竿见影的。好的教育，需要学生走出校门，融进社会，成为社会人之后才能表现出来，表现为对社会、时代的适应度与贡献程度。这是考试分数、学校办学指标所难以体现的。这种成效是隐性的，也是最重要的指标要素。

作为教师，爱表现好、行为规范、品行优良、学业优秀的学生不难，爱少数几位学生也不难，难的是爱全班每一位学生，把自己的爱平均地撒向全班每一位学生。

“假如是我的孩子”要求教师把全班每一位学生都设定成自己的孩子——视同己出，这种假设有什么好处呢？我们扪心自问——当我们的孩子诞生下来，不管是什么样的，甚至身体、智力上存在缺陷，我们都会无条件接受这个既定的事实。父母都希望自己的孩子是最棒的，能获得别人的称道与赞许，能平安、健康、快乐地成长，长大后能有所作为，能孝敬双亲，做一个有益于社会的，有责任、有担当的，堂堂正正的健全人。相信这是所有父母的共同心声。

当我们教育者将班上的每一位学生都设定成自己的孩子时，相信我们任何时候看每一位学生的眼神中都会多出几分慈爱。在我们的教育教学实践中，我们就会大度地允许孩子犯错，期待孩子改进，宽容并接纳孩子的缺点，宽厚、仁爱地对待每一个孩子，把特别的爱给那些品行暂时有问题、心理暂时有阴影、学业暂时有困难的孩子。当我们用“假如是我的孩子”的视角去看全班学生时，我们就会少几分急躁，多几分耐心。孩子们既然来到了这个班级，每一个人都是班级里的一份子，就应该不让任何一个人掉队，就应该去研究“让铁树开花”的技艺。在心中多几把尺子评价学生，寻找并放大每一位学生身上的优点，竭力地去弥补学生身上暂时的短处。

当我们教育者把每一位学生都设定成自己的孩子时，我们在每一天的教育教学工作中都会不由自主地约束、规范自身的行为，当我们每一天都充满爱意、笑意地站立在讲台上时，我们的眼神中就会充满温暖，师生关系、家校关系定将会往和谐的方向发展，而这恰是教育教学的迷人风景。

以“两个假如”来换位思考，把假设变成实践，真正落实到一线教育教学中，我想，教育的明天定将明媚、烂漫，使学校成为乐园、家园、学园的心愿就一定有望顺利达成，而这需要我们每一位教育者的全情投入与真诚付出。

德育者应成为编讲故事的高手

对于专业性、理论性较强的书籍，我们需要聚精会神、一字一句地阅读，有时甚至会觉得文字晦涩，需要停下来细细思考，但一旦攻破了“堡垒”，那种快乐是无与伦比的。而当我们只是为了消遣、休闲而阅读一些轻松的、有故事性的文字时，因为思想是松懈的，注意力可以不必像阅读专业书那样集中，故而这种阅读状态是惬意与舒适的。

是不是让人感到轻松惬意的文字就没有教育价值呢？答案显然是否定的。我们常常可以看见电视屏幕上的一些讲座嘉宾，他们为了吸引观众，都是化枯燥为生动的行家里手，他们的“撒手锏”是什么呢？讲故事，讲好听的故事，讲能引发别人思索的故事，讲值得人们咀嚼品味的故事。

这些故事往往都具有这样的特点：简短，主角是动物；情节有趣，经常能“出奇”；发人深思，结语充满智慧。

下面选取两个这样的故事典范。

《狐狸与黄狗》这个故事说的是一位农夫独自住在山脚下，为了防止狐狸偷鸡，在家里养了一只大黄狗。大黄狗忠心耿耿，狐狸用肉骨头诱惑黄狗，使黄狗遭到农夫毒打。狐狸为黄狗送去草药，做出令黄狗感动的举动。狐狸与黄狗日益熟络，有时狐狸甚至带上整只烧鸡孝敬黄狗，造成了黄狗的严重失职，黄狗又遭农夫毒打。在狐狸的游说下，黄狗随狐狸上山，结果遭到事先埋伏在草丛中的其他狐狸的围攻而丧命。

故事这样结尾：“身后袭来的糖衣炮弹往往比扑面而来的枪林弹雨更加可怕。不要为眼前的蝇头小利而唏嘘不已，不要为脚下的顶礼膜拜而心潮澎湃，不要为头顶的绚丽光环而把酒言欢，多问自己几个为什么，也许这就是大智慧的简单哲学。”

另一个故事《狐狸的辩护》说的是骗取了乌鸦嘴里的肉的狐狸受到了法庭的审讯，狐狸为自己进行辩护：“我第一次只是赞美乌鸦长得漂亮，唱歌好听，谁知它送给我一块腐肉。所以，当她第二次叼着肉在我头顶上炫耀时，我批评她无信义，结果她还口，肉就掉下来了……我只不过凭自己的智慧求生，难道这也错了吗？我请求我的证人出庭。"没想到狐狸的证人居然是达尔文，达尔文先生很严肃地说："大家常常说狐狸狡猾，这有失公允，只能说明一点，那就是嫉妒狐狸的聪明。优胜劣汰，适者生存。狐狸吃到乌鸦叼回的肉，不是抢的或偷的，而是乌鸦自己放弃的。大家也应当想想，乌鸦嘴里的肉怎么会掉下来呢？这本身就是一个优和劣的选择问题。从物种的发展规律来讲，狐狸才是求生的楷模，法律应当给予支持。"

第二个故事显然有点儿调侃的意味，但从我们成人的角度来审视，以现实生活中的某些事件来观照的话，这个故事又有了新的现实意义。第二个故事虽然没有直接的结语，但相信大家都能从故事中品读出属于自己的理解来。

不要以为听故事是小孩的事，那些以动物为主角的故事只适合幼儿园的小朋友。试问，以上所罗列的两个故事梗概，身为成人的你难道没有被吸引吗？难道没有从中获得有益的启示吗？其实，这种讲述方式在《伊索寓言》中早就已经存在了，市面上出现的一些诸如《智慧背囊》《小故事大智慧》等书籍，也是采用这样的方式构篇成书的。

连成人都喜欢听故事，更何况小学生呢？只要是扣人心弦的故事，总能紧紧吊足学生的胃口。在一线教学中，教师除了教书，更重要的是育人。特别是班主任，与学生的沟通、交流等是家常便饭。众所周知，单纯的说教是令人生厌的，也是毫无效果的。班主任在日常的教育中要是能借鉴这种讲故事的方式，效果就一定能有所改观。于是，我呼吁自己与教育同行们一起努力成为编讲故事的高手。

要想成为编讲故事的高手，绝非一蹴而就的，是要经历一番锻炼的，要经过"学—练—改—编—育"的过程。

一、学与练的阶段

1. 一天读 3～4 个以动物为主角的故事。利用茶余饭后的时间，坚持每天阅读这类故事，看过后尝试复述，尽量做到越详尽越好。

2. 每天选择一则故事进行表情训练。要想讲好故事，需要有好的讲述人员，需要有表情的配合。作为教师，这也是一项必备的基本功。对着镜子，每天选择一则故事并配合情节进行表情训练。

3. 挑选一则故事，不看结语，自己总结。不要看原故事结尾的总结，根据自己的理解为这个故事写“读后心得”，写完之后，与原作对照，看看谁的总结更到位，以此训练自己的故事感悟能力。

二、改与编的阶段

我所在的学校，周二到周五早上第一节课之前安排有10～15分钟的早会课，除了学校统一规定的教育内容外，大部分内容是由班主任自定的。因为班级情况不同，所以必须给班主任留有自主的教育空间。此时，班主任的故事育人就要大放异彩了。

1. 围绕教育主题，从现有的故事中筛选改造。人的精力毕竟是有限的，班主任在备课时可以围绕教育主题，参考自己所阅读过的或手上拥有的资料，结合当前的教育主题，筛选故事并进行必要的改造，使之更适合学生的需求。

2. 围绕偶发、突发事件，进行故事的创编。这是一项创造性的工作，需要班主任用心经营。小学生的心智还处于发育期，在日常交往中难免会出现各种各样的问题，班主任作为引导者，面对这些问题时要想方设法解决好它们。因此，若有备课时间，班主任就要借鉴现有故事的编写特色，结合班级偶发、突发事件的具体特点，进行巧妙的故事创编。一旦创编故事的能力练成了，当需要即时创编故事进行教育时，班主任就能够“手到擒来”了。

三、教育的阶段

课前“练功”为的就是能在具体的教育教学实践中派上用场。在利用故事进行教育时，班主任要注意关注以下几点。

1. 全员参与性。讲故事、听故事并不是教育的终极目的，教师要借助故事这种形式，将教育的内容、目的融入其中。教师要积极关注学生的参与状态，要利用自己的讲述技巧抓住学生的心，达到“吸睛”的效果。

2. 适时介入性。教师所熟知的一些故事，学生可能阅读过。在利用故事进行教育时，若出现教师刚张口就有学生知道下文的情况，建议教师主动“让贤”，将讲故事的机会让给学生。当学生讲完后，不管质量如何都要给予充分的赞赏，学生讲述得还不够清楚具体的地方，教师可以予以补充。紧接着，教师要问学生：“听了这个故事，你们能说说看今天老师为什么会选择这个故事吗?”引发学生深入思考，以达到真正的教育目的。

3. 实践体验性。用讲故事的方式实施教育，一定要懂得让学生体验。怎么体验?我的建议是，在讲故事的过程中，教师可以“卖关子”，对于那些学生没有听过的故事，引导学生多维思索：这个故事可能会怎样发展?可能会有几种结局?然后，教师再抛出原版故事，让学生比较哪一种处理方式更好，并说出理由。当教师讲完一个故事后，不要急于将“智慧结语”和盘托出，要留给学生机会，让他们用手中的笔将自己的感悟写下来，再全班交流。对于那些深刻的感悟，教师要及时摘录下来，并在班级的“学习园地”中展示，鼓励学生积极思考。最后教师再“一锤定音”，将“智慧结语”呈现出来，围绕教育主题，由故事延伸出去，分析班级中出现的一些问题，借助故事的启迪解决这些现实问题。

班主任的工作是烦琐的、辛苦的，但既然从事了这份工作，就要以良好的心态去面对。编故事、讲故事，无疑是一条让工作变得美妙的路径，愿每位教师都能成为编讲故事的高手，让我们的教育教学天天演绎动人的故事。

德育需要学校“主动出击”

我有一位朋友，在酒席上用餐时有一个习惯，经常喜欢举起酒杯到其他桌去“串台”，美其名曰“出国巡游”。有一回，我忍不住问他：“你这样频频‘出境’，不怕别人把你灌倒？”他却笑着对我说：“这就是我要到别桌去敬酒的原因。在其他桌上，敬酒者只要喝一两杯就可以了，很多酒是可以规避的。你看看，你只坐在桌上被动喝酒，喝的比我外出的还多。”想想也是，我在原地“岿然不动”，别人却频繁前来敬酒，我又无法拒绝，只能一一接受，的确比这位朋友喝得多。看来还是朋友“老奸巨猾”，“主动出击”终归比“被动挨打”要有优势。

由酒桌上的喝酒策略，我不由地想到了学校的德育工作。我们经常说，家长、学校、社区要携起手来构建立体的德育网络，以增强德育工作的实效性。试想想，若学校没有“开门办学”，没有获得家长与社区的信任，家长、社区难道会自动找上门来吗？答案显然是否定的。

那么学校应如何“主动出击”，寻求家长、社区的最大化帮助，三方携手共同培养学生的良好习惯呢？我所在的学校在这一方面做了有益的探索，取得了良好的社会效应与德育效果。

一、将家长纳入德育工作者范畴

家长是孩子的第一任老师，将家长纳入德育工作者的范畴是必然要求，关键是学校要充分发挥家长的主观能动性。教师虽然是专业人士，但不可能穷尽一切技艺。随着社会的发展，家长的学历也越来越高，家长中“藏龙卧虎”，在各行各业从事着不同的工作，拥有各种各样的资源，能不能利用家长的优质资源来为学校的德育工作服务呢？

1. 成立家委会。每个班级都有热心家长，各班选出 5 位富有责任心与爱心的家长，组成班级家委会，邀请他们来校座谈。学校与他们诚恳交流，真诚寻求他们的帮助，并与家长朋友达成共识——将班级里的每一位学生都看作自己的孩子，积极参加学校和班级开展的活动，不溺爱自己的孩子，将关心、耐心奉献给班级里的每一位学生。再由各班推荐一位学生家长，组成校级家委会，定期召开会议，定期开展家长学校活动，将学校的各种动态与中短期的办学思考即时地与家委会成员们沟通，再由他们向班级里的其他家长转达。

2. 开展“假日小队”活动。什么是“假日小队”？就是以班级学生相对集中的居住地为单位，每6～7位学生组成一个“假日小队”，小队名称自拟。各小队利用周末的时间，在家长的带领下，开展安全、有趣、有意义的活动。由于在周末，家长也相对比较空闲，这样的“假日小队”活动实际上也成了家长们交流、聚会的活动。家长朋友借助自身的优势资源，带领学生走向更广阔的天地，如到110指挥中心了解城市交通的管理，到污水处理厂了解水的净化过程，到银行学习理财，到120急救中心学习自救方法，到福利院、敬老院开展献爱心活动，到邮局学习报刊、书信的分类与投递，到军营学习军人整理内务……丰富多彩的“假日小队”活动，让学生的假日生活变得有滋有味，使学生既增长了见识，又增强了合作精神，可谓益处多多。

3. 开展“故事爸爸妈妈进课堂”活动。这项活动的开展是受台湾地区家长会的启迪，在台湾，很多学生家长很乐意为学校做义工，共同为学校、学生的发展贡献心力。家长中的能人很多，家长身边的朋友中有技艺的人也很多，学校应积极“网罗”这样的人才，请他们进课堂，为学生授课，给学生制造一些惊喜。于是，学校结合校本课程，开展了“故事爸爸妈妈进课堂”活动。各班制订出一个详尽的计划，家长朋友主动请缨，班主任从中协调，形成一个学期的校本课程。于是，校园热闹起来了，学生的视野开阔起来了：电视节目主持人走进了课堂，传授主持艺术；皮影戏走进了课堂，让学生近距离地感受非物质文化遗产的迷人魅力；模拟法庭搬进了课堂，教会学生掌握应有的法律知识；剪纸走进了课堂，让学生见识了神奇的民间艺术；编织工艺、漆线雕工艺、书法艺术、国画鉴赏等纷纷进入了学生的视野……班级要排练节目，年级、学校要进行比赛，家长朋友积极协作，与教师一起精心策划、用心指导。家长与教师的关系越来越融洽，大家都投入了学校的德育工作中。

4. 带家长代表一同外出考察。为了让家长更深入地了解学校，除了每学期召开一至两次的全校家长会外，学校还积极创造条件，带领部分家长与学校教师、学生代表等外出交流、考察。我校已多次组织师生与家长代表前往台湾与当地的小学进行友好交流。我们的家长代表每年暑假都有机会前往阜康市厦门实验小学开展“快乐天山行”夏令营活动。为了践行“人人都是德育工作者”的要求，学校在家长代表的选拔上，与学生代表是错开的。也就是说，家长代表没有带自己的孩子外出。目的是让家长朋友有机会把别的孩子都看成自己的孩子，以此来培育与发展家长代表的德育理念。实践证明，家长朋友对学校的这一做法是赞赏的，因为他们近距离地指导并观察了别的孩子的学习、生活习惯，在教育引导他人的孩子的过程中，也对自己的家庭德育有了进一步的思考。

二、走进社区，拓宽德育渠道

学校德育的成效如何？学生一走出校门，他们在家庭、社区中的表现，学校是不可能特别清楚的。因此，社区评价至关重要，是衡量学校德育工作的重要指标。如何让家庭、学校、社区真正携起手来，对学生进行德育呢？我校在这一方面有以下新举措。

1. 开展“文明100分，你能得几分”活动。少先队大队部推出了“文明勋章”争章活动，要想得到一枚“文明勋章”，必须在一个月的时间里，在学校、家里、社区的表现都是文明的，需家长、教师、社区管理员共同认定才能获得。若有违章行为，所得勋章会被没收，必须重新争取。如果“文明勋章”能保持一个学期，到期末会获得由校长亲自颁发的“金质勋章”，并获得“校长特别奖”。以此，家庭、学校、社区形成合力，共同督促学生养成文明习惯。

2. 开展“争当大楼宇（大院）里的好孩子”活动。城市的孩子是按片区入学的，居住相对集中。如何将学生在社区的表现凸显出来呢？学校每两个月开展一次“争当大楼宇（大院）里的好孩子”活动，邀请这个居住地的所有学生家长、社区管理员与学生共同参加，将近两个月来这个片区学生的在校表现情况向各位家长反馈，也请社区管理员对这部分学生在社区里的表现进行点评。对表现优良的学生，学校会颁发证书、奖状、奖品，对存在的问题，学校会明确提出整改意见，并不定时地向社区管理员了解情况。同时，学校将一年级新生入队仪式的地点移到社区，让家长和社区管理员共同见证学生这一庄严神圣的时刻，增强学生的自豪感与使命感。学校的这一行动得到了社区管理员与家长朋友的支持，他们都说，学校经常走进社区，使得孩子们的表现比以前更佳了。学校以这样的方式敦促学生严格要求自己，人人争当社区里的好孩子。

3. 开展“志愿者服务”活动。学校进一步扩大“人人都是德育工作者”的外延，将学生也纳入了德育工作者的范畴。因为学生之间是可以相互影响与感召的，只有让学生树立起德育工作者的意识，学生才会自觉自愿地进行德育熏陶与德育自育。学校主动向厦门市文明委请缨，组织师生利用假日到公园、车辆和人流比较多的路口等公共场所地方开展“志愿者服务”活动，在活动中进一步融洽师生关系，使师生在活动中接受德育熏陶，提升文明素养。

学校德育要想有成效、有突破，就不能关起门来说教，必须主动出击，针对时代特点，别出心裁、富有创意地展开工作，一旦思路打开，将德育的触角延伸出去，学校德育就有望闯出一片明朗的天空来。

德育活动设计要审慎与有效

活动是德育的载体，每一项活动的策划与组织都要考虑德育的有效性。每到重大的节日，学校都会组织学生开展丰富多彩的活动，让学生在活动中体验，在活动中接受德育。这固然是好事，但如果德育活动设计只注重形式，而忽视应有的德育实质的话，就值得质疑了。

2012年元旦，学校德育处利用这一“一元复始”的节日，设计了主题为“我进步，我幸福”的庆祝元旦活动。这个主题是与学期初的第一课“幸福是什么”相呼应的，活动的主题是合适的。然而，在活动中有这么一个环节，就不得不令人深思了。

这个环节是这样的：主席台上摆了六盆圣诞树。全校34个班级，每个班级的方阵前也都摆着一盆圣诞树。当主持人宣布“请大家将写着新年心愿的卡片挂到心愿树上”时，主席台前面几个班级的学生到主席台上挂，其余各班有序地将早已准备好的心愿卡挂到了班级方阵前的圣诞树上。等活动结束后，这些圣诞树都被搬回教室，好让学生们时不时地重温自己的新年心愿，以产生不懈的进取动力。应该说，这个活动的设计是挺有新意的。

但是，我看到这里，心里有着说不出的别扭。圣诞树明显带有宗教的色彩，查阅资料可知，圣诞树是圣诞节用的松树、枞树等常绿树，树上点缀着彩灯、玩具和赠送的物品等。作为圣诞节庆祝活动中的组成元素之一，近代圣诞树起源于德国。德国人把12月24日作为亚当和夏娃的节日，在家里放上象征伊甸园的树，将代表圣饼的小甜饼挂在上面，象征赎罪，还点上象征基督的蜡烛。这种风俗于18世纪在德国信义宗信徒中流行，直至19世纪才流行全德国，成为德国根深蒂固的传统。

可见，把圣诞树当作心愿树是一种严重的错误。我们是在有根的中华大地上对少年儿童进行德育，然而，我们的德育活动策划者没能搞清楚该用什么来作为心愿树。一般而言，在中国，我们可以采用金橘树，寓意来年大吉。为何我们不能改变一种思路，在主席台上摆一盆真正的金橘树，请本学期各方面表现出众的学生代表上台悬挂他们的新年心愿卡。在各班方阵前置一张绘有金橘树图案的画，或是剪裁出一棵金橘树的形状，让学生将自己的新年心愿卡粘贴在上面。回到班级后，再将其粘贴在教室里。这样做，既达到了德育效果，又节省了费用。一棵圣诞树要100多元，全校34个班级就需要几千元的费用。为何不从节约开支上进行考量？

其实，还有更好的方法，那就是各班准备一个漂亮的玻璃器皿，让学生事先将各自的新年心愿写在纸上，再折叠成幸运星或千纸鹤，投放到玻璃器皿里，封上口，置放在教室里。等学期末时，大家共同将玻璃器皿打开，每人取一张心愿卡，找到其主人，与他（她）一同盘点“心愿的达成度”，并向对方致以最诚挚的祝福。这样的活动多么有意义，甚至德育的效果要比上述的方法还好。

对于学校德育活动的设计，我有如下的思考。

1. 德育活动设计要审慎

德育活动的策划者不能闭门造车，要广开言路，多征求一些教师的意见，一个人的思维毕竟是局限的，眼光毕竟也是狭隘的。多一个脑袋思考，多一双眼睛发现，可能就会出现大不同。除了向身边的教师咨询外，还要多查阅资料。上文所述的活动，若策划者事前能了解一下圣诞树的历史与风俗，或者向外籍教师请教，可能就不会出现这样的错误了。

2. 德育活动设计要“低碳”

不可否认，学校组织的每一项活动都需要经费，但经费使用一定要量体裁衣，注意节约。德育活动本身就承载着德育的作用，若大手大脚花钱，就变成了“面子工程”，效果将适得其反。放眼当今的校园，很多校园布置都交给了广告公司，全部都是彩绘、彩喷，虽然漂亮，却失去了应有的文化气息，这会给在校学习的学生造成一种错觉——什么都可以花钱来设计。在大队委候选人海报制作上，有不少竞选者选择了让广告公司设计，这难道没有学校德育的一些“牵引”责任吗？因此，每一项德育活动的设计都要考虑成本，要力求做到“低碳”。

3. 德育活动设计要有效

有效，是德育活动的关键词；有效，更是德育活动的生命所在。学校在设计任何一项德育活动时，首先要考虑的就是有效性。德育，无时不在，无处不有。德育活动设计，贵在即时，贵在小型，贵在多样。即时，就是要求德育活动设计者要善于即时捕捉德育的契机，适时地进行德育；小型，就是指德育活动宜以中队、小队的形式开展，学生的参与面会更广，体验会更深；多样，就是指德育活动设计要经常变化，时不时地给学生制造新鲜感，以消除学生的“德育疲劳感”。

各学科教师在进行教学时，也应即时地进行德育。比如，有一天，我发现有一件学生的冬季校服躺在教室的地板上已经两天了，却没有学生前来认领。于是，那天的语文课，我临时调整了教学内容，以《一件校服的哭诉》为题，让学生习作，要求学生以第一人称的口吻述说，在进行现场习作指导的同时，又将爱惜校服的德育因子有机地融入进去，可谓“润物细无声”，那件校服终于回到了主人身边。再如，学期末，我发现学生的语文课本“命运各异”，有的崭新，有的破损，有的涂画严重……于是，我让学生以《语文课本期末“大盘点”》为题进行口语交际，引导学生认识：该如何对待语文课本？应该给语文课本留下什么？应该感谢语文课本什么？以语文课本之眼看主人，语文课本会如何客观公正地评价主人？……多样的活动设计，看似随意，实则充满慧心，让学生始料未及，又兴趣盎然。这才是德育活动永葆活力的秘诀所在。

愿每位教师都能以自己的慧眼看德育，以自己的慧心设计德育活动让德育活动在审慎中前行，在前行中提高德育的有效性，更好地促进学生的心智成长。

德育从关注师生的夏日情绪开始

随着全球气候变暖，夏天有一年比一年炎热的迹象。还好现在有空调，窝在空调房里，便可实现“内外两重天”。但教室里一般没有安装空调，我所在的学校，每间教室都装有 6 台吊扇，每天一进教室，学生做的第一件事就是打开吊扇。

夏天对于教师来说也是难熬的，一站在讲台前，汗就直往下淌，后背湿淋淋的，衣服紧紧地贴在身上，那种感觉着实难受，恨不得马上下课，好赶往办公室享受那清凉的空调。

再看看学生，他们的排汗系统更为发达，四五十人“簇拥”在一个有限的空间里，虽然头顶上有吊扇，但汗水还是会湿了衣裳，特别是刚上完体育课返回教室来上课时，整个教室就会被一股浓重的汗味所包围，置身其中，学生的学习状态可想而知。

天气炎热，浑身冒汗，汗味十足，着实不舒服。

首先，教师的形象“有碍观瞻”。全身湿漉漉的，教师着装的美感受到了冲击，整洁、干爽的形象荡然无存，学生虽然能理解，但几十双眼睛全聚焦在浸湿的衣服上，教师总归会感觉不自在。

其次，师生的情绪易产生波动。天气炎热，心情就会感到不舒畅，心气就会受阻，人就容易暴怒。再看看学生，精神普遍不高涨，趴在桌上的、上课走神的、昏昏欲睡的、懒洋洋的学生不在少数。这个时候，教师很容易急躁暴怒，大声斥责这些学生。可事与愿违，学生的总体听课状态并没有实现根本性的好转。这个时候，师生关系往往容易紧张化。

面对这样的问题，我们应该怎样克服，让师生的情绪在炎炎夏日里依旧平稳呢？

一、教师要学会自我调控情绪

教师应该学会自我调控情绪，要把“制怒”二字常装心间。对此，我有以下几条建议。

1. 喝凉茶“降温”。上课前，教师可以先喝一杯凉茶，做一组深呼吸，调匀气息。最好是提前5分钟离开办公室，到室外先适应一下温度。

2. 备一条手帕、一把折扇。这是我从《壹周立波秀》中的周立波和德云社的相声演员郭德纲身上得到的启迪。他们二人面对热情的观众，相同的备件就是白手帕，郭德纲还多了一样道具——折扇。两人的台风都不失儒雅。面对炎热的天气，教师不妨也在讲台上备一条手帕，一旦流汗就可以擦拭。折扇也可以运用，折起可当教鞭用，打开可以“见缝插针”扇扇风，也不乏“书生风范”，可谓一物多用。

3. 备一件替换的衣服。一节课下来，衣服湿透了，若还要接着上第二节课，建议教师多备一件替换的衣服。乒乓球、羽毛球队员比赛时，每打完一局，都会换一件衣物，以保持清爽感，实际上也是在调节情绪，使之更趋平稳。同理，教师也可以这样做。

4. 铭记“心静自然凉”。天气热并不可怕，可怕的是内心的燥热。作为课堂教学的组织者与实施者，教师的情绪至关重要。因此，教师走进课堂时，要不断提醒自己：“这是我的工作，不管天气怎样酷热，我都不能忘记自己的角色，只要心静下来，酷暑就奈何不了我。”教师要以平和的心态直面教育教学现场，以达到“心静自然凉”的状态。

5. 为课堂注入幽默元素。幽默是一种智慧，幽默体现的是教师的睿智与个人魅力。在酷暑天气里，要想让学生的注意力集中且持久，教师就必须在课堂教学中动脑筋、花心思。相声最吸引观众的地方，就在于它的“包袱”。“包袱”抖得好，相声的水准就高。教师应该学习相声演员的智慧，力求为课堂教学注入必要的幽默元素，以吸引学生的眼球，提高学生的课堂学习效率。只有吸引学生的注意力，才能让学生身上的暑气得以有效缓解。

二、学生要学会善解和自律

“一个巴掌拍不响”，为了激发学生的高昂情绪，靠教师单方面的努力是不够的，还应将关注的目光聚焦到课堂学习的主体——学生身上。为了提高炎夏中的课堂学习效率，教师要指导学生学会善解“师意”与自律。为此，教师要指导学生从以下几方面进行努力。

1. 以感恩的心对待教师在课堂上的付出。要让学生懂得，天气炎热，教师和自己一样，处在一样的学习环境中。学习是为了获取真知，不是来享受的，学业上的长进就是最大的乐趣。教师精心备的课，是教师思维活动的结晶，理应怀着一颗感恩的心认真倾听，踊跃参与，积极思考。若整个心思都沉浸在求知的快乐中，相信天气再炎热，学生也会置若罔闻的。

2. 学会养成方便他人的习惯。好习惯需要训练与强化，有的学生汗腺比较发达，排汗比较旺盛。教师要单独指导这些学生，教会他们懂得尊重别人，与人方便。可以建议这些学生也像教师一样多备一件替换的衣服，当上完体育课后，换一件干爽的衣服再回班级上课。虽然比较麻烦，但给同桌以方便，这也是一种值得称赞的美德。这样教诲学生，实质上也是在传授为人处世的经验与美德，这也是为师者的应有之义。

3. 通过课堂评比与提醒等方式敦促学生自觉学习。在夏日的课堂上，学生由于燥热注意力易于分散，此时，教师要较为艺术地通过课堂评比或是温馨提醒等方式，引导学生注意课堂的听课状态，特别是要明确地告诉学生，课堂的学习状态是影响学习效果的关键。学习的终极目标就是促进自身的发展，学会必要的学习方法等。明确了这一点，学生就会变被动学习为主动学习。

关注夏日课堂上的师生情绪，并竭力地去调控、应对，那么赤日下的教学也依然能清风徐来，满室芝兰。

关注开学式的“真需求”

又到了新学年的开学时间，每年的开学式，学校安排的内容大同小异，今年也是照常进行。开学式的主题为“做文明勤奋的实小学生”，时间大概为30分钟，包括以下环节：（1）欢迎新老师，为新老师佩戴花环，并请一位新老师代表讲话；（2）欢送退休老教师，少先队员代表为他们敬献鲜花，校长为他们颁发退休证、纪念牌匾与纪念品；（3）欢迎一年级的新同学与新插班的部分学生，请一位一年级的学生代表讲话；（4）校长致辞。

从这个流程来看，主题还是较为鲜明的，迎新送老，鼓励鞭策，时间也不长，符合学生的“承受限度”。但当我们往深处探究的话，就会发现这样的程序安排，讲话内容过多，有些孩子在主席台下会坐不住，甚至会有“如坐针毡”的感觉。其实，也不能怪孩子，就是成人，若长时间地在他人的“话语轰炸”下，也会恨不得让时间走得更快些。将心比心，我们就能理解孩子的“难忍”状态了。

每学期、每学年，学校都会举办开学式，难道开学式就只有这样一种刻板而单调的形式吗？除了无休止的讲话，开学式就不能有“新花样”呈现吗？开学式究竟该给予孩子们什么呢？我在深思着。

暑期时间相对较长，孩子在家里休息了两个多月，一些上学期间养成的好习惯渐渐地被“无序与自由”所取代，变得比较懒散。新学期到校第一天，就意味着要重新调整状态，以昂扬的精神风貌走向新学年。那么，在与孩子见面的开学式上，学校应该给予孩子什么？

一、要有新鲜感

小学生的身心特点决定了他们更倾向于有新意的东西，就像我们观看舞台表演一样，能令人眼前一亮的出场，一下子就吊足了观众的胃口，这种“先入为主”能为节目的成功赢得不少的印象分。同理，作为长假后的首次集体活动，开学式不能重复“老生常谈”的招式，要努力在制造新鲜感上下功夫。“九年一贯制”的开学式，别说学生无法忍受，就是教师也兴趣索然。

因此，开学式要想吸引学生的注意力，聚集学生的人气，就必须在为学生制造新鲜感上动脑筋。比如，事先收集部分学生在家过得有意义的暑假的视频，信息组事先进行剪辑，配上动感十足的音乐，在开学式上进行播放，让有意义的暑假生活引起全体学生的共鸣；现场搜索学生可爱的笑脸，搜索到哪位学生，哪位学生就上台接受主持人的现场“专访”：假期最有意义的事情是什么，新学期有什么新打算等；让一年级的学生现场展示新生训练的成果，再请中高年级的学生进行点评，送上祝福与鼓励的话语，并真诚地与一年级的学生结成友好对子等。

二、要有新动力

每学期的开学式，总要传达新学期对学生的总体要求。这种要求不能只停留在对学生的口号式的呼吁中，应该是具体可感的。因此，开学式上，学校应该给予全体学生新的“动力源”。开学式前，学校德育处要花一番心思，将新学期对全体学生的新要求题写在宣传品（如折扇、书签、背面有课程表的卡纸等）上，让学生人手一份，经常携带在身上，不时地重温、强化记忆。也可请班主任帮忙，收集在假期中学生刻苦努力、勤奋向上、锐意创新的典型事例，将他们的事迹制作成展板，请师生代表分别上台介绍他们的材料，树立起看得见的榜样，让榜样成为学生不懈前行的动力。拥有了新动力，学生就能创造出令人欣喜的成绩来。

三、要有新感动

感动存乎于心，心才会波澜起伏；感动涌动胸间，心才会柔软温情。教育承载的一项使命，就是引导学生走向真善美。因此，会感动、能感动、真感动、常感动至关重要。作为孩子放假过后的第一次大型活动，开学式应将感动的幼苗栽种进学生幼小的心灵中，用韶华岁月浸润，培植学生的爱心、孝心、仁心、公德心等。

感动的事迹不宜远离学生的真实世界，也不必追求“大而全”，可以从学生的身边去寻找，感动就蕴含在平凡、琐碎的日常生活中，教师要有发现“感动”、讲述“感动”、输出“感动”的能力。在开学式上，教师（特别是主持的教师）要有高超的煽情技艺，将感动的烈焰扇得旺旺的，让感动的情思在每一位学生的身上蔓延、升腾……

四、要有新期待

开学式上，校长的寄语弥足珍贵。但如若校长的寄语仅是通过麦克风传递的话，想必不少学生都是左耳朵进右耳朵出。校长的寄语实质上也是校长对学生的新学年、新学期的期冀。校长可以将自己的寄语挂在校园网的显眼处，也可以将寄语通过校门口的电子显示屏加以呈现，还可以印制在某些宣传物上，向学生免费发放……改变常规的讲话套路，“少讲话，多动手”，将期待化成全体教师与学生的共同担当。校长的期待，也是一道“大范围”的作业题，是属于全校师生的共同“命题习作”，要求教师与学生接受题目之后，人人都要围绕自己的现实需要，细化期待要求，将自己朝着期待迈进的举措与设想用计划的形式“固定”下来，便于在工作和学习中加以落实。还可以请部分学生家长一起来参加开学式，共同为孩子实现新期待提供有力的帮助。

如若能拥有以上“四新”的要求，开学式就能给学生以惊喜，有了惊喜，学生对学校就多了一分信赖与热爱，后续的教育教学工作就有了良好的起点。

其实，何止开学式追求这样的“四新”，一切教育教学活动要想有所成效，都必须在“新”字上努力寻求突破。唯有这样，学校教育的每一项工作才有望实现“低耗高效”。

为了这样的目标，我们需不断探求、不断思索、不断改进、不断进取！

重视家长会的“真营养”

对于家长会，大家都不陌生。大凡基础教育学校，几乎都举行家长会，它是在搭建家长与学校沟通的桥梁，是一种寻求家校合力教育学生的良好途径。但我们常常会看到这样的情况：在小学，孩子年级越低，家长参与家长会的热情越高；孩子年级越高，家长参与家长会的热情越低。究竟是什么原因促使家长对家长会越来越不“感冒”了呢？让我们一同来回顾一下家长会的一般程序吧。

1. 集中听“大场合讲话”

要么全校家长集中，要么一部分在现场当听众，一部分在班级收看现场直播。总会看见学校领导在讲台上正襟危坐，为全体家长做“大场合讲话”。这一类讲话内容往往是比较宏观的，无法触及家长的兴趣点，不能引发家长的兴趣，家长对这种一味接纳的“报告”是不会有好感的，而一旦丧失好感，“报告”的效果显然是会打折扣的。

2. 回到班级继续听班主任的“慷慨陈词”

学校领导做了宏观性的集中讲话后，一般就会让家长回到各自孩子的班级去，听班主任讲班级管理、班级建设目标、班级存在的问题、班级一些特殊学生的“种种恶习”等。尽管班主任做了精心的准备，稿子也是一丝不苟地撰写的，但一味由班主任在讲台前“慷慨陈词”，家长的视听感觉已经迟钝了，根本没有精神去倾听了，班主任的辛苦也就这样付诸东流了。

3. 科任教师“轮番轰炸”

就像事先约定好的那样，科任教师们早在教室门口次第排开了。英语老师讲完了换数学老师，数学老师讲完了换语文老师……各科教师轮番上台，讲的大多是学科的教学要求，向家长提出这样那样的配合要求。有时，有些教师还会将某一学科的试卷当场分发给家长，并点名批评少数在学业上相对“滞后”的学生。科任教师这样的“轮番轰炸”，难免会让家长产生厌恶之感，提不起参加家长会的兴趣来。

4. 小部分家长“围垦”教师

家长会后，老师也不可能对全班孩子逐一进行评点，能紧追老师深入了解孩子在学校的学业情况的家长仅是少数。其他家长原本也想咨询，但见老师被几位家长“围垦”，也就只好作罢。

事先老师们也做了精心的准备，到头来家长会的效果竟是这般不如人意。我们不妨追问一下自己：家长会究竟是做什么用的？家长会应该提供给家长什么？

家长会不是让教师抱怨的，也不是让教师向家长“发号施令”的。家长会是让家长了解学校的工作动态、近一段时间学校的教育重点、班级建设的目标与班主任及科任教师的学科课程培养方向的，是让学校与家庭、班级与家庭共同寻求教育效益最大化的平台。因为教师是专业人员，对教育思想、教育规律、学生心理等了解得相对比家长多，请家长到学校来开家长会，教师就应该在家庭教育上为家长朋友们提供有益的指导与帮助。同时，家长会也不应是教师发言的专场。在家长中间，也有家庭教育很成功的，对孩子的良好习惯、美好品格的培养，有些家长很有心得，也很有研究，家长会应该让家长们共同分享他们的育儿心得，让更多的家长有所启发与借鉴。让家长带着对家庭教育的困惑来，带着有益的启示离开，这才是有效的家长会。

因此，我认为，学校举行家长会时，应该积极地、有艺术性地“制造悬念”，让每位家长都期待着下一次家长会的召开，让每位家长在每一次的家长会后都能有所收获，并能在家校联手教育上谱写出更为和谐的乐章。家长会不能成为“老字号”，应该成为“先锋号”“创意号”“和谐号”。

一、家长会要有鲜明的主题

家长会的时间不宜过长，也不宜过短，宜在一个半小时左右。家长会最忌讳的是开成“大杂烩”，什么内容都往里装，结果把家长会变成了学校的“一言堂”。每次的家长会只能有一个主题，且主题要鲜明，最好是不雷同、不重复的。主题鲜明，内容不重叠，才能让参加家长会的家长朋友有新鲜感。一次一个主题，也便于解决家长在教育方面的某个疑问。小学六年下来，家长总共参与了十二个主题的家长会，对孩子的培养也就有了一定的认知与实践的能力。对于家长朋友而言，家长会成了他们提高育儿能力的好课堂，这才是高效家长会所追求的。

二、家长会要倾听“民声”

开家长会之前，班主任要通过班级 QQ 群、校园短信平台、微信等网络途径，将家长会征集主题的通知告知家长，从家长的需求中去筛选并确定主题。建议每位家长都能通过网络途径畅谈自己对这一主题的理解与看法，并能用事例说话。班主任要充分做好功课，将家长朋友的讨论与个人观点进行整合、提炼，制作成相关的课件，以便在家长会时将家长的“民声”在现场同步展示。围绕主题，班主任可以请几位在某方面有成功做法的家长在家长会上与其他家长进行面对面的交流。家长有疑问或有不同观点，也可以进行现场的“交锋”“碰撞”。需求来自家长，释疑解惑依赖于家长，教师提供必要的教育建议，这样，就能避免家长会中教师独霸的尴尬，就能把家长会开成教师与家长沟通、探讨的“圆桌会议”。

三、家长会要让镜头说话

家长会上，家长一定最想了解的是孩子在学校的表现与学业进展等情况。教师可以采用点名褒奖的方式与家长朋友沟通，但不宜采用点名批评的做法，这对学生家长也是一种不尊重的表现。教师可以将学生在学校学习、活动的日常情况用图片与录像的形式呈现，现场提供给家长朋友观看。用镜头说话，能够帮助家长了解孩子的真实校园生活。为了保护孩子的隐私，学生的成绩是不能“现场播报”的，若家长想了解自己的孩子在班级的排名情况，教师不妨将每一个学生的学业成绩装进信封，封好后交给家长，教师只是在黑板上写出各个分数段的人数，家长就可以通过这样的数据推算出自己的孩子大致的排名情况。这样既保护了学生的自尊心，又将家长最迫切想了解的情况有技巧地告知了家长朋友们。

四、家长会要形式活泼多样

家长会最怕成为沉闷的会议，为此，作为家长会的“导演”——班主任要在策划上多花心思，在形式上竭力地追求活泼与多样化，可以采用以下几种形式。

1. 教师接受咨询式。将班级布置成“新闻发布会”的现场，由一位教师担任现场主持人，请家长就自己关心的及在家庭教育中出现的问题等向教师求教。教师现场解答，并针对相关问题提出合理化的建议。

2. 优秀学生“现场秀”式。家长会上，教师可以有目的、有计划地选择一些学生，如学习习惯好的、作业完成情况佳的、文艺细胞多的、动手制作水平高的、体育运动技能强的，现场“秀”给家长朋友们看。同时，请家长介绍自己的孩子之所以优秀的原因，让更多的家长从这些优秀的孩子身上汲取有益的营养，更好地教育自己的孩子。

3. 家长论坛式。让家长成为家长会的主角，围绕一个主题，台上的家长畅所欲言，台下的家长可以提问。

4. 案例剖析式。教师事先从班级发生的事件中，隐去学生的真实姓名，加工提炼成教育教学案例，利用多媒体呈现给家长，请家长朋友对案例进行剖析，力求能达成一定的共识。

5. 分组讨论、全体交流式。围绕一个主题，由班级的家委会成员组织家长进行分组讨论，组长记录家长的发言，梳理后再在全班交流。

总之，家长会要顺应教育形势发展的需要，正视家长朋友的急切需要，要进一步拓宽思路，让家长人人参与，个个发言，让家长会情牵每一位家长，让家长会惠及每一位家长。只有这样，家长会才有望成为各位家长朋友的新期待。

聚焦小学毕业典礼的“真价值”

六月，是毕业季。每年这个时候，校园里总要送走一批毕业生，就像成熟的稻穗总要等待着人们去收割一样。小学六年，迎来了学业的圆满结束，孩子们也期待着人生的第一本毕业证书。因此，不管是学生还是家长，都对毕业典礼怀有很高的期待。

我也参加过很多次毕业典礼，一般都是学校领导讲话，学生代表、家长代表讲话，接着由学校领导颁发毕业证书，德育处宣布相关的表彰决定，然后就是一些学有所长的学生上台表演一些节目，最后，大家回到班级聚餐（一般就是提供快餐一类的食品）。当然，在这之前还有一项活动，就是以班级为单位拍照，之后就是全年级的小学毕业生与全校教师拍“全家福”。

作为一名教师，也许对每年一次好像例行公事的毕业典礼已经司空见惯了，反正每年都有，年年一个样。但对于孩子来说，这是人生中的第一场毕业典礼，意义重大。对于家长来说，这是见证孩子人生第一次毕业的最佳机会，他们怎能轻易错过呢？不少家长都是兴冲冲地携带着摄影器材赶来参加孩子的毕业典礼的，他们要亲眼见证孩子的成长。

于是，小学毕业典礼准备得精心与否，也就成了家长评判学校办学质量的又一指标要素。就此意义而言，小学毕业典礼可真不是小事。

我今年恰好任教毕业班，学生即将从我的身边离开，前往人生的下一个起航点。记着三年前我刚接这个班，担任这个班的语文教学任务的时候，跟学生见面的第一天，我就精心地为每一位学生写了一封热情洋溢的信，告诉学生学习语文的一些方法，期待着全班学生与我一道快乐地遨游在语文的海洋里。如今三年过去了，好几位家长告诉我，三年前我写给学生的那封信，他们都珍藏着，还时不时地拿出来读一读。

在举行小学毕业典礼的前三天，我早晨打开邮箱，看见一位学生给我写了一封电子邮件，她希望我能够为全班学生写一封信（可以是寄语，也可以写写我对这个班级的印象、评价、期待等），还特别强调必须是手写，他们想保存我的笔迹，有空、想念时能拿出来看看，回味回味，因为我是他们最敬重的老师，希望我不要推辞，能“光荣”地完成这项任务。

看到这封电子邮件的时候，我十分感动。虽说这三年来这个班的学生没少惹我生气，但当自己以个人魅力走进孩子内心的时候，当孩子尊敬你，想要你的寄语、“墨宝”的时候，试问，还有什么比被信任与被尊重更让人欣喜的呢？

于是，我立刻铺开一张 A4 纸，洋洋洒洒地写下了自己的满腔心语，告诉学生，这也算是对三年前那封“初次见面的信”的一种呼应。我还在给学生的信的左下角画了一幅画，希望他们有一个明媚的未来。再郑重地进行复印，写了 48 个信封，小心翼翼地把自己的寄语装进信封。举行毕业典礼那天，我早早地来到班级，将信一封封地送到每一个学生的手上。学生不约而同地抽出信，情不自禁地朗读了起来，兴奋之情洋溢在每一个学生的脸上，那一刻，我觉得自己的眼前顷刻间绽放了 48 朵娇艳的鲜花……

这是我参加过的最有新意，也是给人印象最深刻的一场毕业典礼。全体教师上下齐心，做了充分的准备。

会场的墙壁上贴着六个班级的学生的“大头贴”，分别被布置成树叶、花朵、天鹅、鸽子等形状，充满童趣，左右两边竖立着两块醒目的牌子，上面写着校长的寄语，主席台前布置有合唱台。会场布置得简朴而不失庄重。

学生代表、教师代表与校长先后讲话。紧接着，由六年级（1）班的全体学生上台演唱《驿动的心》。学校领导上台，为戴着“毕业帽”的六年级（1）班的学生颁发毕业证书。学生代表发表简短的感言，再率领全班学生向老师们行鞠躬礼。其余五个班级的学生依次上台表演。有的班级学生在集体表演节目中和谐且巧妙地融进了个人或小群体的才艺秀，如小型乐队的伴奏、舞蹈队的即席助兴等，毕业典礼现场热闹非凡。每个班级登台亮相前，主持典礼的学生都会将该班级的特点，所获的荣誉、奖项等，用优美的语言、动听的嗓音予以播报。整个毕业典礼就像一个班级集体风貌的展示会。

六个班级的节目会演过后，六年级的全体任课教师上台，学生代表向教师敬献花环，并致以少先队员的崇高敬礼。然后由家长代表致辞。最后在《祝你快乐》的欢快歌声中，音乐教师领着在场的教师与全体学生翩翩起舞，真诚祝愿学生在未来的岁月与成长道路上快乐、健康。

最后，学生与家长代表回到各自的班级，学生与老师做最后的告别。有的学生拿出了留言册，请老师在上面留下自己的寄语；有的学生拿出了相机，将自己与老师的身影定格在记忆里，好好珍藏。

看到这一幕，我又想起了几天前在一所中学门口看到的情景：五六位女生穿着很怪异的校服，很醒目地走在人群中，赢得了超高的“回头率”。原来，她们的校服上写满了全班同学的签名，原本整洁的校服骤然间成了“包公脸”，但她们似乎很享受这种“创意”，旁若无人，怡然自得。于是，我就在思考，作为教育者的我们到底在毕业典礼上应该做些什么？究竟该给孩子们留下点什么？

一、要富有匠心地营造温馨的氛围

小学六年，孩子们在一所学校中学习、生活，要让孩子们发自内心地爱这所学校，不能靠教师的一味要求与“索取”。孩子们爱学校，这种情感一定是发自内心的。六年的时光匆匆，但在孩子们的成长记忆中异常明晰，他们记住了校园生活中的点点滴滴。他们对这所学校的情感是在与老师、同学的朝夕相处中培养出来的。只要教师秉着公正、公平、博爱、仁慈、善良的心来对待孩子，教师的形象在孩子的眼中必定是高大、伟岸的。我们在平时的教育教学中要认识到，一位好老师的成功不在眼前，而在未来，孩子长大后还能念着你的好，那才是真的好。因此，在毕业典礼上，我们可以走温情路线，将孩子们在校园中的身影、获得的荣誉、参加过的活动，用镜头记录下来，再将每位老师真挚的寄语录制下来，进行精心剪辑，配上音乐，进行播放，以此来勾起学生对往日校园时光的怀恋。

在会场的布置上，可以学学今年我校毕业典礼的做法，将各班最有特色的成果展示出来，如将学生的成长文集、学生在集体比赛中获得的殊荣、学生的灿烂笑容等贴在墙上，营造出温馨的氛围。

二、要删繁就简地安排典礼仪式

毕业典礼是一种仪式。是仪式，有时就难免落入繁文缛节的窠臼。出于对小学生的年龄与心理特点的考虑，在仪式的安排上，学校应该大胆地删繁就简。试想，我们成人在各种领导、代表等无休无止的发言中都早就哈欠连连了，更何况是孩子？因此，不要以成人所谓的规范来设计毕业典礼。为什么说我们的孩子缺乏童年，是不是与我们墨守成规的一些仪式早已禁锢了孩子，把孩子过早地打造得老成持重有关呢？学校是培养孩子的独立思维、健康人格、自由精神的殿堂，若过早地引进成人仪式的那一套，势必影响孩子的健康成长与未来发展。从这个意义上说，毕业典礼的程序与内容编排，必须以尊重孩子的认知规律为前提。

三、要别出心裁地制造典礼惊喜

中国人相对比较内敛，在一些庄重的场合往往不敢“越雷池半步”。但学校要想培养出富有创新精神的学子，教师就必须是这方面的先行者。因此，在小学毕业典礼上，教师的整体风貌究竟如何，学校未来的发展潜质究竟如何，都将直接呈现在学生与家长的眼前。

那么，举办一场有创意的、别出心裁的小学毕业典礼就更为关键了。若学校有一定的经济基础，可以适当地购买一些毕业帽与毕业服，若经济条件不允许也无妨，尽可以提供样式、样图给学生，让他们利用闲暇时间，用纸张、颜料、布料等裁剪毕业礼服，将准备活动当作学生动手实践的一次绝佳机会。校长、教师也可以加入这样的“风潮”中，毕业典礼那天，适当地制造一些惊喜给学生，如校长、教师“变身”魔法师、圣诞老人等，将自己的祝福、寄语写在纸上，折成小星星、小纸鹤等，与事先准备的一些小礼物一起“派送”给每一位小学毕业生。卸下正统正规的面容，展露可爱友善的新面容，这一新举措定将给学生的小学生涯留下深刻的印象，毕业典礼也定将在这样的“出场”中给人以惊艳之感。

四、要一个不落地让孩子登台亮相

毕业典礼是对过去一个时间段学习成果的一次小结，是逗号，不是句号，是新一轮的整装待发。毕业典礼绝不能是一小部分孩子的“才艺展示会”，而应该让每一个孩子都有上台亮相的机会。当然，各班可以发挥创造力，展现自己的特色。但要注意的是，这是展示，绝不是比赛，只要全班一起亮相，全班一起展示风采，就算节目表演得不是很流畅、很到位，甚至很青涩，也是成功的。毕竟在这样一个毕业典礼的舞台上，大家携手共同合作演绎了一回，这将成为孩子人生旅程中的第一次“谢幕演出”。

五、要诚恳真挚地请孩子家长提出建议

在以往的毕业典礼上，孩子、家长多为学校“歌功颂德”，孩子、家长感念学校，是学校六年来艰辛付出得来的回报，理应感到欣慰与光荣。但作为一所还想成长的学校，在毕业典礼上还应该表现出一种海纳百川、兼容并包的胸怀。一场好的毕业典礼，还应该创设这样的机会——真诚地邀请家长、孩子以“第三只眼睛看学校”，在孩子即将离开学校的时候，把自己善意的建议留给学校。学校可以在毕业典礼的现场设立一个“学校发展金点子信箱”，专门收集本届毕业生及其家长的留言与建议，之后组织专门的人员进行整理、提炼，对于提供有价值的“金点子”的孩子及家长，学校不仅要给他们写感谢信，还要将他们的“金点子”纳入学校的新学年工作计划，并上墙“铭记”。以这样诚恳的态度开门办学，学校留给孩子、家长的印象定将是大不同的。

对于小学毕业典礼，学校应深入地剖析个中的重大意义，并用心地去构建、实施，定将让孩子及家长铭记心中。学校是育人的基地，任何环节都应该考虑其教育的因素，因此，小学毕业典礼再也不能走形式、走过场了，而应成为学校留在孩子、家长心中的文化记忆的一个组成部分。

中队主题会形式期待变革

中队主题会是少先队对少先队员进行教育的有效载体，在小学的课程表上，每周都会安排一节队会课，执教者是中队辅导员。在小学，班主任往往都兼任辅导员一职。

我也有过多年担任中队辅导员与大队辅导员的经历。记得我刚走上讲台的那一年，被分配到一所乡镇中心小学担任教师。有一次，县里要举行队会观摩课，学校总辅导员就把这项光荣且艰巨的任务交给了我这个“愣头青”，而且总辅导员也很尽职，连队会课的脚本都帮我准备好了。为了让这个中队主题会能登上大雅之堂，学校还大开绿灯，允许我从学校的其他班级挑选学生，“冒充”到我的中队来。我到现在还记得，当时那堂队会课的名称是“假想旅行团在行动”，讲的是少先队员们假想自己坐在飞机上，浏览祖国壮丽河山的事，教育全体少先队员要热爱祖国，胸怀祖国，主题昂扬向上。

大家都知道，上队会课，教师要耗费很多的精力与心血，要指导学生背台词，准备才艺，要指导主持人背串词，还要无数次地彩排，把每一个流程熟记于心。记得自己人生的第一节参赛队会课，我与学生足足准备了近两个月，劳心劳力不说，每天都被这节需要观摩的队会课压着，真有点喘不过气来的感觉。到了参赛的那一天，一切都按原先的预设进行，我只是在开头和结尾露脸，其余时间都隐退幕后。就此而言，真正上队会课时，辅导员倒是能得清闲，但背后的努力与辛劳只有辅导员自己知道。

还记得大概十多年前，我的老家举行了一场队会课比赛，流程基本与我当年执教的那堂课一样，只是内容不同。赛后与其他辅导员交流，大家共同的感受就是一个“累”字。

今天，我又在学校里听了五年级某中队的一节队会课，主题为“弘扬文明美德，传承中华文明”。本节课的大致流程如下。

一、出旗，报告人数，唱队歌

二、一男一女两位学生主持队会活动

1. 全班队员集体朗诵《文明礼仪三字经》。

2. 欣赏两个故事——《黄香温席》与《程门立雪》。

3. 三句半表演——《校园礼仪》。

4. 欣赏小品《两种态度》，学生辨析：哪种态度好？为什么？

5. 演唱《健康快乐动起来》。

6. 欣赏小品《谁烧了圆明园》，学生谈观点、感想。

7. 欣赏小品《十五里》，学生谈感想。

8. 全体队员集体朗读《文明礼仪歌》。

9. 欣赏视频，拍摄内容为活动前班级评选出来的六位“文明礼仪标兵”的服务镜头，接着请学校副校长为他们颁发奖状。

三、推出“美德存折”，学生人手一张

四、齐唱歌曲《中华美德》

五、辅导员讲话，呼号，退旗

这节队会课与我当年上的那节队会课相比，在形式、程序上并没有多大改观，只是现代教育媒体发达了，学生的才艺也多了，节目的设置与表演更精彩一些而已，其他基本没有改变。

面对这样一节队会观摩课，我在听课本上写下了这样四个问题。

1. 队会课难道只有这样一种固化的模式吗？

2. 教师与学生在课余耗费了那么多的时间准备素材与节目，这节队会课真的达到对全体队员进行文明美德熏陶与浸润的效果了吗？

3. 这种展现版的队会课与平时一周一节的队会课有什么区别？

4. 在新形势下，队会课能否有不一样的风貌呈现？

我分明观察到，全班学生对这一节课的内容是烂熟于心的，每个环节要做什么，每一位学生都是清清楚楚、明明白白的。于是，我又要追问：学生都已经心知肚明的课堂，还是真正意义上的课堂吗？教育是为了让学生求新求知，学生都已知已会了，又花了一节课的时间把原先不知排练过多少次的节目拿来“过滤”一遍，这不是在浪费时间吗？在倡导以学生为本的现代教育背景下，这样的一节队会课又有多少价值呢？也许你会说，这样的队会课就是为了展示，要展示就必须得排练，不然拿什么呈现给前来观摩的教师呢？这样的课是为了取悦听课教师，恰恰忽视了队会课的主体——学生。教育学理论告诉我们，要激发学生的学习兴趣与热情，教师就要不断地给学生制造惊喜。试问，这样的队会课课前每一位学生都已经知道“底牌”了，学生在这样的课堂上能有什么收获呢？看看课堂上的学生，一个个表情木然，看不到充满好奇、求知若渴的眼神，这样的课堂能有效吗？除了博得听课教师的几声赞誉外，学生还得到了“原来造假能博得掌声”的错误认识。这样的队会课是弊大于利的。

在这节队会课中有个环节，教师为了提高学生对文明美德的认可，推出“美德存折”，希望学生多做善事、好事，每天进行文明美德的自查，并获取相应的积分，存进“美德存折”里。当教师将“美德存折”发放给学生时，学生都还没来得及细读，主持人就要求学生将“美德存折”收起来，这究竟是在教育还是在走过场？这张“美德存折”走出这堂课后真的会实施吗？要是学生不认可，不“储存”怎么办？这样的“美德存折”虽然名称好听，愿景也美好，但并非出自学生的真心需要，只是教师的一厢情愿罢了，试问，这有实际的意义吗？

一、队会课的性质是课

既然是队会课，而且是课表上“名正言顺”的课，那它首先必须是一种课。是课就必须符合课的要求，有师生、生生等的互动，有思维的碰撞与激荡，有新知的学习，有智慧的增长等。课前排练过的，只在课堂上进行展演的，那不是课，那是演出。

二、队会课的内容可提前预告

队会课的主体是全体少先队员，队会课上要开展什么活动，要围绕什么主题进行，辅导员不能“大包大揽”，要将内容提前告知队员，让他们利用课余时间寻找材料、撰写材料、制作课件等，队员之间还可以自由组合，合作收集、整合资料。队员在队会课上要以怎样的方式呈现课前的思考成果，教师不做具体的要求，可适当地给队员以建设性的意见。同时，各小队所准备的材料等都是相互保密的，以保持神秘感，让队会课时时保鲜。

三、队会课的形式可追求变化

不管是平时每周一节的队会课，还是在大众面前呈现的队会观摩课，都不应拘泥于固定的形式，应追求不拘一格的开展方式，时时给学生制造意想不到的震撼感，这就需要辅导员的匠心建构。

仍以主题为“弘扬文明美德，传承中华文明”的队会课为例，我认为完全可以开展成形式不同但效果迥异的精彩队会课。

辅导员提前一周将主题告知学生，并召集小队长开会，布置课后作业：中华文明、中华美德有哪些？小学生能做到且必须做到的文明行为有哪些？在我们身边有哪些值得称颂的文明人、文明事？中国素有“礼仪之邦”的美誉，但随着中国人出国旅游的人数剧增，有些国家、地区对中国人的文明素养颇有微词，旅游时你有过不文明行为吗？为了帮助他人，警醒自我，弘扬文明美德，你想用怎样的方式进行宣传、教育呢？小队长“认领”任务后，可请求家长帮助，就这些作业题的汇报形式等进行设计，利用课余时间组织队员分工、合作，可以采用文艺形式进行呈现，可以在公益广告设计上露一手，也可以用镜头说话，各小队的任务尽可能不交叉与重复，由辅导员加以协调与指导。整个准备过程，只有小队成员之间有预演，整个中队不搞集体“会演”，留一份神秘到课堂。

正式上课时，主持人也不是教师“点将”的，而是由抽签决定的，让每位队员都拥有机会。串词也没有现成的，都得靠主持人现场编撰。要相信学生的潜能，给每个学生同等的机会，他们会呈现出一个不一样的自己。当各小队的“备战秘密”全部曝光后，教师再组织全中队讨论——我们立足学校、立足社区、立足家庭，该怎样来弘扬文明，传承文明呢？在教师的启发下，在全体队员的一致首肯下，再推出“美德存折”，并现场解说实施方法，并要求学生付诸实践，因为这是教师与学生共同“研制”的，是符合师生共同意愿的，就像“班级公约”一样，具有较强的约束力，这样学生接受起来就能毫无阻碍，落实下去就能一路畅达。也许，这样的队会课不像彩排过的那样精致，但它是真实的，是学生分工、协作的成果，每个学生都能从中获得启迪，而且这是一堂真正的新课，能促使学生心智的成长。

队会课还可以参照中央电视台的《谢天谢地你来啦》节目，辅导员负责创设各种情境，引导学生参与到情境表演中去，事先没有任何沟通，全凭学生的即兴表现，表演过后，请全体队员做评判、说观后感等。

队会课不能成为教师一人唱独角戏的舞台，一味地说教、一味地“话语轰炸”是最蹩脚的教育，辅导员要不断地创造机会，让更多的学生参与其中，乐于互动，让每一个学生都能在队会课中获得真知和启迪。这才是队会课的真正目的。

对“课桌文化”的反思

记得我读书的时候，不管是小学还是中学，当时的课桌基本上都是木质的，比较粗糙，没有现在的课桌这么漂亮、整齐。但相同的是，桌面上都留有“学校记忆”。

在小学，学校会经常性地检查学生的课桌，因为桌面是三合板的，很光滑，很整洁。学生有时会用铅笔在上面涂涂画画，或演算数学题等，可以用橡皮将其擦掉。若学校发现哪张课桌上有涂画现象，就会要求学生擦洗干净，并且会定期举行“我为课桌洗澡”等活动，因此，我所在的学校，学生的课桌基本上能保持光鲜。

暑假里，我先后走访了几所中学，也进入中学的教室聆听教师上课。在那里，我发现学生普遍存在涂画课桌的现象。在一所中学的多功能教室里，因为讲台与第一排课桌“贴身依偎”，讲台朝向观众的一面几乎面目全非，上面被各色水笔、圆珠笔涂画得密密麻麻，就像一张漂亮的脸蛋上长满了麻子。再扫视每一张桌面，几乎没有幸免的，上面或是用小刀刻画，或是用水笔描绘，或是用白色的涂改液加工……有一张桌面，主人独具匠心，竟在桌面上刻出五大洲的轮廓，让其凹陷下去，再用涂改液进行填充，完全改变了课桌的原貌。

回家后，我与女儿交流了这件事，没想到她竟一点儿也不意外，她觉得这才是正常的中学生活。她说，高三时，学校组织模拟考试，安排高三学生到高一高二的教室去“实战演练”，当看到学弟学妹们在课桌上写的“学长、学姐们，加油！祝你们成功!”这样的祝语时，她的心中升腾起暖暖的感动。她觉得，在课桌上留下点东西，是学生时代的美好回忆，是无可厚非的。

我反驳她，这是以个别“文饰”全体。我仔细查看了一些课桌上涂画的内容，有考试小抄，有骂人的话，有低级趣味，有懵懂爱恋，有个性抒情，有情绪发泄等，不一而足。虽然我们无从考察究竟是何人最先发明了所谓的“课桌文化”，但鲁迅留在课桌上的“早”字被人们津津乐道。我总觉得这是一种不妥的一种校园风景，是一种与读书人身份不符的不文雅的做法。

1. 课桌是公共财物，不可随意涂画。《中小学生行为规范》《中学生守则》《小学生守则》中都提到了“爱护公共财物”的条款，但那只是挂在墙上的“空头文字”。为什么在公园等公共场所，我们会看到成年人随意刻画呢？这是否与当年在学校求学时养成的在课桌上涂画的习惯有关？规范与守则中明文规定的，我们又有什么理由去随便违反呢？再说，这课桌并不是个人的专属品，一个学生只是在一定的时间段里暂时有缘与它成为朋友，过了这个阶段，课桌又要换另一个主人了，又有什么资格与理由去毁坏、伤害它呢？

2. 课桌是文明“窗口”，不可肆意涂抹。学校是传播文明的圣地，学校是教化学生向美向善之地，来到学校接受教育，就要懂得举止文明、明辨善恶是非等。也许有人会认为，将在课桌上涂画这种小事与文明扯上关系有些小题大做，但我认为这绝不是小事。细节处方能见微知著，一张课桌被涂画，学校不当一回事，其他学生见了，以为这是正确之举，于是一传十，十传百，一发而不可收，等到涂画课桌靡然成风时，学校与教师也就见多不怪了，于是，能体现出学校文明建设的课桌文明便这样被无视了。

3. 课桌是道德“镜子”，不可表里不一。学校承担着立人、立德、立言的责任。立人，需以立德为支柱。一张课桌，折射的是主人——不是一个，而是一个群体，在与课桌相伴的日子里，对课桌的呵护程度。善待课桌，是有爱心的表现，也是对课桌心怀感念的表现。一个有修养的学生，是不会在课桌上宣泄情绪的，是不会在课桌上胡乱涂画的。要看一所学校的学生的道德修养究竟如何，不妨走近学生，走进教室，去看看那些不说话的课桌。

在日本、德国等国家，从孩子入小学的第一天起，学校就开始培养他们各种良好的习惯，包括爱护所使用的物品等。我两度考察新加坡，走访了多所学校，其中有小学，也有中学，不管在哪一所学校，我都没看见有学生在课桌上涂画的现象。

也许有人会说，不让学生在课桌上涂画，是对学生情绪的一种压抑。

在新加坡，有的学校考虑到尊重孩子的天性，会辟出专门的“涂抹区”，供有此喜好的学生涂鸦；也有的学校专门为每一张课桌定做了“课桌套”，是用透明的塑料皮制作的，可以拆卸下来清洗，学生可以在“课桌套”下摆放展示自我个性的物品，如全家福、座右铭、心情晴雨表等。学生可以在画纸上涂鸦，再装进“课桌套”里，可谓一举多得。

当我们对所谓的“课桌文化”司空见惯时，我们是否应该学习其他国家的一些做法，来反思我们的教育？教育是需要从细微处入手的，当一种不良的现象出现苗头之时，我们就应该以高度的职业敏感予以捕捉，并通过我们的教育智慧巧妙地化解。若我们的教育者只将目光定格在所谓的“升学实力”的竞争上，就会培养出高分数，但行为习惯、道德修养令人不齿的“人才”来。

“课桌文化”之风不可长，我们应该在这一点上全力地加以引导，并借鉴国外学校的一些成功做法，为学生的课桌配上“课桌套”，让学生经常性地互相检查课桌，经常性地整理、清洗自己的课桌。学校还可以将“课桌文化”当作德育的重要内容来开展，从讨论“课桌文化”究竟好不好的校园论坛开始，提供国外学生的课桌案例给学生看，建议学生在课桌上粘贴“即时贴”，有什么需要倾诉与宣泄的，写在“即时贴”上，以保护课桌的完好与整洁。学校也可以考虑在校园内设置“涂鸦区”，允许学生在课余时间发挥特长，并评选出校园最有创意的涂鸦作品，隆重颁奖，将其融入校园艺术节的活动中，引导学生渐渐改掉在课桌上涂画的坏习惯。

因为关注了细节，并在细节上下足了功夫，中小学的德育会更加贴近学生、贴近时代。

第四章

与教师专业成长有关的思考

小学教师专业的新规范与新挑战

近日，我认真学习了教育部制定的《小学教师专业标准（试行）》（以下简称《专业标准》）。通读下来，给我最强烈的感觉就是，小学教师的准入门槛提高了，对小学教师专业的要求也提升了。这是一份针对小学教师专业确立的新规范，是对新时期小学教师的全新挑战。若按此《专业标准》来考核当下的小学教师，毫不夸张地说，有相当多的小学教师是不符合要求的。

《专业标准》开门见山地指出："《专业标准》是国家对合格小学教师专业素质的基本要求，是小学教师实施教育教学行为的基本规范，是引领小学教师专业发展的基本准则，是小学教师培养、准入、培训、考核等工作的重要依据。""三'基本'一'依据'"，鲜明地确立了《专业标准》的基础性与重要性。

一、"基本理念"的排序凸显生本与师德

《专业标准》的第一部分"基本理念"共有四条，分别是"师德为先""学生为本""能力为重""终身学习"。《专业标准》重视学生的发展，体现教育的"目中有人"，强调"尊重小学生权益，以小学生为主体，充分调动和发挥小学生的主动性；遵循小学生身心发展特点和教育教学规律，提供适合的教育，促进小学生生动活泼学习、健康快乐成长"。小学教育关注教育对象的成长需求，将小学生学习状态的主动、高昂，身心状态的健康、快乐视为教育教学的首要目标。要达成这样的教育教学效益，教师自身要做到"关爱小学生，尊重小学生人格，富有爱心、责任心、耐心和细心"，要"为人师表，教书育人，自尊自律，做小学生健康成长的指导者和引路人"。"目中有人"的教育，需要的是"心中有德"的教师，教师应恪守小学教师的职业理想与职业道德规范，把培养学生健康向上、阳光

朝气的人格作为育人的关键，要将每一位小学生都视为己出，以崇高的师德培养小学生健全的人格。“理念二”是教育教学的终极目标，而“理念一”是达成终极目标的必要条件。

崇高的师德为小学教师的职业打下了坚实的基础，发展小学教师的专业能力就成了必然。因此，“理念三”提出“能力为重”——“把学科知识、教育理论与教育实践有机结合，突出教书育人实践能力；研究小学生，遵循小学生成长规律，提升教育教学专业化水平；坚持实践、反思、再实践、再反思，不断提高专业能力”。能力是需要发展的，当你停滞不前时，同伴已经在前行，此时停滞的你也等于在倒退。教育教学是需要与时代同步发展的，想依靠已有的专业知识与专业水平来应对发展中的小学生，显然是不行的。“以不变应万变”的想法是无法适应教育教学形势的发展的，小学教师不能故步自封，唯有立足实践，坚持在反思中改进与提高，才有望让自己的专业水平与专业能力与时俱进。除了实践反思这一途径外，更关键的是要吸纳与学习。现代社会是知识经济时代，知识更新的速度不断加快，今天不学，明天就会跟不上时代发展的脚步，因此，“理念四”承接能力发展的需求，直指“终身学习”——“学习先进小学教育理论，了解国内外小学教育改革与发展的经验和做法；优化知识结构，提高文化素养；具有终身学习与持续发展的意识和能力，做终身学习的典范”。要求小学教师要有国际视野，不能局限在自己所任教的学科，要博观约取，丰富自身的文化底蕴，要做一个真正的读书人，要利用一切可能的机会学习。譬如，向名师学习，向书籍学习，向具有优秀文化内涵的网站学习，向身边的教师同伴学习，常怀一颗谦逊的学习之心，博采众长。小学教师就应该具有书卷气，会学习，常学习，成为小学生学习的榜样。

四条“基本理念”打造了这样一个合格的小学教师形象——他（她）发自肺腑地爱小学生，真正地理解并尊重小学生，时时处处做小学生的表率，立足教育教学实践，能常教常新，富有艺术性地点燃小学生的求知激情，与书为伴，锐意进取，视野开阔，专业发展后劲十足。

二、“基本内容”的条款体现精细与全面

《专业标准》的第二部分“基本内容”包括三个维度十三个领域的六十条基本要求。分别从“专业理念与师德”“专业知识”“专业能力”三个维度出发，涵盖了“职业理解与认识”“对小学生的态度与行为”“教育教

学的态度与行为”“个人修养与行为”“小学生发展知识”“学科知识”“教育教学知识”“通识性知识”“教育教学设计”“组织与实施”“激励与评价”“沟通与合作”“反思与发展”十三个领域。在各个领域后面，又细化成六十条基本要求，最多的是“组织与实施”领域，共有九条基本要求，最少的有三条基本要求，其余领域一般都是四五条基本要求。

“基本内容”与“基本理念”一脉相承。“专业理念与师德”是首要必备条件，一位小学教师只有拥有热爱小学教育事业的真心，才会在这颗真心的推动下，将小学教师这份职业耕耘成终身挚爱的事业，才会不断地追求自己的职业理想，爱岗敬业方有可能成为自觉行为。因为热爱小学教育，所以才会心系小学生的身心发展，不断地调整并优化自己教育教学的态度与行为，不断地提高个人的修养。这些全都是在发自内心的师德修养的观照下展开的，正所谓“理念指导行为”。

知识不等同于能力，但知识是形成能力的基础。因此，“基本内容”将“专业知识”摆在了第二位。小学教师教育的对象是小学生，所以首先必须对小学生的发展规律了然于胸，必须掌握促进小学生身心健康发展的策略与方法，这是小学教师的专业性与独特性的体现。其次，教师应该熟稔自己所任教的学科知识，掌握教育教学知识，拥有通识性知识。这些知识主要依靠学习得来，未入岗的教师在院校求学期间就应该将主要精力放在小学教师专业知识的学习上；已入岗的教师，随着时代的发展、知识的更新，还需要不断地学习、吸纳，努力让自己已有的专业知识跟上时代发展的步伐，不断地完善、充实自身的专业知识。这是小学教师安身立命的根本。

知识只有经过内化与实践，才能转化为能力。因此，“基本内容”将“专业能力”定位为第三个维度。专业知识进入教育教学实践，不可能实现百分百的能力转换，这还要依靠小学教师的实践体验、用心领悟与锻炼提高。小学教师当得好不好，受不受小学生的欢迎，关键取决于小学教师的专业能力的高低。专业能力是动态发展的，“没有最好，只有更好”。小学教师进行教育教学活动的主阵地是课堂，于是，《专业标准》在“组织与实施”领域列出了九项基本要求，内容分别为建立良好的师生关系、创设适宜的教学情境、调动小学生的学习积极性、发挥小学生的主体性、发挥好少先队的教育功能、适当运用现代教育技术手段、正确使用语言和规范书写、妥善应对突发事件、关注小学生思想与良好行为的培养。

由此可见，《专业标准》在“基本内容”的呈现上体现了精细化与全面性的特点。在六十条基本要求中，我认为下面几项新内容要引起小学教师的高度关注。

1. 保护小学生的生命安全是小学教师的首要职责。在条款中，有关学生安全的描述有以下几条：“关爱小学生，重视小学生身心健康，将保护小学生生命安全放在首位。”“了解关于小学生生存、发展和保护的有关法律法规及政策规定。”“了解不同年龄及有特殊需要的小学生身心发展特点和规律，掌握保护和促进小学生身心健康发展的策略与方法。”“了解小学生安全防护的知识，掌握针对小学生可能出现的各种侵犯与伤害行为的预防与应对方法。”

小学生作为社会的弱势群体，进入学校接受教育，小学教师的首要职责就是要高度重视小学生的生命安全，知政策、明法律、晓规律、讲策略、会应对。这是《专业标准》对小学教师在安全方面的新规范，也是应对当前一些不法分子将犯罪的魔爪伸向弱势群体——儿童的现实需要。这就昭示着小学教师在校内外要高度重视小学生的生命安全，要将有关自护自救的知识、策略、方法等教给小学生。小学教师不仅自己要会应对各种突发状况，还要在危难关头做好小学生的“守护神”，将小学生的群体生命看得比自己的生命更重要。

2. 关爱、尊重、信任是小学教师职业词典中的三大关键词。“关爱小学生，重视小学生身心健康”“尊重小学生独立人格，维护小学生合法权益，平等对待每一位小学生。不讽刺、挖苦、歧视小学生，不体罚或变相体罚小学生”“信任小学生，尊重个体差异，主动了解和满足有益于小学生身心发展的不同需求”“尊重教育规律和小学生身心发展规律，为每一个小学生提供适合的教育”“引导小学生体验学习乐趣，保护小学生的求知欲和好奇心，培养小学生的广泛兴趣、动手能力和探究精神”这五条内容体现了小学教师职业的三大关键词——关爱、尊重、信任。

关爱是目标，尊重和信任是基础。爱小学生就要从真心尊重和信任小学生做起。小学生与小学教师一样拥有平等的人格与尊严，小学生来到学校与小学教师结成了师生关系，小学教师就应摈弃“师道尊严”的架子，平等地看待每一位小学生，充分地尊重和信任每一位小学生，不以分数论成败，而是以培养小学生的健全人格为重点，帮助每一位小学生“成人”。只有小学教师真诚地尊重与信任小学生，才能产生教育的“反作用力”，小学生才会真心地喜欢小学教师，并喜欢上小学教师所教学的课程。

3. 拓宽了小学教师沟通与合作能力的外延。《专业标准》对小学教师“沟通与合作”的外延进行了拓宽，不仅包括小学教师与小学生的沟通，还包括小学教师与教育教学同伴之间的沟通、交流，也包括小学教师与家长及社区之间的沟通与合作。这对小学教师的交际能力提出了更高的要求，不但要“使用符合小学生特点的语言进行教育教学工作”，要“善于倾听，和蔼可亲，与小学生进行有效沟通”，还要能“与同事合作交流，分享经验和资源，共同发展”，同时，要“与家长进行有效沟通合作，共同促进小学生发展”，并“协助小学与社区建立合作互助的良好关系”。这也体现了家庭、学校、社区一体化，共同促进小学生健康发展的时代要求。能与小学生进行有效沟通，是小学教师必须练就的“吃饭本领”；能与教师同伴沟通合作，是小学教师专业发展的“应然需求”；与家长进行有效沟通合作，要求小学教师以一位专业工作者的视角，寻求家长的合作，共商教育的新途径，目标共同指向小学生的有效教育，为此，小学教师要提高自己与家长沟通的能力；此外，小学教师要拥有社会大视野，积极寻求学校与社区之间的合作互助，共同促进小学生良好习惯的养成，使小学生真正做到在学校当好学生，在家里当好孩子，在社区当好公民。

4. 强化了小学教师专业知识与专业能力的要求。小学教师是先进文化的传播者，是学生心智发展的开启者，因此，小学教师的知识应该是鲜活的，不能凝固僵化，为此，《专业标准》从“学科知识”“教育教学知识”“通识性知识”三方面对小学教师的专业知识提出了具体细致的要求。小学教师要成为“T 型人才”——有较为广博的通识性知识，有艺术细胞，有自然科学与人文科学方面的知识，能紧跟现代教育信息技术发展的脚步。同时，在学科知识与教育教学知识方面，要能往专、精、深的方向发展，要海纳百川，不断拓宽自己的知识面。在不断充实自身的专业知识的同时，小学教师还要致力于专业能力的提升，对自身的专业发展有愿景，有规划，要能不断地在实践中反思、探索与研究，不满足于驾轻就熟的“教育教学套路”，要勇于创新，乐于进取，让教育教学的每一天都充满新鲜感。

三、“实施建议”的层次分明充满期待

“实施建议”共有四段话，分别对各级教育行政部门、师范院校、小

学、小学教师提出了言简意赅的建议。各级教育行政部门要充分发挥《专业标准》的引领和导向作用，严把小学教师入口关，制定小学教师聘任（聘用）、考核、退出等管理制度；师范院校要加强小学教育学科与专业建设，重视小学教师职业道德教育；小学要开展校本研修，健全小学教师绩效管理机制；小学教师要增强专业发展自觉性，不断创新，自主研修，逐步提升专业发展水平。

《专业标准》对正在从事或即将从事小学教育的教师而言，是一份新规范，彰显着教师这份职业的专业性与挑战性。特别是已经在小学教育岗位上工作的教师，逐条对照自身的状态，看看这些“基本要求”自己能达标几条。对照标准，也许今天的我们还有许多不足，但我们要以谦卑而不自卑的心态来对待这份《专业标准》。“谦卑”就是要谦恭地学习《专业标准》，从中查短，制订相应的“补短时间表”，通过学习来“内增素质，外塑形象”；“不自卑”就是不妄自菲薄，大可不必认为自己还有不少要求不达标，整天提心吊胆。既然我们已经从事了教师这份职业，我们有基础，我们有经验，我们不愚钝，有《专业标准》的提醒，只要我们立足岗位，正确地认识自我，积极地进行自我评价，主动参加教师培训，充分利用业余时间向网络、向书籍、向优秀教师同伴学习，敢于不断地否定自我，不断地突破自我，每一天都能让自己进步一点点，只要我们全力以赴地发展自我，形成不断进取的良好态势，都有望达成《专业标准》的期待，成为新时期合格的小学教师。

挑战与机遇并存，就此意义而言，《专业标准》绝不是“狼来了”，而是促进每一位小学教师不断追求自身专业发展的“励志书”。

教师的专业发展应是“教育力”的发展

近些年，人们逐渐达成一种共识，那就是学校发展的核心在于教师的专业发展。只有教师的专业发展了，才能有学生的素养提升；有了学生的素养提升，才能有学校教育教学质量的全面提高。于是，各地各校都将教师的专业发展当成重中之重，把教师送出去参加培训，把专家请进来举办讲座，进行“头脑风暴”、通识培训、在岗培训、岗位练兵，倡导教师“结伴发展”——建立教师“成长共同体”，等等。同时，各地通过各种骨干教师培训班、学科带头人培训班、专家型教师培养对象培训班等形式，推荐一些在专业发展方面比较有优势的教师进行强化培训，以期形成辐射与引领作用。这些做法都值得称道与赞许，的确对教师个人素质的提高有一定的帮助。但当我们静静地思考一下就会发现，这些举措对教师的专业发展的内涵理解有点儿狭隘，具体反映在以下几个方面。

1. 窄化了教师专业发展的内容，只强调了技术层面。教师职业是一种专业，专业就有专业的要求与细则。并不是什么人都能成为教师的，看看《教师资格证书》的申请环节就可以知道，要想从事教师职业，不但要拥有规定的学历，还必须通过心理学、教育学的考试，必须拥有《普通话水平测试等级证书》，还必须经过课堂教学的测验，这一切都通过了，还要有品行方面的鉴定，之后才可以申请到《教师资格证书》，才拥有从业的“敲门砖”。的确，教师职业是需要专业技术人员来开展工作的。从以上各地所采取的一系列举措来看，培训更多的是对教师在教育教学理念、技艺等方面进行启迪与引导。技术是可以通过培训来提高的，如果强化得当，技术水平还是有可能上一个台阶的。但我们忽视了一点，师德水平、职业道德、爱生情怀等是培训不了的，教育教学理念也是灌输不了的，只能靠熏陶与影响，而且是需要经过很长的时间的。如果脱离了师德水平、职业道德、爱生情怀的提升，教师的专业发展就成为一句空话。美国的托马斯·里克纳老师曾这样说过：“我总结出一个可怕的结论，我在课堂上起决定性作用……作为一个教师，我拥有让一个孩子的生活痛苦或幸福的权力。我可以是一个实施惩罚的刑具，也可以是给予鼓励的益友；我可以羞辱一个学生，也可以迁就一个学生；我可以伤害一个心灵，也可以治愈一个灵魂。学生心理危机的增加或减缓，孩子长大后是仁慈还是残忍，都是我的言行所致。”

2. 忽视了教师专业发展是自身的事。一个人的发展，关键在于内因。我曾到台南大学附属小学参观访问，在那所学校，我碰到了一位行色匆匆的三十多岁的女教师，除了正常的上课之外，晚上，这位女教师还要赶到台南大学继续研究生的学习。我问她：“这么‘大’岁数了，为什么还要进行研究生的学习?”她笑笑说：“近几年，学校里引进的都是研究生，他们都很年轻，也都很优秀。我感觉到了压力，心想，再不学习，可能就适应不了教育发展形势的需要了。于是，我就向校长申请在职进行研究生的学习，校长很支持，在课务上给我适当减轻了一些；我的丈夫很支持，在台南大学附近为我租了一处房子，便于我周末与夜晚的学习；我的婆婆与母亲也都很支持，她们分别为我看管一个孩子。所以，我要珍惜这来之不易的机会，好好学习，好好提高。”

没有外力的“强迫”，这位女教师完全是主动要求学习、提高，为的是不被不断发展的教育形势所淘汰，有一种职业的紧迫感。在学校、家庭的支持下，这位女教师化压力为动力，积极寻求专业发展的正途。

当我们用“强压”的方式，逼迫教师去进行培训、提高时，教师若没有自发的紧迫感与动力，就有可能“身在曹营心在汉”。可见，教师要想获得专业发展，就必须把它看成自己的事。

有人也许会说，这跟教师所处的地域环境有关系。若一位教师处在闭塞的山区或农村，他能怎么去发展自己的专业？现代科技越来越发达，只要肯学、想学，学习的资源无处不在。我有位学弟，毕业时被分配到比较偏远的学校，但他不怨天尤人，努力地学习，默默地耕耘，专业发展势头强劲，特别是在小学语文教学研究方面，撰写了大量的文章，在各级各类教育期刊上发表，后来，上级主管部门慧眼识珠，将他调到了市里当教研员，他有了更大的平台，专业发展空间更广阔了。这就是自主发展的成果，没有人强逼你，一切均发自内心的真正需求，就算身处条件较差的环境中，只要有提高、进步、发展的愿景，并付出努力，就总有获得成功的一刻。

3. 无视了教师职业生涯的幸福规划。洛克指出，人生来就有追求幸福的权利。教育的使命是培养人，教师必须在尊重生命存在与差异的前提下，努力发现生命的价值与潜能，让其充分享受成长的幸福与尊严。要想实现这样的美丽愿景，教师首先应成为一个有尊严感和幸福感的人。目前，不少教师为什么会遭遇专业发展的瓶颈？为什么会产生职业倦怠感？为什么日复一日、年复一年地重复“劳作”，没有创新的动力与激情？在很大程度上，在教育教学实践与研究的过程中，很多教师没有寻觅到职业的价值与幸福感。而教师要想获得专业发展，最先应突破的是教师职业幸福感的培育问题，教师只有在教育教学中用心用情地体验到职业所创造的价值时，才有望体验到职业幸福感，有了这样的幸福感，教师才能产生专业发展的需求。

因此，我认为，教师的专业发展应该是“教育力”的发展。何谓“教育力”？我的理解是身体健康、心理健康、师德健康、人际关系健康、专业技能增值、学识水平提升、善于思考与改进等。

在我看来，“四健康”是产生幸福感的基础。一位有专业发展愿景的教师，首先应该关注的是自身的健康问题，要从健康的生活入手，保持健康的饮食与运动习惯，用自己的行为影响、感召学生，关注学生的健康。有了健康的体魄，才有师生共同发展的坚实基础。

教师要心理健康，不管遇到怎样的障碍与困难，都应以阳光的笑容面对学生，不将哀伤、愤怒、怨恨等负面情绪带进课堂，能科学合理地进行自我心理疏导，引导学生形成乐观、豁达、开朗的健康心理。

梁启超说：“教育是教人学做人——学做‘现代的’人。”韩愈说：“师者，所以传道、授业、解惑也。”《圣经》说：“教养孩童，使他走当行的道，就是到老也不偏离。”这些都需要教师以身作则，率先垂范，需要教师用高尚的道德去约束自己的言行举止，引导学生成为有丰富的精神世界的“真人”。

积极创造和谐的人际环境，是教师专业发展的应有之义，也是教师产生职业幸福感的关键所在。一位人际关系健康的教师必定是一个胸襟坦荡的人，他能科学、艺术、巧妙地处理好与学校领导、与同事、与学生家长的关系，懂得交流与沟通的艺术，并善于站在别人的视角上看问题，懂得将心比心，懂得退避三舍，懂得商榷与妥协……

教师的专业发展，有了“四健康”的保驾护航后，再来关注教师的专业技能和学识内涵的修为，这样才是有本之木、有源之水。有“四健康”做铺垫，每一位教师都能心怀谦恭，向同事、向优秀者、向先行者，向书本、向先进理论学习，并结合自身的实际，吸纳内化，兼收并蓄，在教育教学的艺术性与科学性上不断实现优化，在学识方面不断追求丰盈与广博，努力成为一个有涵养的人，与昨天的自己相比，每一天都有进步，坚持不懈，并期许着未来有发展、增值的永续力。这样，就有望转化为教师的专业智慧。

当我们明晰了教师专业发展的内核、要素后，再来审视教师专业发展的途径，就会发现，只有将重心放在教师“教育力”的提升上，教师专业发展的壮美篇章才有望真正铺展。

对教师职业几种比喻称呼的再思辨

一直以来，教师总是笑纳外界对“教师”这个职业的比喻称呼，如人类灵魂的工程师、辛勤的园丁、到死丝方尽的春蚕、成灰泪始干的蜡炬等。我每每听到这些教师的别样称谓，都很兴奋，也就理所当然地予以悦纳，甚至在自己的文章中经常性地引用这样的称谓进行自勉，鼓励自己要努力成为塑造学生灵魂的工程师，成为培育满园春色的园丁，成为将自己的一切学识都无私奉献给学生的春蚕与蜡炬。

可当我冷静地审视这四个对教师职业的比喻，再结合当下教育形势的发展时，当我对学生观、人才观、教育观、价值观等的认识进一步深入时，我再来回想往日对这四个比喻称谓的“顶礼膜拜”，幡然醒悟——这四种比喻称谓存在着一定的误区。

一、思辨“春蚕”“蜡烛”比喻的缺失

“春蚕到死丝方尽，蜡炬成灰泪始干。”这是春蚕与蜡炬的可贵——春蚕将自己的一切毫无保留地给了人类；蜡炬一直燃烧到最后，蜡油流尽，烛芯与火苗一同熄灭，成为灰烬。二者的共同特点是，“都没有好结果”，将丝献出，将光发出，最后自己也走向了“毁灭”。可以想见，春蚕在吐丝、蜡炬在燃烧的过程中都是痛苦的。虽然人类也为春蚕提供了桑叶，但为的是让春蚕吐出更多的丝来，服务于人类，服务于“遍身罗绮者”；虽然人类用模具为蜡炬浇注出各种形状，但为的是让蜡炬在黑暗中为人类送去光明。人类给予春蚕、蜡炬以基本的生存条件，为的是让春蚕与蜡炬创造出有用的价值，特别需要强调的是，以牺牲春蚕与蜡炬的生命为代价，这种代价是何其沉重。

将教师职业喻为春蚕与蜡炬，显而易见，人们是希望教师向春蚕、蜡炬学习，像它们那样，为自己所从事的教育事业无私奉献自己的一切，乃

至生命。的确，那些勇敢的、有道义的教师，在大灾大难面前，为了学生不惜献出自己的生命。像汶川地震中的老师与佳木斯第十九中学的张丽莉老师等，他们的确可以称得上是“春蚕”“蜡炬”，在他们身上闪耀着高尚道德情操的光芒。

可是，当我们再冷静地思考时，这两种比喻似乎都欠缺了一点儿什么。

1. 忽视了对人性的观照。教师，首先是人，拥有人的基本属性，即自然属性。春蚕是生命体，但它无思想，没有自我的欲望、需求，只要有人为它提供桑叶，只要有人照顾它，使它不生病，它就能按照自己的生命轨迹按部就班地实现自己的生命价值。蜡炬是人类的制造物，只要火焰不被风雨浇灭或人为吹灭，它就会一直燃烧到烛芯倾倒，化为灰烬。可教师是人，是活生生的生命体，在拥有自然属性的同时，还拥有社会属性。在社会中生活，教师是社会人，有着社会生存的基本需求和权利，也有着自己的喜怒哀乐。若以这样的两种比喻强势地要求教师必须“榨干”自己，把自己的生命“放倒”在三尺讲台上，这是在以极少数奉献毕生精力及生命的教师典型作为全体教师的标杆、样本，显然，这是在以偏概全。

2. 缺失了对生命的尊重与关爱。教师是学生的精神关怀者与人格塑造者。诺丁斯的关怀理论指出，教育必须实现对自我的关怀、对亲密的人的关怀、对有联系的人和远方陌生人的关怀、对非人类的动植物的关怀、对人造的工具和物品的关怀、对思想的关怀等。要做到关怀学生，教师必须从关怀自身做起。

3. 缺失了对“给”的充实与供养。“给”比“拿”快乐，这是大家都赞同的观点。提倡教师有一定的奉献精神是必须的，但春蚕与蜡炬的比喻，只是一味地放大了“给”——教师必须无条件地、毫无保留地奉献自己的一切。可是，一味地“给”也必须有“给”的供体源。教师要不断地提供学问、素养、品德等给学生，若教师自身没有“加油”的驿站，只是一股脑儿地“挤”“压”，总有一天，教师自身有被压榨枯竭的时候。春蚕、蜡炬的比喻，只看重“给”的一面，却忽略了对教师如何有效“给”的关注。傅斯年有一句话说得好：“一天只有 21 小时，剩下 3 小时是用来深思的。”这句话同样适用于教师职业，教师要想能源源不断地“给”，就必须有让自己的心静下来如饥似渴地吸纳的时间。

二、思辨“工程师”比喻的缺失

工程师面对的是机器、图纸等，其服务对象是生硬的、冰冷的、无情感的。当然，工程师手下也可以诞生高仿真的机器人，但其制造的依旧是机器。我猜测，将教师职业比喻为人类灵魂的工程师的原意是想讴歌教师职业的伟大与不平凡——能够通过自己的教育教学，塑造学生的美好灵魂。这是多么了不起的事业！但是，当我们仔细思索工程师的称谓的时候，就会发现这种比喻也是有瑕疵的。

1. 带有浓重的工业化色彩。教师的服务对象成了机器、零件、图纸等，这种比喻的言外之意是，不管学生乐意不乐意，接受不接受，教师都可以随心所欲地按照自己的设想、意图，予以“浇铸成型”。这分明带有浓重的工业化色彩，将教育教学的工程当成工业生产的过程——一切都可以调控，一切都可以按工业流程进行。若以这样的视角来看我们的教育教学，那么，是否可以这样认为，只要是有一定学识素养的人，只要掌握了工业流程式的教育教学范式后，都可以从事教师这份职业。因为工业化的程式，只认程序，不认人。这显然违背了教师作为专业技术人员的定义。

2. 缺失了“回合交融”，抹去了“生命化”。教育是复杂的，没有一种教育模式或是一种教育方法能“放之四海而皆准”。马克斯·范梅南在《教学机智——教育智慧的意蕴》中指出：“教育学就是迷恋他人成长的学问。”成长，是能看到学生生命拔节的过程。要想让教育成为迷恋学生成长的学问，就应该对学生每天的变化与需求有最直观的了解。教育是需要耐心与毅力坚持的，教育是教师与学生之间的生命对话，是人与人之间的真诚观照与熏染，教师无权也无法靠一次“指令”完成对学生的教育活动。

学生是会犯错并反复的，教师的主要职责之一就是不厌其烦地引导、疏导，并以核心价值观熏陶、感召学生，引领学生朝着真善美的方向奋进。若以工程师来比喻教师职业，工程师眼中最关注的是产品的合格率，要尽最大的努力提高产品的合格率，竭尽全力控制次品的产生。在工程师那里，产品的成败，质检员只要一检查马上便能揭晓答案。而教师教育出来的学生，他们的未来发展如何，是否能够真正成为合格的建设者与可靠的接班人，是需要漫长的时间去检验的。就此意义上说，工程师的工作成效是可以短期验证的，而教师的工作成效则需要较长的时间才会看到。这就是为何说教育是一项慢工程的缘由。

3. 缺失了个性，指向了“大一统”。每个学生都是独一无二的生命体，若将学生看成生产流水线上的产品，就预示着所有的产品都将是用同一个模子制作出来的。工业时代的流水线生产可以大幅度地提高生产效率，同时能为产品损坏的零件提供替代的零件支持。但学生绝不是产品，更不是同一型号同一标准的固定产品。教育是促使学生发展的过程，若让教育也成了流水线，那么，教育就丧失了自身的功能。叶澜教授指出：“教育是直面人的生命，通过人的生命，为了人的生命质量的提高而进行的社会活动，是以人为本的社会中最体现生命关怀的一种事业。”可见，教育是针对不同的学生，采用各种适合学生发展的途径支撑，为学生的个性发展服务的。若将教师职业等同于工程师，就抹杀了教育追求学生个性和谐发展的功用，这显然是不妥的。

三、思辨“园丁”比喻的得与失

与前面三种教师职业的比喻相比，我认为，教师是园丁的比喻似乎要得当一些。

1. 切合农业隐喻。中国是个农业大国，农耕时代在中国的历史长河中占据了相当长的岁月。中国目前的“三农”依然是一个热门的话题。对农业、对农村、对农民，中国人历来就有一种天生的亲切感。将教师职业比喻成园丁，说明教师与农民一样，都离不开大地，都离不开对土地的躬耕。在我的老家有这样一句俗语：“要吃菜，田头拜。”意思是，要想让菜园子的蔬菜丰收，就必须坚守在田头，施肥、捉虫、除草……园丁与菜农一样，要想让花草长得好，就必须熟悉各种花草的“喜好”“脾性”，针对不同的花草品种以不同的方式进行培植。

教师也应该像园丁那样，针对不同学生的不同特点，采用不同的方法实施因人制宜的教育。好的园丁，能够根据不同时令的花卉、花卉在不同时间的生长特性等，制作出“花钟”。同理，一位优秀、杰出的教师，也能根据不同学生的特质，培养出个性鲜明、人格健康、阳光向上、心中有爱的学生。

2. 正视学生的生命。这是前三种教师职业的比喻所没有的，也是“园丁”这种比喻的先进性的体现。教师“目中有人”，就不会只盯住学生的学业，以学业成绩的高低作为衡量学生发展水平的唯一标准，让教育走向“唯分数论”的死胡同。将学生视为一个个鲜活的生命体，教师对学生发展状况的评价就会多几把尺子，不仅会关注学生的智商，还会关注学生的情商、德商，也就是说，教育要关注对学生的智力水平、非智力因素与精神境界的培植。这是一种综合整体的成才观。智力水平包括知识结构、能力倾向、创造能力，非智力因素包括情感水平、意志品质，精神境界指道德水准与人格魅力。正视学生的生命，教师对学生的评价就会变得多元而充满人文关怀。

3. 正视学生的个性化需求。这也是园丁这种比喻的进步性的体现。园丁耕耘时会关注不同花草的不同需要，喜阴的就不能晒太阳，喜阳的就不能荫庇，喜干的就不能多浇水……老舍在《养花》一文中对养花的乐趣有着详尽的描述，最后他总结道："有喜有忧，有笑有泪，有花有果，有香有色。既须劳动，又长见识，这就是养花的乐趣。"这是一个有生活情趣的养花人的真实感受，同时可折射出园丁的职业乐趣。当看到满园春色，听到别人发自内心的真诚赞叹时，相信每一位辛勤耕耘的园丁心中都会充满无限的快乐。教师职业的深层快乐，就在于收获学生成长的快慰。

当然，园丁的比喻也同样存在缺失，那就是，园丁所侍奉的是花草树木，它们虽然也是生命体，但是与人这一高等动物比起来，生命体的厚重度要逊色得多。同时，如果园丁培植不当，花草树木枯死了，可以重新育苗栽种。但每个学生接受教育的机会只有一次，若教育者采用的教育方法不当的话，学生的生命发展之路就会受到阻碍与羁绊，一切想从头再来就没有机会了。从这个意义上说，园丁工作失误可以弥补，而教育是不允许教师犯错的，否则留给学生的将是挥之不去的痛苦记忆。因此，教师职业的底线要求便是不能误人子弟。

园丁，可能更多地指向从劳动实践中靠经验积累起来的从事园地耕耘的劳动者，在学识等方面要求不那么严格，而教师作为专业技术人员，有非常严格的要求，必须是科班出身，并在教育教学实习合格后，方能进入教育行业开展工作。就此而言，教师的准入门槛显然要比园丁高得多。

综上所述，对于教师这一职业，春蚕、蜡炬、工程师、园丁的比喻都有欠妥帖之处。我认为，将教师职业比喻为渡船、引路人可能更妥当些：渡船，将学生由懵懂的此岸带往理性、激情、自由与尊严并重的理想彼岸；教师应成为学生寻找最适合自己发展方向的引路人，而不是知识的灌输者。

如何成为有特质的优秀教师

从进入教育行业的那一刻起，相信每位教师的内心深处都会有一种愿景，那就是成为行业中的佼佼者，成为一位优秀、卓越的教师，为自己的教育生涯交上一份满意的答卷。

当我们参加教育界的各种活动，与那些被鲜花、掌声所簇拥的名师相遇时，我们总会流露出羡慕的神情——什么时候我也能成为这样的杰出教师？有这样的崇拜之心是可喜的，这至少说明，我们心中的教育梦想并没有离去，我们心中的教育信仰依旧存在。但我们是否想过，这些被光环围绕的优秀、卓越的教师在背后究竟付出了什么？没有一个人能够随随便便成功，成功一定是与艰辛、付出、汗水等相伴相依的。

因此，要想成为优秀、卓越的教师，我们必须去窥探这些功成名就的教师背后所挥洒的汗水，探寻名师成功的奥秘。然后，再以他们的成长与发展为榜样，努力提升自我。也许，我们奋斗了一辈子也难以望其项背，但至少我们可以朝着优秀靠近，成为一位不枉在教育百花园中躬耕的、能给自己的教育人生写下还算流畅精彩的一笔的教师。

要想成为一位拥有特质的，学生喜欢、家长放心、学校信任的优秀教师，应该从哪几方面进行修炼呢？

一、以“爱、责任、信念”从业，修炼教育的实践智慧

一直以来，我很喜欢这样一句话：“出于爱去做事最省力，出于责任去做事最认真，出于信念去做事最坚定。”不管曾经你为何与教育结缘，现在你已经与教育有了明确的“契约”——此生将与教育“厮守终生”。

一位优秀的教师，骨髓里流淌着的是对教育的挚爱的浓浓血液；一位正在成长中的合格教师，定然会在优秀教师的引领下，不断地发酵爱教育的情感；一位暂时处于迷茫期的教师，一定会在学校整体向上有爱的氛围

熏陶下，慢慢地找回“迷失的爱”。爱教育的核心是爱每一位学生，爱自己所从事的学科课程的教学。

有了爱，就会拥有无形的责任、担子。出自对教育职业的热爱，教师，特别是优秀教师就自然挑起了“教学生六年，为学生想六十年”的重任。教书育人，与时俱进，了解学生的真实需求，不断地提高自己的教育教学艺术，就成了教师应尽的职责。爱得愈深，责任感便会愈强烈。这样的教师不管走到哪里去参加活动、学习、培训、讲学等，他们的心始终是与学生在一起的。

爱与责任同在，爱与责任源于对教育力量的信仰。有信念的教师，心中便会有源源不竭的动力。教育虽然不能“包治百病”，但教育总会给受教育者以明媚的阳光、甘甜的雨露、和煦的春风……有信念的教师，每天的生活总是忙碌而充实的；有信念的教师，不会半途而废，被暂时的困难、艰苦吓倒；有信念的教师，奋进的脚步是永不停歇的。

当饱含着“爱、责任、信念”的激情走进教育园地时，优秀教师绝不会满足于仅仅将自己的所学运用于教育教学实践。因为教育教学是科学性与艺术性兼具的事业，需要教育者不断地根据教育教学中出现的新问题、新状况等去研究新途径与新方法。换言之，一位优秀教师要努力修炼教育教学的实践智慧，即教育教学的专业思维与教育教学问题的解决策略。若教师面对教育中遭遇到的问题时，只靠冷淡与暴力等来“吓唬”学生的话，教师的专业特质就失去了意义。因此，有了“爱、责任、信念”后，教师就会在坚定的教育信仰的支撑下，不停地去追求最有效的教育教学方式，就会认真地去解决教育教学中出现的各种“疑难杂症”。

二、以“烂漫、舒缓、渐进”的心态从业，培养教育的诗意情怀

苏轼有诗云：“天真烂漫是吾师。”作为教师，特别是有志于成为优秀教师的教育者，切忌急躁冒进。现代人的生活节奏很快，于是，有识之士发出了“让脚步慢下来”的呼吁，用形象的话来说，也叫“牵着蜗牛去散步”。慢生活，说的是一种生活态度。作为一位优秀教师，应该是慢生活的追求者。在学校工作的时间是忙碌而充实的，回到家后的业余时间，优秀教师应培养自身的诗意情怀。可以听听轻音乐，在舒缓的音乐中放松身心；可以就着香茗与灯盏，捧一本书，以书香来陶冶情操；可以暂时抛开繁杂的事务，与家人促膝交谈，享受天伦之乐；可以铺展纸张，抒写情意；可以掩卷沉思，将即刻的思考付诸笔端……八小时之外的状态决定八

小时之内的情态。优秀教师既要有青年的激情与烂漫，也要有中年的稳重与坦然，让自己八小时之外的生活充满诗意，形成缓慢而优雅的特质。

拥有诗意情怀的优秀教师，当他们每天都将心态调整为和谐状态时，走进校园的每一天，举手投足间就会散发出诗意的气息，而这正是每一位学生的期冀与幸运。

三、以“常思、反思、深思”的习惯从业，升华教育的哲学思考

有人这样形象地说明哲学：哲学就是在研究三个问题——我是谁？从哪里来？要往哪里去？

教师，作为教育工作者，应该有更开阔的眼界与更大的作为，要持之以恒地进行哲学学习，学会哲学的思维方式，并迁移到对自己所从事的事业的日常思考中。因为教育教学工作绝不是简单地“重复昨天的故事”，教师每天面对的都是一个个活生生的、个性鲜明的生命体，要想不断地推进教育教学的发展，就必须不断地在行动中思考、提炼、升华，再转化为行动。“思想的深度决定行为的高度”，一位优秀的教师应当将“常思、反思、深思”当成自己的从业习惯。一节课下来，一天的工作结束后，平心静气地坐下来，闭上眼睛，将自己一日的教育教学情形在脑海中过一遍，将自己的反思简要地记录下来。一段时间以后，可以结合自己的阅读心得进行解惑、梳理、提炼、总结。

一天动笔写一点并不难，坚持每天思考一点、记录一点可能就有点不容易了。但正是这每天的“一点”会造就日后的大不同。一旦优秀教师将这种“常思、反思、深思”当作一种习惯，可以肯定地说，优秀教师已经具备教育哲学思考的基础了。此刻，若再有名师引路、书本指点、理论支持，优秀教师定能将零碎的日常思考串联成属于自己的有实践检验与评价的、富有价值的教育真思考。这种厚重的来自一线教育教学实践的哲学思考，定将照亮优秀教师的教育教学之路，功德无量又意义非凡。在这成长与历练的过程中，优秀教师也定然向卓越教师的行列靠拢。

让我们怀着共同的愿景，从以上三方面开始修炼自身，竭尽全力让自己成为有特质的优秀教师吧！

教师专业发展需要常“上发条”

我爱怀旧，就拿常见的手表来说吧，虽然现在有光动能电波表，有走时准确的石英表，有全自动机械表，有高科技的智能表等，但我独爱一款20世纪80年代出产的上海牌五针手动机械表，也就是需要上发条才能走动的老手表。这块老手表，上一次发条可以走动72个小时，但为了保证它天天走动，唯有天天善待它——为它上发条，并每天校对时间，以保证时间的精确。要是哪一天你忘记了上发条，它就会毫不客气地“罢工”，你又得上发条、校准时间、调好日期等，很是麻烦。为了减少或避免麻烦的发生，必须要呵护好它，不让它有“罢工”的机会。

上发条虽然麻烦，但也有乐趣——它培养了我的责任心，每天早晨起床后的第一件事就是为这块老手表上足发条。这已经成了我多年的习惯，一如我每天总要抽出四五十分钟的时间坚持体育锻炼一样。我的运动项目为长跑与器械锻炼，一般安排在每天下班后，在学校的体操房进行。要是哪 天由于工作忙碌或其他事务的羁绊，没有办法完成自己的锻炼指标的话，就会感觉要马上“长膘”似的，现在已经发展到一天不运动就全身上下不舒服的地步了，真有点儿运动上瘾之嫌。也许，我也已经给自己的运动神经“上发条”了吧。

我家附近有一个图书馆，全天开放。于是，我又添加了一项任务——每周抽出半天的时间泡图书馆。每当我进入图书馆那神圣之地，面对种类繁多的图书时，我总觉得自己很渺小。要学习、研究的东西实在太多太多了，每每置身在浩瀚的图书海洋里，我都会觉得自己学识浅薄。一旦进入图书馆那安谧静寂的氛围，烦躁的心一下子就安静了下来。那浓郁的书香，在家中独自阅读是感觉不到的。一本书，一支钢笔，一本笔记本，只要置身在图书馆里，半天的时间总是很快就过去了。沉浸在书海中的激情，就像“上发条”了一样。

由此，我想到了教师的专业发展。在信息时代，知识总量在以爆炸式的速度急剧增长，教师也需要随着时代发展的潮流不断更新与充实自己的知识，一心只读教材、教辅，对世事不闻不问，没有新信息、新知识、新理念等的输入，教师就会患“贫血症”。一如一块手动机械手表一样，只是出厂那一刻上了一次发条，之后就想“以逸待劳”，那么，这块手表就丧失了其应有的价值。

由此，我想倡议我们在职的教师，为了自己专业的可持续发展，不妨时不时地给自己“上发条”。

一、学校要努力形成促进教师专业发展的制度文化

教师的专业发展，需要学校层面的制度推进。要想让教师自觉、自愿地发展自身，需要学校的介入。对大多数教师来说，为什么要发展自身专业，需要学校层面给予一定的“指标指引”，说得明白一点儿，就是要让教师看得见专业发展的好处。我所在的地区，自2009年9月起，就开始实行教师专业技术岗位聘任与中小学教师绩效工资制度了。由于绩效工资与教师的岗位聘任密切相关，上级按照一定的比例给各个岗位以一定的名额，但高岗位的数量是有限的，不可能所有拥有某一职称的教师都可以进入相应的岗位，于是，教师必须竞聘上岗，学校择优聘用。

我所在的学校，人事制度改革的步伐迈得更大。学校教职工代表大会通过了“三年大洗牌”的聘任方案，也就是说，目前不管你在什么岗位上，享受什么待遇，这岗位、这待遇不是一辈子不变的，三年聘期一满，所有的岗位都要重新进行竞聘，摆业绩、看条件，定性、量化相结合评价。这样的动态管理，让每一位教师都有一种危机感——要想保住自己的岗位，或是想晋升，就必须要让成绩、专业发展等看得见的数据说话，这样才能“中气十足”。

制度文化一旦形成，依法治校、依法治教、依法管理才有可能实现。制度只对事，不对人，它可能有点儿冷冰冰，但它是公平的，避免了人为因素的影响与干预。有了这样的制度牵引，教师的专业发展就有了“最近发展区”。

二、教师要对自身的专业发展有期待和愿景

教师的专业发展要想产生质的飞跃，除了学校的牵引外，更为重要的

是教师自身的内驱力。这里，我们必须要搞清楚两个问题——教师的专业发展指什么？有哪些显性或隐性的要素？我认为教师的专业发展应包括以下几个要素。

1. 平和的心性与对教育事业的真诚热爱。这是首要的要素，既然从事了教师这一特殊的职业，充满对教育事业的真挚之爱，是做好这一特殊工作的基础。能宽容学生的错误，能热忱地引领学生健康、茁壮地成长，真正做到将每个学生视如己出，相信每一个学生都是上帝派来的天使。年岁越长，站在讲台上的时间越长，心性越平和，不喜怒无常，不急躁冒进，不动辄迁怒，以淡定、从容、和蔼、不怒自威的态势和儒雅、端庄的涵养影响、感召着学生。

2. 品悟教育经典的能力和不断刷新的教育艺术。教师应该是一位坚持不懈的学习者，要学会挑选已经被时间见证的教育经典精读，从中参悟出教育的真谛，再结合自己的理解，将其内化成教育教学实践的“营养”，并且学会不断地反思，不断更新自己的教育理念，追求有效、实用的教育艺术。

3. 与时俱进的学科知识结构与体系。教学，是教师安身立命之本。作为一名教师，从走出院校的那一刻，很多知识结构与体系已经“过时”甚至“老化”。现代教育要求教师是一条“奔腾不息的大川”，这活水源头来自哪里？唯有不懈地学习。小学语文教师要教儿童文学，如果连自己都没有好好地、完整地阅读过几部儿童文学作品，又有什么资格站在学生面前“指点江山，激扬文字”呢？别以为小学生好糊弄，须知，在这个信息发达的时代，孩子的见识不见得就比成人少。用不学习的“无知”来搪塞教育教学，这是对神圣教育的极大亵渎。

4. 拥有教好课程、培养学生健全人格的愿景与行动。这个要素尤为重要，教师的主阵地在课堂，教师要拥有上好每一节课的愿景，把课堂经营成师生燃烧生命激情的地方。课程不只是实现知识的输入与输出，还承载着培养学生健全人格的使命。每一节课，教师都要以教育者的良知与道义引领学生在知识的瀚海中形成正确的人生观、世界观、价值观等。

有了这样美好的愿景与期待，从事教育教学工作的每一天，教师的心中都会澎湃着生命的热情，自觉且自愿地为每一天的教育教学工作“上足发条”。有了这样美好的愿景与期待，教师就不会有懈怠的念头，也不会有故步自封的闭塞感。教师要追求专业发展，就必须与整个教师群体的专业发展有机联系起来，置身于群体发展的环境中，在教师同伴的激励与鼓舞下，每一位教师个体的发展劲头都是充足的。也正因为有每一位教师个体的自愿发展，整所学校的教师群体的专业发展也就顺理成章了。

常“上发条”、勤“上发条”，教师屹立于讲台的每一天都是坚定的。

对教师“成长”与“不成长”的思考

这两天，对于教师专业发展之事，我接触到了一喜一忧的两件事。喜的是，山东省潍坊市全国中小学教师职称制度改革试点工作结束。昌邑市奎聚小学数学教师姜言邦成为中国首位获评正高级职称的小学教师，其工资、福利待遇将与大学教授等同。潍坊市教育部门相关人士表示，这次职称制度改革试点工作打破了“天花板效应”，实现了中小学教师职称制度与事业单位岗位聘用制度相衔接。据悉，此次试点工作中小学教师可评正高级职称，要求必须符合承担学生管理工作5年以上等条件，具体涉及教学业绩、业务、教研等18项内容，非常严格。这无疑给中小学教师的专业发展注入了新的活力，让中小学教师有了更高的追求与奋斗目标。

另一件事是，我有幸被市里聘为市级小学语文学科带头人培养对象的学科指导教师。今天下午，指导教师与培训对象见面，在会上，培训部领导就培训对象接下来一年的培训工作提出了具体的量化要求，培训对象要想结业，必须完成以下几项任务：参与一个区级以上课题的研究，开展一次区级以上的专题讲座，执教一节区级以上的示范课（公开课、研究课），撰写一篇发表在CN刊物上的论文、一篇结业答辩论文，指导一位青年教师，摘录3万字的读书笔记，编辑一本《个人成长专辑》。在分组讨论时，我所指导的6位学员都感到压力很大，作为指导教师的我也在一线从事小学语文教育教学工作，培训部要求指导教师在近一年的时间里要尽最大的努力，搭设平台，创造机会，让培训对象开课、开讲座、发表文章、进行课题研究、顺利通过结业论文答辩，其难度可想而知。我还进一步了解到，6位培训对象还未有一人在专业的CN刊物上发表论文，任务全挤压在这一年，我深感肩上的担子沉重。一个培训班有40多人，要求人人都要执教一节区级以上的公开课，开展一次区级以上的专题讲座，试问，哪儿来那么多的机会？

怎么办？培训部后来想了一个折中的方案——以组为单位，以一所学校为基点，请临近的区的教师与本校的教师去听培训对象的公开课与讲座，指导教师必须到场，达到 30～40 人听课的数量，培训部就给开证明，认定为区级以上的公开课与讲座。这样就解决了公开课与讲座的问题，至于课题，只要是在学校申请的课题中有你的名字，申请结业时能提交出一份像样的课题研究报告或总结等，就予以承认。这样，参与课题的难度也就降低了。

一路“减”下来，现在只剩下了在 CN 刊物上发表论文的要求较难完成了，只要能在培训周期内发表一篇论文，那么结业时就可以“一路绿灯”了。为了达成所谓的指标，这样“灵活处理”的方式，在我看来不禁有点儿揪心与担忧——一线教师参与各类培训，难道仅仅是为了获得一张结业证书吗？就算上级主管部门认定了，给了你一个正式的名分，就算你拿到了小学正高级职称，难道就证明你在教育教学上是完美无瑕的吗？一线教师评职称，主要是与待遇紧密相连，职称、证书只是对你过去教育教学工作的肯定，一旦你止步了，证书也就成了“老皇历”。站在讲台上，一天都不可以松懈，一旦放松了学习与思考，曾经成长中的教师就会很快退化成不成长了。基于此，我对教师的“成长”与“不成长”有了以下几点思考。

一、培训部门要加快制订教师成长的评价体系

以上我所罗列的量化了的培训指标，仅仅只是教师成长的“冰山一角”，而非教师成长的全部。接受各种各样培训的教师，原先在各自的岗位上应该都是业务的佼佼者，因为每一位培训对象都是根据条件被选拔出来的。一线教师不缺少教育教学实践，欠缺的是对系统的专业理论知识的学习，对相关学科或交叉学科知识的扩容，对本学科专业知识的更新，以及对自己的教育教学经验进行冷静客观的梳理和反思，总结出自己的长处与短板，明确要想形成个人独特的教学风格，应该在哪些方面进行“补钙”……一线教师培训过后，要回归课堂，将自己的培训所得进行合理消化与内化，反馈于课堂，能比培训前更注重课堂效益的提升，更注重用先进的教育教学理念指导课堂，更注重突出学生的主体地位，一切以学生的学为核心，真正让每一堂课成为学生生命成长的“促进点”“增值点”。因

此，培训部门与上级主管部门在认定一线教师参与培训之后的成长状况时，不应囿于一些具体的量化指标，而应围绕一个专题或者一个教育的热点、盲点、焦点等话题，倾听培训对象的阐述，甚至可以请培训对象在规定时间内进行某一规定课题的教学设计、作业设计、意图阐述、命题论文等。在没有任何辅助材料的基础上，让培训对象开发一个课题，阐述进行课题研究的理论依据与实践构思等，建立一整套与一线教师的综合素养相吻合的、科学的教师成长评价体系，以考评为主，检测培训对象的“成长指数”。若考评通过，与评价体系的各项指标吻合，就可以认定某一称号；若考评不通过，则继续接受规定时间的再培训，让每一位培训对象都能珍惜培训的机会，树立“培训就是福利”“培训就是引导成长”的意识。

二、培养对象要努力形成“我要成长”的内驱力

大凡在教育教学上有所建树的名师，全都是“我要成长”型的。他们都十分珍惜学习、培训的机会。多年后重返课堂，重当学生，这是一种久违的亲切感觉。首先，不管是通识学习，还是学科教育教学理论学习，培养对象都要平心静气地倾听、吸收、内化。此外，培训时，要真正耐得住寂寞，与专业理论书籍、学科知识类书籍、名家大师力作等为伍，认真阅读，知识浩如烟海，虽然我们无法穷尽，但我们要尽可能多地涉猎，以拓宽自己的知识面。对于一些经典著作，要有“读深钻透”的劲头。

其次，培养对象要敢于质疑与驳斥，要深入思考。目前，基础教育也处在转型之际，各种理念交锋、撞击是正常而必要的。培养对象要竭力让自己的思想马达转动起来，除了完成指导教师布置的作业外，还要养成每日思考的习惯，简要地记录自己一天的思考，一周之后进行盘点，将零碎的思绪串接起来，形成自己的教育教学思考，找机会与学员、指导教师交流、讨论。

再次，培养对象在课堂上要活跃，要敢于发表自己的观点。因为只要你想发言，就会“逼迫”你必须时时思考，有思考才会发现自己的浅薄，才会不遗余力地苦读苦学，这样良性推进，在培训期间的每一天，你的日子都是充实与丰盈的。建议各位培养对象在培训学习期间要“高调表现”，这样才会更快地被指导教师与同伴发现，交流与对话的机会也就多了，这其实也是在无形中提升表达能力与交际能力。

最后，培养对象要从培训中寻找乐趣。不要将培训学习当成一种任务

去完成，那样就会觉得索然寡味。参加培训，是一种机缘，放下紧张繁忙的工作，腾出时间专门培训学习，能感受到一种提升的快乐。只有感到快乐，培训学习活动才会变得有趣。当你精心完成的作业受到指导教师的肯定，当你经过深思熟虑的见解得到众人认可，当你形成自己的教育观点时，你就会从这一系列的活动中寻找到学习、思考、写作的快乐。

三、学校要不断助力培养对象的成长

加强学校师资队伍的建设，对培养对象所在的学校来说，是“一本万利”的大好事。目光长远的学校，一定会大力支持一线教师参加这样的培训学习，尽管有可能会在工作安排上遇到一点儿问题，但为了教师的发展，为了学校的发展，这种困难是必须克服的。

培养对象学成归来，这是学校的一种荣光，也为学校补充了优质的人力资源。除了培养对象自身“我要成长”的内在需求外，学校还要努力创造条件，给这些培养对象“压担子”，成立相应的教师发展共同体，由这些培养对象领衔，让培养对象将培训学习过程中积累的经验、内化后的培训心得，迁移到学校骨干教师的“校本培训”上来，让培养对象产生积极的辐射与带动作用。这样，一方面可以让更多的教师受益、分享；另一方面可以让培养对象越来越努力，以自己的成长引领更多教师的成长。

当有外地的教育教学考察团莅校参观、交流时，学校可以改变以往由校级领导接待的形式，可以将接待的“权力”下放给培养对象，让培养对象所在的工作小组接待、安排、展示；参加各级各类的教学比赛时，可以让培养对象所带领的工作小组参加……学校可以积极创造各种各样的机会展现他们、促进他们成长。

学校对培养对象要给予更多的人文关怀，对在学校教师培训工作中有突出业绩的培养对象，学校在评优评先、职称晋升、岗位聘任等方面予以一定的奖励，以此来促使培养对象学成之后有所为、有所用、有所得。

这样，就可以使培养对象始终保持着高昂的状态，在教师专业成长路上不懈跋涉、永不停滞。而这正是每位教育工作者应有的姿态！

教师要有拒绝平庸的心

2011年江苏省高考作文题为《拒绝平庸》，这似乎在传递一种积极、向上、充满激情的价值观——人生苦短，来到这个世界上就是一种机缘，没有人拥有挥霍生命的权利，我们应该也必须拒绝平庸，尽自己所能创造生命的价值。只有这样，当我们垂手告别这个世界时，才能无憾地说：生命啊，我没有辜负你，在有限的时光中，我让生命发出了最灿烂的光彩！

教师，作为学生人生的引路人、文化传承的引领者，要想让学生不平庸，首先自己必须不平庸。我们应该承认，人与人之间的能力高低是有差异的，正视差异，并在后天设法用时间、勤奋、进取去弥补，这种差距是可以缩小的。换言之，有差距不可怕，可怕的是，明知有差距，却不思奋进与拼搏，你在倒退，别人却在前行，久而久之，差距便会越来越大。

联想到最近观察的一些应聘小学教师的应届和往届本科毕业生的课堂教学，心中有了万端思绪——不管是否是师范院校的科班出身，从有志要踏入讲坛的那一刻起，教师生涯的起点就开始出现差异了。有的一站在讲台前，便神采飞扬，文采斐然，出口成章，落落大方；有的却面露怯色，战战兢兢，笨口拙舌，囿于说稿，机械木讷……为何会出现这样的状况？原因当然是多方面的，但有一样是不能回避的，那就是个人的过往所学存在着深刻与肤浅、丰富与贫瘠、厚重与浅薄等的差异。

都是从普通高等院校里走出来的大学毕业生，四年的学习生涯结束，当你站在现实舞台上展现自己的才学时，高下便会清晰可见。现在教师招聘考试竞争是非常激烈的，稍不留意，就会被别人挤出竞争之列。那时，你再后悔，当初四年为何不努力用功呢，这种事后诸葛亮的想法有何意义？

于是，我想对那些有志于从事教育事业的朋友说，既然你已有此志向，就请你在进入这个行业之前，在大学求学期间，就将“拒绝平庸”四个字作为座右铭，时刻勉励自己。绝对不能输在起点，否则拿什么跟人家谈竞争力？

在进入工作岗位前，就要有拒绝平庸的决心，在求学期间就要以百倍的努力，延续高中三年的拼劲与韧性，让自己变得丰实的唯一途径就是学习、阅读。著名节目主持人蔡康永曾说：“想在电视找深度的人，大概搞错深度的意思了。深度无捷径，只能靠学习和思考而养成，你把账赖给电视是省事，但结果无非耽误你自己。看连续剧、新闻、球赛、歌舞、选秀、动物奇观，就算看到吐，最多得些资讯或感悟，哪能得到深度？我做过很多读书及访谈节目，从未听说半个靠着看电视能看出深度来的人，除非你是说深度近视。”

的确，想要舒坦又要不受苦就能获得丰厚的回报，那只能是守株待兔的痴想。时光老人对大家都是公平的，给每个人的时间都是均等的。鲁迅先生说：“哪里有什么天才，我是把别人喝咖啡的时间都用在写作上了。”阅读是心灵的“美容剂”，但光阅读不思考，只能让自己成为装书的“书袋”而已。读书之后，还要思考，并能积极地诉诸文字，即刻捕捉灵感与思绪，让稍纵即逝的思考成为永恒。

其次，入岗之前的“准教师”还要努力地以海绵吸水的劲头向在一线教学中积累了丰富经验并拥有独特教学风格的名师学习，学习他们在课堂上洒脱自如、旁征博引、巧妙启迪等方法，理解课堂教学的要义。但切忌一味模仿，模仿难以走向创新。因此，建议“准教师”们要研究自己的特点，知道自身的优势，寻找自己的不足，向教学经验丰富的一线教师讨教，以期对课堂教学有更全面的认识。

同时，我建议所有在职在岗的教师要绷紧“拒绝平庸”的弦。平庸是阻碍教师走向优秀与卓越的绊脚石。“学而不厌”“学而不倦”应该成为每一位一线教师的自觉行为与自愿追求。拒绝平庸，教师就会时时观照自身，明确自己的不足，产生一种强烈的危机意识，继而在这种意识的驱动下，敦促自己不断地去汲取知识的琼浆玉露，把每一天都看成提高教学效益的机会。

拥有拒绝平庸决心的教师，不会让课堂出现“扁平”的状态；拥有拒绝平庸决心的教师，不会让求学、求真的时光溜出“黄金期”；拥有拒绝平庸决心的教师，会关注学生的快乐与成长，开创出促进学生向前发展的路子。

拒绝平庸，与学生在一起的每一刻，都可能成为与学生分享快乐的机会。拒绝平庸的教师，嘴角与眼神流露出的都是自信。每位教师都要用踏实的工作作风，如饥似渴的求知欲望，科学灵活、注重培养学生能力的教学方式，让每一节课都成为最美的风景。

拒绝平庸，让教师都站在同一起跑线上，入岗之前只争朝夕练技能，入岗之后一如既往求发展。这样，我们教师队伍的整体素质就会实现质的飞跃。让我们每位教师都自豪地喊出："我是教师，我拒绝平庸，追求卓越!"想必，这也是每位教师对教育教学事业从心底呐喊出来的最豪迈的誓言。

教师应不断努力以实现教学能力的增值

这几天，我所在区一年一度的小学高级教师参评申报者课堂教学能力测试活动又开始了。课堂教学能力测试主要采用的是片段教学，即没有学生在场的、模拟某个教学片段的教学，时间长度在12分钟左右。另外还要进行答辩，答辩题主要考查申报者对所任教课程的热点、焦点、难点等问题的关注度，衡量教师的专业理论素养与实际教学能力。以小学语文学科来说，我总共听了26位参评教师的片段教学和现场答辩。在现场答辩中，我们共设了两道答辩题：(1)你认为当前小学语文阅读教学中存在的突出问题是什么？你在刚才的片段教学中是如何尝试解决与突破这一问题的？(2)你对朗读是怎么看的？你在刚才的片段教学中是怎样进行朗读指导的？

从难度上看，显然第一道比第二道要难一些，但只要是真正在小学语文教学一线的教师，对这样的话题应该不是第一次接触。随手翻阅最近的小学语文专业期刊，有关小学语文教学的话题的论文不计其数，有关小学语文教学以读为本、读中求新等的言论也并不鲜见。本以为对这样的答辩题，每位参评教师应该都会有源源不断的谈资。然而，令人遗憾的是，26位参评教师在答辩方面的表现不尽如人意，归纳起来有以下几种情况。

1. 高度浓缩型。例如，有一位教师只用了一句话来回答第二题："我认为朗读是重要的，我在教学中就非常重视朗读指导。"真不知道这位教师是怎么理解答辩的。

2. 不知所云型。典型表现是，抛开答辩题不看，天马行空地讲一通与答辩题无关的内容，看似侃侃而谈，实则离题万里。真不知这样的教师教出来的学生会如何理解题意。

3. 找不着北型。面对题目，一时半会儿不知道从何入手进行答辩，于是就搬出语文课程标准中的一些纲目来搪塞。例如，有教师这样回答："当前小学语文阅读教学中存在的突出问题是学生不会合作，倡导自主、合作、探究的学习方式是课程改革的主要变革……"然后绕到自己"嚼烂"的、熟悉的内容上，让答辩题的答案永远"找不着北"。

4. 随意胡诌型。面对答辩题，一时不知该从何开始回答，于是就随意"揪来"一个凑数。例如，有教师这样回答："当前小学语文阅读教学中存在的突出问题是，课文所写的内容与学生的生活有距离，我在教学中就是在努力地缩短这种距离。"试问，小学语文教学真的是每篇课文都与学生的认知存在"隔阂"与"代沟"吗？如若真是这样的话，那么小学语文教学低效的板子就应该打到教材编写者的身上了。

5. 咿咿呀呀型。这种情况一般出现在年龄较大的教师身上，面对答辩题，思路一时连贯不上，于是就用"这个""那个"来掩饰，吞吞吐吐，如梦呓一般。

凡此种种，不一而足。这一组 26 位参评教师，面对两道答辩题，完全按题意要求答辩的不足 10 位，真正令评委满意的居然一个都没有。这些教师在前面 12 分钟的片段教学中还有一些可圈可点的表现，可在答辩环节竟然表现得如此不佳。我认为主要有以下几方面的原因。

1. 片段教学比真实的课堂教学容易。片段教学当然也需要技巧，有技巧就能让课上得好看、漂亮。但是，片段教学全凭教师一张嘴，教师的问题预设、学生的应答情况等，都是从教师一人的口中发出的，想怎么答就怎么答，想怎样表现就怎样表现。而在真实的课堂教学中，教师在面对无法预料的生成时，或教师原先的教学设想在遭遇真实课堂中学生的"静默以对"时，课堂的教学效益就不是可以凭教师一人之口就能达成的了。可见，片段教学显然要比真实的课堂教学容易。

2. 考核的篇章一般都是参评教师曾经上过的。因为在参加测试之前，职称改革办公室会让教师上报学段与教材版本。这样一来，参评教师肯定会选择自己熟悉的学段，而且申报参评小学高级职称的教师都不是青涩的新手，而是具有一定教学经历的"老江湖"了。有了真实教学的砥砺，到片段教学时，教师就可以让自己的教学展示"趋利避害"了。这也是教师片段教学效果较好的直接原因。

3. 大部分教师是以"教学惯性"在行走。在片段教学中，大部分教师用的基本是常态教学中大家"驾轻就熟"的方式在推进课堂，很难见到能让人眼前一亮、过目难忘的教学案例。这反映出，这些参评教师并没有因为是考评而在设计上有突破，而是以“教学惯性”在上课。

4. 大部分教师没有认真思考如何改进教学。这是最可怕的一点。教师虽然站在讲台前，却从来没有细细琢磨过课堂，反思过课堂，只是一味地教，一味地“搬运”知识，甚至只是“移动”教材的内容而已，从来没有好好地思考该如何去改进教学，提高教学效益，培养学生的能力与素养。

5. 部分教师不读书、不学习。目前小学语文阅读教学最突出的一个问题就是，小学语文教师无法从“内容分析”的怪圈中突围出来，只是把精力耗费在“教会”上，而没有让学生“学会”。随手翻阅新近出版的教育专业期刊，关于语文阅读教学的文章绝对不难找。也许你无法发现语文阅读教学低效的症结，但有他人的理论发现做支撑，你就可以站在他人的肩膀上高瞻远瞩了。可惜，部分教师忽视了课外学习、读书，导致“腹中空空”，只能一味依赖于手中的教材。

6. 只懂埋头教而不知学与思的教师会造成自身“学识流失”。教师都是教育教学的专业技术人员。我们常说，医生越老越吃香，原因在于随着年龄的增长，医生的临床经验愈加丰富。但千万别忘了，老医生要想一直保持优势，就必须不断地学习与吸纳新知识，并努力将理论付诸临床，提高自身的诊治水平。其实，教师也和医生一样，想“吃老本”一劳永逸的思想是有害的。如果哪一天停止了学习与思考，那一天就有可能是自己衰竭的起始。教师要坚持每天挤出时间来充实和完善自己，哪怕只是一小时，积累下来就是一笔巨大的财富。

在人生的道路上，你停步不前，有人却在拼命赶路。也许当你停下时，他还在你的后面向前追赶，但当你再回头望时，已看不到他的身影了，因为他已经跑到你的前面了，现在需要你来追赶他了。所以，你不能停步，你要不断向前，不断超越，不断进步，不断完善。

要想让自己的教学能力实现增值，路只有一条，那就是不断学习，不断实践，不竭思考，不懈奋进。

教师应充满蓬勃的朝气

为什么相同的学生在不同的教师特别是班主任的“调教”下会呈现出不同的风貌？为什么面对相同的竞争，不同的班级之间会出现差距呢？这一切都应归结到班级的管理者——班主任与科任教师身上。

就拿最近发生的一件事来说吧。今年4月，我校举行了第32届田径运动会。以往的开幕式都是比较简洁的，一般先是领导讲话、裁判员代表宣誓、运动员代表宣誓、广播体操表演赛等，紧接着就是具体的田径项目的比赛了。今年，学校想有所改变，想在班级队伍出场上做点文章。任务下达时，距离比赛仅有两周时间，这对各个年段、各个班级来说，压力不小。体育老师与音乐老师紧密配合，对队伍的入场顺序与队伍行进及表演等事项予以指导：班主任设计班级出场的展示动作、使用的道具与头饰等，同时要在班级队伍行进时与学生走在一起。各班按学校的统一要求紧锣密鼓地准备着，有些有心的班主任还借助家长的力量，请部队的子弟兵到校协助训练，抓好学生的行进间队列。操场上、班级里、专用教室中，随时可以看到教师带领学生训练的身影，场面着实令人感动。有的班主任嗓子喊哑了，衣服被汗水湿透了，但依然投入地矫正学生的动作，整顿学生的口号，设计、制作出场的个性化的标语等。大家都想借助这次活动凝聚学生爱班的情感，塑造班级的良好形象。

4月23日上午8点整，我校第32届田径运动会拉开了序幕。我作为出场式的评委端坐在主席台上，得以全面地观看了全校32个班级的出场表演。印象最为深刻的是五年级，在年段长的策划下，在年级教师的共同努力下，五年级5个班的出场既追求年级的共性，又讲求班级的个性。学生都戴着头饰，但这些头饰均非购买的现成物品，而是在教师的指导下和家长的帮助下的“变废为宝”，有的用肯德基的大桶装的纸筒，有的用康师傅方便面的纸筒，有的用一次性的纸碗，上面绘有充满个性的涂鸦，再辅以班级的宣传口号，以飘带的形式呈现，队伍一出场就给人一种强烈的视觉冲击——这些学生太有才了！班主任与学生一起扛标语牌，有一个班级将呼啦圈粘成五环标志，既美观又迎合体育竞赛的气氛，特别是当教师与学生一道捧着五环出现，还与学生一起表演动作，呼喊属于班级的响亮口号的那一刻，我清楚地看到，班级每一位成员的脸上都写满了自信，因为教师与学生在一起，大家就是一个整体。

我细细地欣赏着，深深地陶醉了，看到可爱的教师与学生在一起，场面是那样和谐，一些家长代表追着队伍，拍下了一个个精彩的瞬间。但我又发现，有些班主任虽然也走在队伍中，可能是太过于羞涩或不自信等缘故，喊口令的声音较小，学生表演动作时，教师并没有融入，这样班级的表现就会大打折扣。也有些班主任有些放不开，指导学生的动作相比之下显得单一，年级之间、班级之间还是出现了一些差距。

由此，我在想，教育是一项需要时时充满激情的事业，只有激情满怀，才能将这份浓郁的爱播撒给学生。学校给教师布置工作，一定是站在全局的角度上来考虑的，每一项工作都有它的理由与用意。我曾在台湾某小学观摩过他们的学校运动会，校长与教师都打扮成各种各样的小丑，给学生和家长制造欢乐。他们认为，运动会比赛固然重要，但制造快乐才是最重要的。听说圣诞节时，该小学的校长还装扮成圣诞老人，一大早就恭候在校门口，为每一位入校的学生发送糖果等礼物。也许在我们看来，这样的校长有点儿滑稽，但家长们不这么认为，他们说，只有有童心的校长才能经营有童趣的学校。学校，特别是基础教育中的小学，是童年的宝地，若童年在校园里丧失，那么，教育就出现了问题。

回想下前文中所述的有些班主任的表现，从某种意义上说，这些教师缺乏的就是一种蓬勃的朝气，他们心中“教育的绿洲”已经消失了，对待学校布置的工作是以应付的态度在执行。学校是一部大机器，只有每个班级和谐配合，才能正常运转。教育承载的责任太多太重，但有一样是至关重要的，那就是要培养学生的责任意识。学生今后要成为一个有担当的社会人，最重要的就是要有高度的责任感。

当教师与学生一起训练、表演的时候，学生便在心中愉快地接受了教师，觉得教师的的确确成了班级中的一员，是与班级的荣誉同在的。如果此时教师只是在一旁冷眼旁观、发号施令的话，就难以走进学生的心灵深处。

其实，何止田径运动会入场式这件事，放眼平时的教育教学工作，能与学生紧紧走在一起的班主任、科任教师，其活动、工作等一定就会做得比较到位。教育本身就是一项需要教师全身心投入的事业，是一项需要教师付出真情与热情的事业。一位优秀的教师，绝不会因为岁月的流逝而使自己的教育情怀黯淡，相反，岁月的磨砺会令这些教师迸发出更强劲的教育激情。心中燃烧着蓬勃的教育激情，教师从事的教育教学事业就一定会活力四射。

教师是什么？教育是什么？教师是促进学生未来可持续发展的引路人，教育是丰富学生文化底蕴、观照学生人文情愫、积淀学生综合素养的崇高事业。教师必须尽自己所能督促学生养成良好的学习习惯，同时培养学生独立的个性人格。因此，每位教师要想成为一位优秀的教育工作者，就必须常怀一颗不老的童心，要求学生做到的，教师必须率先垂范。只有充满教育激情的教师，才有可能培养出充满活力的学生来。年龄渐长并不可怕，更不需要感到遗憾，亮出自我，默默地鼓励自己——尽管脸上有皱纹，但我的心态时刻年轻，我还可以像风华正茂的年轻人一样，用发自内心的青春激情感召学生。

时时叩问自己是否具有青春的朝气，时时审视学生是否具有活力和生机，亲爱的老师们，你们做到了吗？

名师的高度是怎样炼就的

名师给普通教师的感觉是只能远观而不能效仿，因为他们的教育教学艺术已经达到了炉火纯青的境界。同样一篇课文，在普通教师的眼里，是多么平常，但经名师“点石成金”，顷刻之间就散发出浓浓的语文味。他们靠的究竟是什么？在我身边，就有一位名师，他已经退休了，但依然在他钟爱的小学语文教学的大道上奔忙着。最近一段时间，他正在帮助我校一位青年教师筹备参加福建省小学语文教师素养大赛的事宜，我有幸成为指导团队的一员，在与他的接触中，从他身上，我读懂了名师的高度是怎样炼就的。

一、扎扎实实打基础

这位名师的学历并不高，只有中师文化。原先我在老家跟随一位名师学习，这位名师只有初中文化，后来才进修了中师函授。但这些都没有影响他们的语文功底。他们靠什么？靠扎扎实实地夯实自己的语文“地基”。学历可以不高，但学问不可以不厚。虽然现在的信息量大得惊人，但对语文的根基——汉语知识、文学理论、文学常识、小学语文教学论、中国诗词艺术、中国儿童文学等，一名合格的语文教师必须要准确且深刻地领会。作为名师，这些内容是他们专业的基石，他们对此不仅领会了，还能融会贯通。这是一个浮躁的时代，人们所面临的诱惑太多，但他们能耐得住寂寞，沉心静气，打好语文教学的基础。有了这些厚重的学科营养，再将学习的触角延伸到其他领域，思接千载，肆意驰骋。用勤奋来弥补学历的劣势，用“真文化”来滋润热爱语文教学的心田，这是我所看到的名师的共同点。学历低不可怕，可怕的是虽然拥有高学历，但一旦进入工作角色后就停止了学习，知识的荒草在学历的后庭蔓延，高学历也有可能成为“老皇历”，那才是真正可悲之事。

二、谦谦恭恭当“人师”

我身边的名师都是谦恭之人。在教学岗位上，他们是学生的好老师；在教研岗位上，他们是一线教师的好指导老师。都说做学问先要学做人，名师不是他们自封的，而是一线教师公认的，这样的头衔是对他们最好的评价。在与这位退休名师的接触中，我发现每次开展教研活动时，当主持人介绍他是特级教师、名师名家时，他都会摆手予以拒绝：“在老师们面前，我只不过是一位早从事了些时日的老语文教师。至于特级教师，只是运气比较好罢了，那都已经是过去的事了。名师名家的称号，连季羡林那样的大家都不敢当，我何德何能沾这个无谓的‘名’字?”这绝不是谦辞，正因为他心中真这样想，他才没有被声名所累，而是知不足而后进。他常鼓励中青年教师：今日的语文教育教学研究环境已大好，只要大家能积极进取，将来的成就一定非常大。“我常在想，当年我在你们这个年龄的时候，课能上到你们这样的效果吗？我脸红了，我不能!”谦恭之情写在脸上，这是对一线教师最真诚的提携与鼓励。当然，对于一线教师在教学过程中出现的问题，他会很有艺术性又很到位地予以指出，是客观的、不含糊的指点，是以一位过来人，以一位对小学语文教育事业的钟爱者的身份，为一线教师现身说法，让每一位一线教师都能深受教益。从他的身上，我读明白了，名师一定是师生的“人师”，因为他时刻将如何做人、做一个大写的“真人”摆放在最显著的位置上。

三、认认真真做“功课”

我所接触的这位名师，不管是在他退休前还是退休后，“装备”一点儿都没有改变。他有一个手提包，包里装着水壶、教材、笔记本，还有两支笔——一支黑色的笔、一支红色的笔。听课时，你会发现，他就像一位全神贯注的小学生一样虔诚地聆听、敏锐地观察着听课现场的一切。他手中的笔在“唰唰”地划动，他的思维马达在急速地转动。黑色的笔记录的是课堂的所见所闻，红色的笔记录的是观课的即时感想与思考。即使课已经结束了，他还会静静地独坐教室一隅，抓紧时间整理刚才课堂上的零碎思绪。

我再认真观察他的两本笔记本，一本是对教材的“解读本”，一本是备课本。那一刻，我傻了眼——没想到搞教学研究的名师是这样备课的。

难怪，每次听他评课、议课时，总有一种醍醐灌顶的感觉，原来这都是名师在课前做功课的结果。细看那两本笔记本，字迹工整、端正，一如名师方正的为人。如果第二天他要来学校听课、指导，他总是要求将课题事先告知，原来他是要提前阅读并解读教材，这样到现场指导教学时，思考就会更深入，对问题的剖析就会更深刻。那一刻，我明白了——名师的绝妙视角，不是灵感乍现，而是课前充分做好“功课”的结果。

四、勤勤恳恳做笔耕

一位语文教师，必定是一位整天与文字打交道的人。一位合格的语文教师，必须在不断的实践中锻炼自身的文字水平。很难想象，一位下笔“千斤重”的教师会是一位好的语文教师。语文教师应该“君子动口又动手”。名师当然深谙此道，因为他们的大脑每天都围着语文教育教学的现状与未来进行思考，他们手头占有着大量的一线教育教学的信息，他们也在与一线教师的互动中激发出更多的教育教学的灵感火花。好记性不如烂笔头，灵感转瞬即逝，留住思索、灵感与顿悟等的最好方式莫过于文字。因此，名师们都有另外一个共同点——热爱写作、善于笔耕。写作、笔耕是教师专业发展的内在需要。对某一教学现象的剖析，通过期刊、网络等的传播，受益面就无形中扩大了，有时还可以引起对教育教学的商榷与争鸣；而这又能激发名师继续往纵深推进思考，为他们的下一阶段研究提供新契机。

一位笔耕不辍的名师，他的教育教学研究的道路一定越来越宽阔。从名师们的身上，我又读懂了——名师，是用背后的汗水与艰辛“垒砌”起来的。他们“有根、有形、有魂”，教育的生命岂能不蓬勃盎然？名师的高度，不是拔地而起的，而是积沙成塔，持之以恒，方能炼就的！

第五章

与家庭教育有关的絮语断想

家庭教育不可缺位

家庭是孩子成长的第一所学校。家庭中的长辈，特别是父母，是孩子的第一任启蒙老师。这些话大家都耳熟能详，的确，孩子的成长，不仅需要学校教育，还需要家庭教育。那种想把孩子的成长任务都交与学校完成的想法是不正确的。因为对孩子的教育，是需要学校与家庭共同协作来完成的。好的家庭教育，加上学校教育的滋养，孩子就有望成长得茁壮、喜人；若家庭教育缺位，一味依赖学校教育，教育的效果往往是不尽如人意的。

每周都会有一天轮到我当导护师。早晨、下午学生上学时，我都要到校门口站岗，检查学生进校时的仪容仪表，并与学生互致问候。有一天，正好是雨天，学生都打着伞进校，竟然有十几个孩子找我说："老师，我不会关伞，您能帮我关一下吗?"其中有一、二年级的孩子，也有三、四年级的孩子。我一一为这些孩子关了伞，但只有一两个孩子对我道了声"谢谢"，其他的孩子拿上关闭的伞头也不回就走了。望着他们远去的背影，我在想：都这么大了，连一把伞都不会关，请人家帮忙，连一句道谢的话也不说，这样的孩子长大后，动手操作能力会如何？在与人的交往中，礼仪又如何？这些难道不是家庭教育的应有之义吗？家庭教育究竟给予了孩子没有？

有这样一个孩子，从四年级起，由于父母离异，他的性格突然之间发生了很大变化，变得比较古怪与孤僻。在班级里，他容易急躁，只允许他对别人动手动脚，别人一旦"还击"，他就会拿起凳子、书包、文具盒等，不问青红皂白地扔过去。老师经常找他谈心，试图教育、感化他，但毫无见效。学校找他的家长前来沟通，刚开始，家长采用"暴力"，可这孩子拗劲十足，越打他，他越不服气。家长只好对老师说，他们也没办法，学校该怎样惩罚孩子，就怎样惩罚，他们没有意见。这是什么话？学校是教书育人的地方，怎么可能去惩罚孩子呢？连家长都对他无能为力，学校除了教育、熏陶、引领、疏导之外，还能做什么？在孩子成长的关键期，家庭教育出现缺位的话，家校的合力便无法形成，同时，对学校来说，这个孩子可能就成了一个巨大的负担。因为孩子不良的行为已经形成，就如同一颗埋在班级里的定时炸弹，随时都有“爆破”的危险。

还有一个孩子，从一年级入学起，就表现得与其他学生有点儿不同——非常好动。上课时，他是绝对坐不住的，像“自由人”一般，在班级里穿梭，一会儿工夫，他可能就钻到课桌底下，拿尺子或其他东西去捉弄别的同学，这已经严重影响了其他学生的课堂学习。老师教育他，他吼得比老师还大声，甚至冲动到要从教学楼三楼跳下去的地步。试问，学校碰到这样的孩子，对其他学生的教育能公平吗？教师每天花在这样特殊学生身上的时间有多少？班级的教学质量能有保证吗？也许你会说，找他的家长来，让家长对他严加管教。家长来了，每次质问孩子的出格行为时，孩子总是横眉冷对。孩子敢以这样的态度对待父母，在他眼里，教师的教育力量又能有几分威慑力？这就是家庭教育在孩子成长的关键期缺位的直接反映。

而那些注重家庭教育的家长教育出来的孩子，则得以健康、顺利地成长。某个星期三下午，我正在办公室里批改学生的作业，突然响起了一阵急促的电话铃声。打电话过来的是福州的一位孤寡老人，她已经退休 5 年了。10 年前，她从福利院抱养了一位脑瘫的小女孩，小女孩是 2000 年出生的，因为是脑瘫残疾者，没有学校愿意接收这个孩子，所以，老人只好自己来教她。老人以极大的耐心抚养小女孩，并教会了她学习与计算。目前，女孩的语文水平已达到小学三年级的程度，数学已达到小学四年级的水平。我们可以想见老人背后所抛洒的汗水。当然在这期间，她们也得到了社会各界爱心人士的帮助。今天老人打这个电话来，主要是要向学校反映两位学生的感人事迹。我校有两位富有爱心的学生，当他们了解到这个女孩的身世后，每人各从压岁钱里拿出 1200 元寄给了小女孩。其中有一个学生还请国庆期间在福州出差的妈妈特地去看望小女孩，而且又从压岁钱中拿出了 2000 元资助小女孩。老人说，这两位做好事的学生都没留名字，自己多方了解才知道他们的姓名和所在的学校。作为一位退休的老人，她无以为报，唯有感谢学校与家庭培养出了这样有爱心的孩子，希望学校能借助媒体好好表扬这两位好孩子。

拿着听筒的我，周身被一股暖流包围着。我想，对孩子爱心的培植，学校教育固然有功，但更重要的是得益于这两个孩子的家庭教育。我激动万分，立刻找学校领导汇报，学校马上要求这两位学生的班主任向家长了解事情的具体细节，过后再确定表彰的方式与途径。

没想到，周四上午第一节课，我正在办公室处理事务，其中一个孩子的妈妈赶来学校找我。她说，她要制止学校的宣传行为。我疑惑地问："这个时代太需要正面形象、正面报道的宣扬了。我代表学校感谢您养育了这样有爱心的好孩子。"这位妈妈说："过奖了！昨晚我一夜未眠，班主任和福州的那位老人都打来电话，跟我讲了这件事。老师，不瞒您说，当初我们做这件事，想法是非常单纯的。今年暑假，福州的那位老人带着小女孩来厦门感谢一位曾经帮助过他们的人，而我表姐恰好是这位厦门好心人的战友。表姐知道此事后，被福州这位老人的善良之举感动了，就跟我说了这件事。我当时也非常感动，心想，正好借这个机会，带自己的孩子去认识这位小姑娘，让他知道生活在有众人爱护的环境中是多么幸福的事。我只是想借机教育孩子，要多为他人奉献爱心。后来在街上又碰到了我孩子的同班同学的妈妈，和她聊起了这件事，没想到我们两人一拍即合，就一起带着孩子与福州的老人和小女孩见了面，才有了捐款的事。其实没有什么好宣扬的，我们与福州那位大爱的老人比起来，只是尽了微薄之力。我们还培养了自家孩子的爱心，这才是最重要的。学校若高调宣扬此事，可能会有人产生误解，以为我们是想借此事来标榜自己。我知道福州那位老人的用心——她认为自己无以为报，想以这种方式表达自己的心意。这一切我们心领了，建议学校还是低调处理这件事，我们不想张扬。希望学校能够理解。"我知道，她说的这一番话绝对是真诚的，是发自内心的。我不由得在心中为这位妈妈喝彩，我也为那位老人的行为而感动，听说由于小女孩的身体虚弱，一冷就会感冒，一感冒就会引起记忆力的衰退。有时一个乘法口诀前后背了五六次，但每次一感冒就全部付之东流，又得从头开始背。由此可见这位福州老人真不简单，她付出了多少心血啊！这绝非常人能及的。

从这些事例中，我们不难发现，在孩子的成长过程中，家庭教育是绝对不能缺位的。家庭教育介入得越早，跟随得越紧，家长对孩子的品行、习惯、文明礼仪、责任感、正义感等关注得越早，对孩子的点滴行为矫正、规范得越早，孩子进入学校后，在学校教育的浸染下，就会成长得越好、越快。

学校教育、家庭教育是一体化的，无论缺了哪一方面，对孩子的教育都是有缺憾的。学校不能将教育的责任全推给家庭，家庭也不能把所有的教育重担都压给学校。要想教育有成效，学校与家庭必须共同担当，任何一方都不容缺位。诚然，本文所要表达的是，在家庭教育方面，各位家长都要当有心人，尽早尽快、全面地关注孩子的为人处事、待人接物、行为习惯等的培养，而我们教师也要承担家庭教育的责任，我们也是或将是孩子的家长！

家校携手关注孩子良好习惯的养成

为什么学生在同一个班级里学习，接受同样教师的指导，学习效果却迥然不同？其中固然有天赋、天资等因素的差异，但最关键的还是学习习惯、学习态度的问题。学习态度好的学生，学习习惯必然是良好的；学习态度不好的学生，其学习习惯一定是糟糕的。据我观察发现，小学生不良的学习习惯有以下几种表现。

1. 随意散漫型。这种学生上课也好，早读、自习也好，完成家庭作业也好，全是无精打采的，随意听，随意写，写多少算多少，作业订正的事能拖就拖，能赖就赖。教师批评他，他接受，但坚决不改。这种随意的态度将学习习惯拖进了“深渊泥潭”。

2. 过分依赖型。表面看起来，这种学生是乖巧的，老师、家长让他做什么他就做什么，看起来是省心；实际上，这种学生的依赖心理严重，什么都要等着老师来布置，什么都要等着家长来检查与督促，长此以往，学生必将丧失自我，没有学习的激情与个性。

3. 应景应试型。这种学生每次的考试成绩一般还不错，但一旦考查其综合素质就会露出破绽——只会死记硬背课内知识，缺乏综合性的课外知识，是书本、教材的“知识容器”。教师教什么，他就学什么；教师不教，他就不会主动去猎取，学习的迁移能力极弱，结果往往是高分低能。

4. 无所畏惧型。这种学生对学习没有丝毫的热情，虽然每天都在课堂上正襟危坐着，但心思全不在学习上，既不做笔记，也不写作业，老师和家长教育他，他却摆出任君严刑拷打，我自守口如瓶的架势，发展到最后必定是极度厌学。

凡此种种不良的学习习惯，不一而足。我认为，作为教师，培养学生良好的学习习惯比传授知识和方法更为重要。那么，该如何培养小学生良好的学习习惯，并为学生一生的学习、生活、工作奠定坚实的基础呢？我结合自身的教育教学实践，谈一些粗浅的见解。

一、把握好首次见面，给学生与家长留下良好的第一印象

不管是接手一年级还是其他年级，教师总要与孩子有第一次见面。这首次见面就像新媳妇见公婆一样郑重。接班之前，教师要备好与学生及家长见面的“第一课”。一般而言，应从以下几方面做准备：了解每位学生的过往学习情况，特别是学习态度与学习习惯等方面的情况；了解学生的家庭教育背景；了解学生对学习课程的喜爱程度；了解以前的任课教师对学生的综合评价情况等。拿到这些资料后，教师要加以甄别分析，将学生的过往学习情况进行分门别类，特别是要为每位学生设立“赞赏点”，最好能用最短的时间记下所有学生的姓名。与学生及家长第一次见面前，教师要先准备一封给学生及家长的信，信中应对学科教学的要求与方法等进行详尽的阐述，并明确告诉学生和家长，不管学生过去的学习情况怎样，从今以后，老师将与家长一起共同为学生学力的提升服务。在学生进行自我介绍时，教师要逐个对学生的优点予以褒扬，鼓励学生扬长避短，继续前行。教师还要做好第一次家长会的“备课工作”，要将教师的教学理念与教学方式与家长沟通，征求家长的意见，并腾出专门的时间让家长发言，认真做好记录，对学生在家中的表现及家长的期待有全面的了解。这样做，学生与家长都会对教师留下美好的第一印象，今后家长与教师沟通与交流的通道将是无比畅通的，这对家校合力帮助学生养成良好的学习习惯将起到很好的促进作用。

二、适度运用训练法，逐项训练学生良好的学习习惯

学习习惯是需要培养的，而培养的重要途径是训练。训练是要讲究方法的，长期枯燥的、机械的训练势必引起学生的反感，因此，学习习惯的训练必须适度、善于变换手法，时时给学生以新鲜感，力求让学生乐意接受。同时，学习习惯的训练还应该是逐项进行的，绝不能一窝蜂似的齐上阵。以书写工整，不随意涂改，不使用涂改液、涂改带这一习惯为例，教师先从学生的正确握笔姿态、正确坐姿开始训练，每节课前抽出 5 分钟时间进行专项训练，组际比赛，过关者可以免试并负责指导暂时做得不够规范与到位的学生。接着对学生的书写成果予以表扬，请学生上台发表进步感言，鼓励学生写好汉字。每项训练前，教师要将训练项目及其目的清晰

地告知学生，使他们既是项目的参与者也是自身进步的见证者，让各项训练项目得到落实，循序渐进，最终使学生养成良好的学习习惯。

三、畅通家校沟通渠道，携手敦促学生养成良好的学习习惯

一位成熟、优秀的教师是不会随意向家长揭发学生的短处的，而总是想方设法将问题解决在校内。但这并不意味着教师不能与家长沟通。沟通是重要的，关键是沟通什么，怎么沟通，如何让沟通为促进学生养成良好的学习习惯服务。我认为，随着信息技术的发展，电脑已进入了寻常百姓家，教师除了家访、打电话等传统方式外，还可以通过班级 QQ 群，利用照相机的功能，将各个学生的课堂表现、作业完成与订正情况、课堂发言与讨论情况等“记录”下来，优秀的可当作全体学生的榜样将照片附上简要的文字说明挂在网络上，供学生效仿、学习；对某些学生暂时存在的不良习惯，可通过私聊的形式传达给家长，并给家长以适当的指导，与家长合作，共同矫正孩子的学习习惯。教师还可将一些成功的学习习惯培养案例发到网络的共享文件里，让家长借鉴学习，这也为家长之间搭建了一座即时沟通的桥梁，可以让家长互通有无、借鉴提高。

四、特别的爱给特别的学生，格外关注特殊学生的学习习惯培养

一个班级中，学生的成长不是整齐划一的，而是参差不齐的。个别特殊学生会使教师焦头烂额，但教师的职责告诫我们，必须做到“一个都不能少”，对特殊学生必须“不抛弃、不放弃”。为此，教师必须倾注更多的关爱给特殊学生。我今年新接的一个班有一位学生曾休学一年到国外进行行为习惯的矫正训练与治疗，该生记忆力差，在课堂上缺乏专注力，持续注意时间短，学习成绩很糟糕，但该生也有优点——诚实、乐于助人、慷慨大方，挺有人缘的。接手之前，家长曾就相关情况做了介绍，让我一接班便心中有数。为此，课堂上我格外关注他，经常给他机会，并“逼迫”自己力争每节课都上出趣味来，以吸引他的注意，他一有进步，我就大张旗鼓地给予表扬，对他完成作业的要求尽可能比其他学生有所降低。孩子的家长很尽心，专职在家负责矫正该生的行为习惯。中秋节前夕，孩子的家长专门给我打了一通电话，欣喜地告诉我孩子对课程有兴趣了，回家做的第一件事就是听写词语，并努力要求自己能从听写的词语中挑选出 3～4 个进行造句、写段的练习。而这在过往的学习过程中是绝对没有的。从电

话那头，我分明感受到一位家长为孩子的点滴进步所收获的喜悦。那一刻，电话这端的我默默地告诫自己——每位学生都是父母的希望，我一定要尽自己所能，让每位学生都能从良好的学习习惯中受益。

良好的学习习惯是学生终身发展的基石。我们从事教育的人，最大的责任与义务就是努力地将好习惯的种子播种进孩子幼小的心田，用汗水与智慧浇灌，精心呵护，精心培植，期冀着好习惯“落地生根”，成为孩子日后发展的重要财富。对此，我们每一位教育工作者都责无旁贷。

家庭教育要教会孩子科学经营时间

鲁迅先生曾说过，时间就像海绵里的水，只要愿挤，总还是有的。有一篇报道说，成功人士赢在何处？答案是赢在 8 小时之外。细细推敲，的确有道理。平时 8 小时内大家各司其职，努力完成本职工作，这是天经地义之事，也是每个人的职业操守使然。8 小时之外，关键就要看每个人自我的修炼了，你可以用来消闲，可以用来“充电”，可以用来享受业余生活，不一而足。也就是说，8 小时之外你的付出与你在职业或事业上的成功是成正比的。很难想象，一个业余时间全用来吹牛或聊天的人能够做出不平凡的业绩来。

在目前的教育形势下，孩子一旦进入中学，承受的学业压力一点儿也不亚于成人的工作压力。我的孩子升入初三，每天晚上基本上都要到凌晨才睡觉，因为学科作业太多。我们也理解每个学科教师的良苦用心，每位教师都希望自己所教的学科能“优生攒动，一片大好”，题海战术当然是不二选择。即使一位学科教师布置的作业不多，但那么多学科加起来，作业量就相当可观了。孩子曾对我说：“考完试后，我要做的第一件事就是好好地睡上几天觉，把长期的睡眠不足弥补过来。”是呀，小小年纪就有黑眼圈，谁见了不心疼呢?

终于，中考结束了，孩子可以美美地睡上几天安稳觉了，成绩还没出来，虽然心还悬着，但毕竟比较轻松了。过了几天，她又开始觉得无聊了，除了看看书，更多的时间给了电视与网络。我一看，这可不行，孩子怎么变得不会经营时间了？于是，我把孩子叫到跟前，问她：“在读书繁忙之时，你有那么多的计划，怎么一放假，你却变得无所适从了呢?”她抬起头，眨巴着眼睛问我：“爸，那您说怎么安排?”于是，我为她开出了这样一张日程安排表。

上午用 1 个小时背诵英语单词与阅读英语刊物；1.5 个小时阅读经典

文集。下午用 1 个小时临帖，练习书法；1～1.5 个小时运动（打羽毛球、游泳与跑步等项目交替）。每周写一篇文章，争取在相关的报刊上发表。其余时间听英文歌曲，跟唱，争取一个假期会唱 15 首左右的英文歌。为了与高中学习衔接，对数学、物理要进行为期 1 个月的适应学习，每天的学习时间控制在 2 小时左右。

时间表排出来，逼着她按要求去做，这实际是在教她如何经营时间。我也懊悔，以前不太关注对时间如何掌控的教育。还未放假时，孩子决心满满，要学这个，要学那个，真的到暑期了，又碌碌无为，让时光白白流失。这是家长的失职。因此，家长与教师都要从娃娃抓起——教育孩子要科学经营时间。

高考刚过，有关各种“高考状元”的介绍在媒体上“此起彼伏”。我研读了不同记者采写的报道，从这些出类拔萃的“高考状元”身上，我发现了一个共同的特点——他们都是会经营时间的孩子，所以他们成功了。比如，有一位被美国某重点大学录取的学生，每天要花 4 个小时准备美国高考，又要抽时间准备中国高考。虽然又苦又累，但他从科学合理的时间安排中享受到了快乐。

可见，教会学生科学合理地安排时间是非常重要且迫切的。那么，在小学阶段，该如何传递给学生时间观念、时间意识、时间效益，并让他们真正从时间的合理分配中感受收获的快乐呢？我建议，可以从以下几个方面做出努力。

一、家长、教师要当好“时间的主人”

教师、家长都是学生接触最频繁的对象，也是学生效仿的直接“样本”。家长、教师要做“时间的主人”，在孩子面前，要将时间的“经营状况”呈现给孩子，家长要尽量少应酬，尽量多与孩子在一起，要有一至两项雅致的爱好，如琴棋书画等，业余时间要花在对自身业务能力的提升上。若是经商的家长，可以多读一些国学经典，多听一些与经营艺术有关的讲座，这样，你的忙碌在孩子眼里就会变得可爱且高尚起来，孩子会明白，父母也在为自己的事业、职业夯实根基。就教师而言，除了要认真完成教育教学工作外，还要腾出业余时间进行学习——学习专业理论、学习名家名师的教学艺术、学习班级管理技巧等，进行教师基本功的操练——练语音、练朗读、练歌唱、练书法、练口才、练写作等，对教育教学进行思考——思考教育教学的得失、思考教育教学方略等。教师要经常向学生展现自己的才华，并告诉学生：这些都是老师科学合理运用8小时以外时间的所得，只要你也这样做了，收效也一样丰盈。

二、课内、课外要用好“时间的长度”

一天只有24小时，对任何人都是一样的。孩子正处在长身体的黄金时段，不能以牺牲孩子的睡眠为代价来提高学业成绩，这是与素质教育相悖的做法。我所在的地区有一所中学，在这一点上就做得非常好：每天下午5：20准时放学，教师绝不拖堂。中午，学生愿意留在学校的，可以做作业，有不懂的问题可以随时向老师请教。这样，学生就可以在学校完成部分作业。晚上，学生不超过10：30睡觉，有效地保证了学生的睡眠时间。该校学生的高考成绩也相当不错，学生的压力相对其他学校要小很多。

由此，我得到这样的启示：题海战术不是提高学生学业成绩的法宝，关键在教师的课堂教学效益。教师在课堂上的时间效度直接影响着学生的学习效率。教师要精心备课，要讲、议、悟、练合理搭配，有效提高课堂教学质量，不能靠多做题、多拖堂来“恶补”，结果不但耗体力还耗脑力。只有将课堂时间长度巧妙“延长”，才能提高学生的学习效率。

同时，建议小学开设自习课，腾出时间给学生自主学习，可以做作业，可以探讨问题，可以请教师辅导，让学生在学校就能将大部分作业完成，这样回家后用来做作业的时间便大大缩短了。

三、时间安排要求“扶放结合”

对于周末与寒暑假的时间，教师应与家长积极沟通、相互合作，为不同的孩子“量体裁衣”。先请学生在家长的协助下，制订出比较符合自身实际的时间安排账本，并写出具体的执行措施，请家长监督。然后，教师将学生的时间安排账本收上来逐份审阅，提出修改建议，并请学生在班上交流如何合理安排时间、如何对时间的安排进行监督。假期结束后，要请家长在孩子的时间安排账本上写上意见，并且要求学生在全班展示自己的时间安排账本——成果可以多样化，不拘一格地展示，这种展现既是交流，更是促进，可以让先进带动后进，使学生共同感受时间经营的“神奇效应”。

由起初教师与家长的扶持，到渐渐放手，学生由被动利用时间渐渐地发展到主动运用时间，这个过程实质上也是孩子成长的过程。

对于每个人来说，时间长度是一样的，但经营以后，这个“长度”就会开始发生量变直至质变。我们相信，一位真正懂得经营时间的人，他的每一天都会是充盈与丰沛的。只要家长与教师真诚携手、热忱付出、竭力指导，孩子就一定能从时间的经营中攫取丰厚的“利润”，受益终身。

家庭教育要上好感恩课

国庆长假里，一天傍晚，我与妻子一起去万石植物园爬山锻炼。行至半山腰，迎面来了一对母女，那女孩是我前两年教过的一位学生，她个头高大，头发蓬松，在女孩中属于身材比较“剽悍”的一类。原以为她应该会对我说一声“老师好”的，因为才两年时光，我还不至于变得判若两人。我望向她，明显感觉她的目光也在扫向我，但那句期盼的“老师好”始终没有响起。我低着头继续向前走，加快脚步来掩饰我当时的尴尬。我不敢向妻子挑明——刚才经过的那个女孩是我教过的学生。我在脑海里搜索与她相处的一幕幕——我曾多次辅导过她的习作，曾多次在班上请她朗诵自己的习作，还曾请她代表班级参加语文知识竞赛……

我们教师这样尽心尽责地培养学生，但当学生离开学校后，在路上偶遇老师时，难道连一句“老师好”都舍不得说吗？我在心底替那位学生“辩护”过，可能是她视力不好，也可能是我穿得过于休闲，她一时半会儿没有认出我来。但这些都被那个擦肩而过的声音所否定——当我低头往前迈步时，我清楚地听见那个女孩对她妈妈说：“刚才过去的那个男的是我的小学语文老师。”

此情此景，我只能自嘲地在心中发出一声叹息：“老师啊，你当得好窝囊！”

刚入教师这一行时，我曾听老教师感慨道：“我们教师是挂在墙上的蓑衣。有需要时，学生当你是蓑衣；不需要时，人家也可以对你视而不见。特别是小学教师，我们仅在为学生打地基。学生未来的人生、事业的大厦建筑起来了，他们首先要感谢的是高中、大学的老师，我们‘小’字辈的只能靠边站。”

对此，当时我并没有放在心上。后来，在教师行业中干的时间渐渐长了，我又有了一种新体悟：小时候淘气、顽皮的，被老师批评得多的孩子，长大后对老师倒显得尊重；那些小时候被老师“罩”着、捧着，将一切荣誉归于一身的孩子，长大后对老师的感情却比较淡漠；那些“中层阶级”——处于学业中游的学生，毕业后很长时间总是呈“销声匿迹”状。

将这些镜头串接起来审视，我的心中不禁生起阵阵悲凉——为什么我们绞尽脑汁、千辛万苦培养出来的学生，连最起码的感恩心都没有呢？感恩真的就那么难吗？我们的教育究竟在哪个环节上出了问题？这是我遭遇“被冷淡”事件后的一系列追问。

记得我小时候曾在小学语文课本中学过一篇《吃水不忘挖井人》的文章，至今记忆犹新。这是一篇教育孩子不忘感恩的文章。我们之所以能喝到甘甜清冽的井水，都是挖井人奉献的结果。就算我们不认识挖井人，也应该将这份感恩之心存于心间。其实在现行的小学语文教材中，也不乏此类感恩题材的文章，如《七颗钻石》《峨眉道上》《师恩难忘》等。可问题是，教师在教授完这些文章之后，在真实生活中，学生为何对实践感恩还是这般无动于衷呢？

说到这里，我不由得又想起了一件事。一位美籍华裔学生来厦门日报社实习，恰逢中国高考期间，她看到了很不能理解的一幕幕。在某考场门口，不少家长用车送孩子到考场，当孩子从车厢里下来时，很少有孩子主动向父母道谢，倒是父母忙不迭地交代这嘱咐那的，孩子却以一副麻木的表情应对，留给家长一个冷漠的背影。在采访手记中，那位学生写道：“这种现象在美国是绝不容许的，家长会勒令孩子必须向父母道谢。难道连几秒钟的道谢时间都挤不出来吗？”

表面上，美国父母似乎是在向孩子索要感恩回报，但往深处探究，其实不然，他们是在强制中促使孩子养成一种感恩习惯。感恩，是人与人交往的基础，懂得感恩，会增强融洽感，有利于社会、家庭、团队等的和谐与团结，意义深远。这也就难怪国外要设立“感恩节”了。将感恩定为一个重大节日，足见国外对感恩教育的重视程度。

我们的教育有短板，而且是致命的短板。我们还囿于学业中而不能自拔，高分依然是学校、家庭的共同追求，而感恩教育恰恰被忽视了，是感恩教育的缺失使我们的学生变得有些麻木不仁了。

鉴于此，感恩教育应该如何来实施呢？我认为学校与家庭必须紧密携手，共同为孩子上好感恩教育课。

一、学校应开发感恩教育校本课程

学校拥有一定的校本课程开发的弹性空间，这是学校发展自我特色的机会。我曾到一所名校参观，该校的办学目标给人留下了深刻的印象——“爱·感恩·阳光”。这三个关键词构成了该校培养学生的目标指向：让学生在学校的教育下，成为一个有爱心、懂感恩、心态阳光的学生。这与当下不少学校宏观但不着边际的办学目标形成了鲜明的对比。更难能可贵的是，该校的课程设置也紧紧围绕办学目标展开。

因此，要解决目前学生感恩意识淡薄的问题，首先必须从校本课程设计上着手，把感恩父母、感恩长辈、感恩教师、感恩友谊、感恩亲情、感恩帮助过自己的人、感恩困难、感恩对手、感恩竞争、感恩逆境等有机地融入课程，用校本课程来推进感恩教育，进而将感恩意识烙印在孩子的心坎上。

二、学校应以行为训练强化学生“感恩回报”

我们经常会看到一些世界500强企业在企业文化的建设上下足了功夫。他们注重抓员工的行为训练。比如，让员工到大马路上对着陌生人进行鞠躬问候等的礼仪强化训练，甚至要求必须鞠躬成90度，最终形成了一种微笑问候的习惯。

我们虽然不提倡索要回报，但必须培养学生的感恩之心。建议学校设立“校园感恩节”，像“校园体育节”“校园艺术节”“校园科技节”“校园读书节”等一样，成为校园节日的一个重要组成部分，时间长度可以为3～4个星期，通过“感恩剧会演”“感恩卡设计”“感恩歌词创作”等活动，在校园内掀起感恩教育热潮。

同时，学校要像抓学生的礼仪文明一样抓感恩教育，从学生入校开始到离校回家，每位教师都要关注学生的“感恩回报”——你收到老师批阅的作业，要对老师说“谢谢”；老师为你“导优辅差”，要对老师说“辛苦了”；老师帮助你改正了一个错误，要对老师说“您的帮助我永不忘”……从言语与行为上时时刻刻强化，让“时时不忘感恩”真真切切地落到实处。

三、家庭教育应与学校推行的感恩教育合拍

每个家庭都希望自己的孩子是个懂得感恩的人，感恩教育应该从娃娃抓起。家庭应该紧密配合学校，共同为感恩教育的常态化、有效化服务，同样应该重视抓学生感恩行为的强化训练。像教师在学校要求学生“感恩回报”的做法一样，在家庭里，家长也应要求孩子对家长有行为上的“感恩回报”，可以是话语式的，也可以是行动式的，如为爸爸妈妈捶捶背、送上一杯香茗、送上甜美的微笑等，以感谢父母的辛劳付出。家长也要同样感恩孩子，并给孩子一个温暖的拥抱，以赞赏、激励的形式使感恩成为孩子的一种习惯。

在教育孩子懂得感恩，以实际行动回报的同时，家长、教师其实也会受到一种无形的教育。可以说，我们在引领孩子接受感恩教育的时候，我们自身也在接受着同样的感恩教育。教育者与被教育者同步接受教育，这样的教育功效显然是有助于社会与家庭的和谐的。我们每一位教育工作者理应担当起实施感恩教育的责任，把每一个孩子都培养成具有感恩之心的人。

家庭教育应不忽视细节

一代孩子有一代孩子的思想，一代孩子有一代孩子的喜怒哀乐。虽然我们教师都学过心理学，但走出校门后，我们的心理学知识并没有跟上时代的节拍，没有“刷新”心理学的知识界面，使得我们“库存”的心理学知识无法应对新时期少年儿童心理发展的脚步。教师有这样的窘迫，家长们更有这方面的无奈。

今天晚上，当地部队的一位首长请学校行政干部用餐，该首长是上校军衔，领兵数万人，可以说是部队中呼风唤雨的人物。他有一个女儿在我校读五年级。在席间，他谈起了女儿的几件事，引起了我们这些教师的深度思考。

他平时工作比较繁忙，长年待在部队里，与孩子聚少离多，难得与孩子见上一面。一见面，更多的是过问孩子学习上的事：“作业写完了吗?”“最近考试成绩怎么样?”“有没有多看书?”“别光顾着玩，快去学习!”……仿佛除了学习，再也无法找到合适的话题。有时放假，孩子来到部队，他也是一个劲儿地催促孩子学习。有一天，他的女儿终于忍无可忍，“火山爆发”了，与他展开了激烈的辩论。女儿问他：“您眼里只有学习，除此之外还有其他的吗? 您知道我喜欢什么，不喜欢什么吗?”见他无言以对，女儿接着“申诉”：“在学校里，大家都在学习，难得课间一小会儿可以玩儿，但老师有时也抓得紧，与同学聊天的时间很少。难得与您见面，一见面您就问我的学习情况。难道除了学习，我们就没有其他话题可聊了吗? 学校老师也提倡快乐学习，可在我看来，这一点儿也不快乐啊!”

那一刻，这位上校有点惊诧了。女儿已经有自己的思想了，不能再用以往自己父母对待自己的那一套来要求孩子了。而且孩子说得对，快乐是第一位的，失去了快乐，学习是难以持久的。于是，他郑重地向女儿道了歉。

又有一天，他女儿很郑重地与他探讨一个问题：“爸爸，您觉得是您的童年幸福还是我的童年幸福?”他不假思索地说:“当然是你的童年比较幸福!瞧瞧你现在要什么有什么,多少人围着你转,爸爸妈妈、爷爷奶奶、姥爷姥姥……你接受的爱太多太多!”女儿眨巴着大眼睛望着他,严肃地说:“爸爸,您说错了!我真想出生在二十世纪六七十年代,那时还没有实行计划生育,一家子都有好几个孩子,父母忙,没有那么多时间管孩子,孩子多幸福,愿意做什么就做什么。哪像我现在,做什么都在你们的眼皮底下,一点儿都不自由!对了,爸爸,我还听说,曾经有一个家庭,家里有11个兄弟姐妹,父母哪里管得过来,只有晚上睡觉时,母亲才会去数孩子的脚丫子,看看有没有22只脚,齐了就说明孩子都回来了。我真希望自己就出生在那个年代,多自在啊!”这一番话令上校目瞪口呆。这就是新时期的少年儿童,他们有见地、敢表达,也敢“抗争”。

上校在部队可以“军令如山”,可以“呼风唤雨”,但在女儿面前,就“军威失效”了。从人文角度来看,孩子“抗争”意识的增强,体现出孩子懂得对自身生命价值的尊重。“我真希望自己就出生在那个年代,多自在啊!”从成人的角度来看,我们会认为这是孩子不思进取的想法。但孩子的世界并不等同于成人的世界,他们要求的只是属于自己玩耍的时空。一旦成人“霸道”地予以剥夺,新时期的孩子就会“揭竿而起”,争取属于自己的权利。

此时,我们成人要降低自己的高度,平视甚至是俯视孩子,要敞开心怀,想想自己童年时的渴盼,再来审视当下孩子的学习环境,为他们努力争取自由、快乐的精神而高兴。若成人一味地将自己的主观意识强加给孩子,不顾及孩子的现实需求,成人与孩子之间的隔阂便会由此产生,所谓的“代沟”也就应运而生,从而导致成人与孩子之间的关系恶化,其教育效果必定会大打折扣。

因此,不管是教师还是家长,为了教育好孩子,培养孩子的良好心智,就既要关注孩子的学业与学习习惯,更需关注孩子自主发展的空间,要懂得体察新时期孩子的心理世界,不该“堵塞视听”,应经常聆听孩子的真实声音,多学习,多更新自己的心理学知识,尊重孩子的意愿,放下架子,真心实意地与孩子交流,近距离甚至是零距离地了解孩子的生活状态,抓住机会,巧妙纠偏。

唯有这样,为师者、为人父母者才能贴近孩子,让教育变得更平易近人、更美丽动人。

家庭教育的“放”与“收”

周末，我常在一条新修的木栈道上散步，每回都会碰见两个小男孩，约莫三四岁光景，没有家长跟随。两个小家伙自由地在木栈道上拔草、揪树叶、互相追逐等，有时也会跑到沙堆上玩沙子，弄得全身上下脏兮兮的。在城市里能这样“放养”的实属少见。再看看那两个男孩玩得不亦乐乎，看得出来，那是一种真实的快乐与满足。

我也常看见不少家长带着孩子在木栈道上玩耍，那些家长大多是紧跟着，采用的是篮球场上“紧逼盯人”的做法，孩子稍微离开自己一点，喊声便会刺耳地响起。

将这些镜头、场景串联在一起，我不由地想到了一对矛盾的词语——“放”与“收”。我们的教育该如何“放”与“收”，并努力做到收放自如呢？一味地“放”，孩子的灵性得到了释放，但孩子对潜在的危机并没有深刻的领悟，容易发生意外；一味地“收”，孩子的潜在危机减少了，但孩子的灵性、童趣等受到了压抑。作为家长、教师，我们是不是对孩子未来的一切都安排妥当才能放心呢？孩子的未来，家长、教师能安排吗？教育该怎样才能做到收放自如呢？

一、正确理解真爱孩子的内涵

什么是真爱孩子？首先应教会孩子拥有一颗慈善、仁爱的心灵，以善良的心看世界，对待世间万物。其次，应教会孩子与人合作，拒绝以自我为中心，必须让孩子明白，即使一个人再有本事，再有能耐，与集体、团队比起来，个体的力量也是微乎其微的。再次，应教会孩子与人分享，“独乐乐不如众乐乐”，分享应从娃娃开始做起，有好吃的、好玩的，家长要让孩子与长辈分享，不能据为己有，并即时地把掌声和“大拇指”送给孩子，在孩子幼小的心灵里种植乐于分享的小苗。

家长与教师要明确一点：孩子的未来需要自己去开创，孩子未来的幸福需要自己去寻找。家长、教师都不可能陪伴孩子一辈子。雏鹰只有经得住艰苦的历练，才有望展翅飞翔、搏击长空。同理，家长就算给孩子一座金山，孩子也会有坐吃山空的一天。真爱孩子，不是为孩子留下尽可能多的物质财富。古人云：“赐子千金，不如教子一艺。”对于家长而言，这“一艺”就是孩子面对生活的积极态度和遭遇挫折时的勇气等品质；对于教师而言，这“一艺”就是孩子学习和生活的能力。孩子能够从家庭教育和学校教育中获取未来可持续发展的方法，并在实践中加以运用，这样进入社会后就能做到“以不变应万变”。

二、要有敢于放手的胆魄

孩子迟早是要独立的，家长与教师不能将孩子紧紧地攥在手里。管理学上有“放手”的说法，就是说管理者要舍得放权，不要事必躬亲，要知道，一个人的能力再强，也不可能代替所有的人做事。会管理、善于管理的人，一定是敢于放手的，所谓“疑人不用，用人不疑”。同理，家长、教师也要有敢于放手的胆魄，要相信孩子，别把孩子看成“花瓶”，时时处处都精心呵护。举个例子，有的家长、教师对孩子的作业和功课盯得很紧，一有错，家长、教师就立即指出，久而久之，孩子就会不知不觉地形成一种强烈的依赖性。在这种情况下，孩子并没有掌握正确的学习方法，也没有形成良好的学习习惯。我的班上就有一个孩子，父母忙于生意，无暇顾及孩子，就把孩子全托在“安心班”里，孩子的作业、功课全仰仗“安心班”老师的辅导，平时孩子的作业全是“A”，正确率极高，但一到正式考试时，孩子的错误率又极高，与作业情况大相径庭。了解之后才知道，孩子平时的作业答案都是“安心班”老师告诉的。后来，“安心班”老师也发现了问题的严重性，不再直截了当地宣布答案了。孩子一时做不出来，就开始耍性子，让“安心班”老师讲答案。可以预见，随着年级的升高，这种依赖心理只会导致孩子在学业上越来越被动、越来越吃力。这不是真爱，而是一种“谋害”，将孩子的独立自主性扼杀了，一旦形成依赖心理，想要纠偏就回天乏术了。

三、要有放之有致的策略

放手，不是一味地放任，任其自生自灭，而是要有一定的策略。孩子的一些技能绝非天生具备，而是在后天的实践、体验中获得的。因此，家长、教师除了要具有放手的胆魄外，更应注意采用放之有致的策略。

1. “放”在兴致高涨处。兴致高涨时，孩子的身心处于放松状态，一切均以兴趣为重。此时，孩子的学习热情、对知识的接纳程度都处于较高点。此时，家长与教师就要放手，多给孩子一点时空，让他们多实践、多体验，在实践与体验中掌握学习方法。比如，要培养孩子的英语语感，就要给孩子创设英语学习的语境，播放孩子喜闻乐见的英文版动画片，以有趣、滑稽的镜头、语言刺激孩子的视觉和听觉神经，在孩子兴致高涨时，放手让纯正的英语氛围包围孩子。

2. “放”在失败挫折处。有尝试就必然有失败，有失败就必然有挫折感。都说现在的孩子抗挫折能力“疲软”，其实是家长、教师没有给予孩子体验挫折的机会。孩子考试失利了，竞赛落榜了，将老师、家长布置的工作搞砸了……面对这样的失败与挫折，教师、家长不要指责，而应采用“视而不见”的方法，让孩子“冷却处理”——教给孩子反思的方法，让孩子回顾整个过程，分析失败、挫折产生的缘由，再独立思考或找家长、教师共同商榷改进之法。对于孩子想得不周全的地方，教师、家长要有针对性地加以指导。放手让孩子自己去尝试解决问题，这种由教训累积起来的“财富”，是一味给予所无法提供的。

3. “放”在常态定式处。不管是学习还是生活，家长、教师的角色定位都是引路人。凡事都有第一次，对这样的第一次，教师、家长要大胆示范，让孩子跟着学与做。如订正作业、摘录课堂笔记等，开始阶段教师、家长要多引带。一旦形成常态定式后，教师、家长就要有“退居二线”的意识，让孩子自由变通、实践。例如，家长浏览一遍孩子完成的作业后，告诉孩子，本次作业他共错了几道题，给他多长的时间，让他依靠自己的能力寻找、发现与订正错误。订正要用另一种颜色的笔，保留原错误处，并将错误处与正确答案抄录在错题订正本上，以备考试复习之用。

四、要有收束有序的能力

单纯地放手，有时难免会让孩子“撒野”。家长与教师在对待孩子的教育问题上，不能只有“放”，还必须要有“收”的时候。比如，孩子在室外玩耍，必须是在安全、有序的前提下进行。我们可以给孩子圈定一定的活动范围。如果孩子“违规”出界了，就可能会出现危险，这时怎么办？既然孩子没有按照“约法三章”的条款执行，此刻，家长、教师就要收权了，明确告诉孩子，现在他不能再到室外去玩耍了，要好好地反省，究竟错在哪里，等孩子想明白了，家长再考虑放权。

当孩子的行为习惯、生活习惯、学习习惯出现偏差时，家长与教师要及时地介入。在孩子萌生不良习惯时，家长、教师要适时地关注、引导、教育，必要时可采取训练的手段。例如，有些孩子在做广播操时有敷衍了事的嫌疑，动作做得不到位或不规范，此时，教师绝不可听之任之，而要让这些“破坏规矩者”重新做一遍操，还做不好的，可以再要求其做第三遍，什么时候做好了，什么时候归队，以强化训练来培养孩子的良好习惯。又如，有的孩子作业书写潦草，教师绝不能不闻不问，必须及时地要求其重写，一遍不行再写第二遍，直到书写工整为止。

总之，对孩子的教育，要适度地讲究放手，也要适时地讲求介入，及时地收束，注重纠偏，这样不仅可以张扬孩子的灵性，还能培养孩子的良好习惯，让他们成为张扬而不跋扈、自信而不自负、规范而不拘泥的新生代孩子。这才是我们教育者应该努力追求的目标。

家庭教育应帮助孩子摆脱依赖

不久前，我看了一档电视节目《让爱做主》，那一期说的是一位准空姐在学习期间交了一个外国男朋友，为了爱，她想抛弃学业跟随男友到国外去。作为家中的独生女，母亲视女儿为生命，舍不得让她离开。于是，女儿与母亲围绕着这场涉外恋爱产生了尖锐的矛盾。现场的嘉宾唇枪舌剑，对这件事众说纷纭。在节目现场，母亲泪如雨下，一直恳求女儿不要离开。节目最后，那位女儿选择了母亲，决定留在国内继续求学。

不久前，我读到一位学生写的周记，题目叫《又到月圆时节》。内容写的是该生的婶婆育有一子，已读到了博士。婶婆本想让儿子赶快成家立业，可儿子还想继续读博士后，于是选择到国外留学。中秋月圆之夜，看到各家各户其乐融融，想到自己的孩子还在海外漂泊，婶婆的心里有着说不出的痛——辛辛苦苦地把孩子养大了，却不在自己身边，每年只是在过年时回家小住数日，更多时候是分离。婶婆说，早知道这样，还不如不让他读这么多书，留在身边随便找个工作，该多好啊！

不少父母既想让自己的子女学业、事业有成，又想让他们留在自己身边，但现实总是难以两全其美。这样的社会问题是不可避免的。你看，中国有多少“空巢老人”，他们的子女都在为生活、事业在外面拼搏着。自古“忠孝不能两全”，孩子应该要有自己的天地，所谓“好男儿志在四方”说的也是这个道理。拴住孩子，不让孩子展翅飞翔，绝不是上策。

我有一位朋友，几年前就已经事业有成了，经济基础好了，为孩子创造了很好的就学条件。但事与愿违，在蜜罐里泡大的孩子显然不知苦为何滋味，只会追求物质享受，不爱用功，学业成绩不佳。好不容易读到了高一，学习压力更大，他感到苦不堪言，于是产生了去澳大利亚留学的想法。于是，从高二开始，他就停课学雅思，可是考了四次雅思，都不合格。怎么办？先办手续，到国外去读语言学校，再参加那边的考试。然而，这样的学习态度，到了国外，他能适应学校生活吗？在家时，每天的一日三餐、换洗衣物等全都是由家人与保姆承担的，一个人到了国外，他能适应吗？

后来，孩子终于出国了。今年国庆，澳大利亚那边放小长假，他回来了。他父亲约我和家人晚上一起用餐，大家聚聚聊聊。我也很期待：一年时间没看见这个孩子了，他到底变得怎样了。于是，我们兴致勃勃地前去赴约。到了酒店门口，孩子与他父亲一同前来迎接我们。一年不见，孩子的个头长了不少，身板笔挺，帅气十足，一见面就笑吟吟地向我问好，还为我的孩子准备了见面礼。我的孩子笑着嘀咕道：“没想到还记得给我带礼物啊！”的确，这是一个大变化。以前，这个孩子只会以自我为中心，如今却变得绅士多了。席间，我问他对今后的大学择校有什么构想。他想了想说，要先努力把高中的课程学好，修好规定的学分，而后最好找一两所公办的大学考考，他可不想念什么“野鸡大学”。从交谈中，我发现，对于自己未来的规划，他心中有一本明账。这个变化着实令人惊叹。

由此可以看出，孩子要想成长，首先必须摆脱对父母的依赖。

一、父母要真正相信孩子

很多父母有一个通病——在自己心目中，孩子永远都是孩子，若一直以这样的视角看孩子，就很“霸道”地“剥夺”了孩子成长的权利。什么都是父母拿主意，什么都以父母的意志为主，就难以将孩子摆放在一个平等的位置上对话。父母总是觉得孩子小，凡事都要大包大揽，表面看起来是在爱孩子，实质上是在“谋害”孩子。在孩子的世界里，父母往往不能平等地看待孩子，父母所做的一切只是自己的一厢情愿，并非孩子内心深处的真实渴望。于是，劳心劳神的父母虽然付出了很多，但并没有得到孩子的认同。特别是随着年龄的增长，父母与孩子之间产生的矛盾就会越来越多，隔阂就会越来越深。这吃力不讨好的结局都源自父母不相信孩子。父母要做的，就是以平视的视角来看待孩子，给孩子平等交流的机会。

二、父母要学会“独立”

有了孩子之后，很多父母都被孩子“绑架”了，一切都围绕着孩子转，孩子就是自己的“太阳”。很多父母总想为孩子安排好一切，都希望父辈们吃的苦、遭的罪不要再落在下一代的身上，因此，我们的下一代就在养尊处优中成长。然而，对于这种优越的环境与条件，孩子却不懂感激，反而认为是父母应该提供的。于是，孩子在家里享受一切，又在学校里盲目攀比，让父母满足他们的种种要求。孩子变得缺乏感恩心了，不懂得珍惜父母用诚实劳动辛辛苦苦得来的东西。

其实，父母用这种方式爱孩子是一种错误。在维系亲情的同时，别忘了，孩子不是父母的“私有财产”，他们是社会人，最终是要融入社会的。孩子是独立的个体，要想让孩子成长后能较快、较好地融入社会，就应在家庭生活中培养孩子的独立意识，并教会孩子待人接物、为人处世等方方面面的能力。要让孩子有独立性，父母就要做到自己真的能离得开孩子，不让孩子将自己“绑架”，这样，真到了孩子独自去闯荡世界时，父母就不会那么失落了。

三、父母要舍得放手

爱孩子，期盼孩子长大后有出息、有作为，父母就要真正舍得放手。“花盆里长不出参天树，庭院里跑不出千里马”，一直将孩子拴在身边，孩子就会像一只一直不敢去经历断翅折磨的鹰一样，永远无法翱翔蓝天，也永远体会不到飞翔的快乐。

孩子应该有属于自己的生活方式，父母替代不了孩子的成长，就算真为孩子安排好了一切，试问这样的安排是否符合孩子真正的需求？脚下的路，必须自己去踩踏才能坚实。有的父母总觉得孩子小，独立做事不行。不要小看我们的孩子，你没放手试过，怎么知道他不行？

爱孩子，就从培养孩子的独立性和自主性，让孩子摆脱对父母、老师的依赖开始吧。但请记住，这并不代表家长与教师可以“退休”，相反，我们的责任与义务将更重，因为家长与教师要扮演好人生导师的角色，尽自己所能全力担当，让摆脱依赖后的孩子个个信心满怀、激情飞扬、快乐成长！

家庭教育要帮助孩子克服优越感

我的女儿今年考上了湖南省的一所“211”大学，由于年龄偏小，去大学报到时，我与妻子一同送她。这所大学原本在长沙市区，环境、设施等都不错。只是，暑期里，学校对二十世纪四五十年代的校舍进行维护、装修时，却发现有些宿舍楼被定位为危楼，只好拆掉重建。于是，学校决定女儿这一届的文学院与商学院到郊区的张公岭校区借读一个学年。那个校区规模小，又位于比较偏僻的地方。女儿的宿舍被安排在地下室，八个人一间，房间小而局促，而且信号不好，无法上网。说实话，看到宿舍的条件与设施后，我与妻子的心里真不是滋味。

但女儿说，来学校之前，她已经有了一定的思想准备，既来之，则安之。我与妻子鼓励孩子，要学会坚强，一切往好的方面想，就一年的时间克服一下，明年就可以搬回本部了，这也算是一种生活体验吧。国庆节，妻子去了一趟学校。妻子问女儿：“这样的条件，你们是怎么过的？”女儿自豪地说：“我们宿舍的八个人相处得很和谐。因为无法上网，大家就经常聊天，聊各自生活中的趣事。肚子饿了，大家拿出家乡带来的美食，开一个小型的品尝会。周末大家去超市买点好吃的东西，晚上举办‘自助餐’活动。大家以苦为乐，不亦乐乎。大家都说，条件虽然苦，但这是天降大任于斯人也，正是读书的好时候。晚上，我们一起到图书馆阅读，熄灯后回宿舍聊天，一天的生活很有规律。渐渐地，大家都习惯了。”

女儿也经常向在其他高校读书的高中同学“吐槽”。令她感慨的是，她的一位同学考到了台湾的一所高校，住宿条件非常好，三个人一间，有冰箱，能上网，有热水器。我女儿对此特别羡慕。但那位同学发出了这样的感叹：“这里虽然住宿条件好，但我很孤单，宿舍里的同学之间平时很少交流，大家都当‘低头族’，都活在各自的虚拟空间里。现在才知道，寂寞、孤独原来是这么令人难受啊！”

了解到这些，女儿释然了。原来这八个人一间的狭隘宿舍也有独特的长处——宿舍也是小社会，在艰苦的条件里，可以培养自己与他人的相处之道，可以感受分享与分担的快乐，可以体验没有网络的日子，可以抛开杂念，专心读“圣贤书”。从某种意义上说，这是好事，这一段经历对成长而言，是弥足珍贵的。

我们常说，现在的孩子太幸福了，他们生活在蜜罐里，不知苦滋味，也不懂感恩；他们以自我为中心，以满足自己的需求为重点；他们不懂得顾及他人的感受；他们娇生惯养，动手能力有限；他们不够宽容，凡事爱计较；他们不懂合作……这些毛病在我女儿身上多多少少都有。可是，在那样的环境中生活一个月，她开始懂得给家人打电话了，开始体会到在家的幸福了，开始懂得为宿舍的成员服务了，也开始懂得为需要帮助的同学提供帮助了……这都是喜人的变化。我们要相信孩子，孩子终归是要离开父母，独自去闯荡的。到高校求学，实际上也是在接触与适应社会。有时想想，条件艰苦不见得是坏事，俗话说，“穷人的孩子早当家”，逆境能磨砺人的意志，环境能造就人，虽然女儿的宿舍条件不是很好，但她学会了团结，学会了互助，学会了和谐相处，学会了乐观豁达……试问，这一切在安逸优越的条件中能学会吗？因此，从这个层面上来看，我觉得还应感谢这一段经历，是这段经历促进了女儿的快速成长。

随着“再苦不能苦孩子”口号的深入人心，随着生活条件的日益改善与提高，多数孩子，特别是城市里的孩子，家庭条件都不错。像我所在的学校，父母为机关干部、企业主管等的孩子较多，应该说条件优越的家庭居多。在这种情况下，我发现一个奇怪的现象——往往家庭条件越优越，孩子的学业成绩反而越逊色，孩子身上的不良习气越多。这是为什么呢？其实道理很简单，孩子觉得自己家不缺钱，自己要什么没有得不到满足的，书读得多、读得好，也没什么作用，什么事都可以靠钱摆平。于是，在小学，有学生出钱请人写作业、请人当值日生、请人投自己的票……这些孩子的家长虽然也重视教育，但很少过问孩子的学校生活，因为他们工作繁忙，往往把教育的责任“下移”给家教或培训机构。由于“学业至上”，品行教育缺位，造成了恶性循环，因此影响了这些孩子的健康成长。

有时，优越的条件反倒会成为孩子成长的“绊脚石”。在生活条件日益提高的今天，学校与家庭都要适度地营造一些让学生吃苦的氛围。譬如，鼓励学生当好值日生，打扫校园卫生；鼓励家离学校两千米以内的学生每周1～2次走路上学；鼓励学生帮家人做家务，如洗衣物、鞋袜、碗筷等；有条件的学校或家庭，可以组织孩子去感受农家生活，到田地里劳作，感受“粒粒皆辛苦”的真实场景……给孩子提供一些吃苦的机会，不是不爱孩子，而是在以另一种方式培养孩子的意志，是让孩子受益一辈子的好事。

孩子是未来的希望，孩子属于家庭，更属于社会与国家。教育孩子是一项综合且浩大的工程。对此，学校与家庭要放开眼量看世界，在优越的条件下，制造吃苦的机会，磨炼砥砺孩子，让孩子从小就经得起风雨的洗礼！

关注“富二代”“富三代”的教育难题

东南沿海地区经济较为发达，在改革开放的大好春风中，有一部分人先富起来了，有些家族企业越做越大，甚至在胡润富豪榜上“金榜题名”。这是好事，可喜可贺。上一辈开创事业，为下一辈甚至是隔辈创造了优越的生活条件，于是，“富二代”“富三代”就应运而生了。

上一辈总想让小辈接受最好的教育，竭尽全力将孩子送到最好的学校就读。因此，我们的教育无法回避“富二代”“富三代”的受教育问题。由于生活上的养尊处优、百般娇惯，这一特殊人群在受教育过程中对教育提出了严峻的挑战。

在我所教授的班级中就有好几个这样的孩子，都是教育中比较“棘手”的主儿。

一、特殊人群难教育的原因剖析

1. 脾气大多比较暴烈。小时候在家里集万千宠爱于一身，要风得风，要雨得雨，稍不如愿，就“火山大爆发”。家长往往选择迁就，以息事宁人。于是，习惯成自然，禀性难移了。到了求学年龄，脾气不但不见收敛，反而变本加厉。

2. 以自我为中心。这是这一特殊人群的共同特点——唯我独尊，我行我素，认为一切都应顺应自己，稍不如意，就大肆撒野。

3. 监护人“渎职”。这些特殊人群的父母往往忙于打拼事业，常见的做法是，给孩子选择一所当地一流的学校，把孩子寄托在“安心班”里，让别人替自己管教孩子，家庭教育严重缺失。在培养孩子良好习惯的关键时期，作为监护人的父母却“渎职”了，给这一特殊人群的教育带来了诸多的麻烦。

4. 金钱至上观严重。可能是耳濡目染的缘故，这些孩子认为家里有钱，什么事都可以依靠金钱解决，内心深处总有一个声音：“我的爸爸、我的爷爷没读过多少书，他们的生意依旧做得风生云起，我又何必那么辛苦地学习呢？反正家里的一切都是我的!”在这种思想的作祟下，他们也就不拿学习当回事儿了。

5. 家庭教育方法单一。当教师与这些孩子的家长沟通，希望他们能对孩子进行一定的教育时，他们采用的教育方法无非两种：一种是把孩子痛打一顿，希望借助“暴力”解决一切；第二种是不痛不痒地批评几句，再“扣发”适当的钱款，以示惩戒。这两种方式都是“短视行为”，无法产生实效。

二、特殊人群的校园学习生活场景回放

仔细观察这一特殊群体，你会发现，他们的优越感明显，与周围同学的关系并不融洽，因为他们的脾性往往是喜怒无常的，所以与同学的摩擦就在所难免了。

场景一：

H 同学是个典型的“富三代”。一天，学校组织期末考试，他姗姗来迟，气呼呼地进入教室，把书包乱扔在一边，搬动桌椅时发出刺耳的声音。考试时，他只写了两题，就趴在桌子上不写了。监考老师走过去，好心提醒他赶快写，他却冷冷地说：“不会写，没心情!”事后，我找到他，问他是怎么回事，他说：“我妈答应我要买新电脑，可她说话不算话，我就要用差成绩来气气她!”竟然拿自己的学习成绩来斗气，为什么会出现这样的状况？显然是家庭教育存在问题，随着孩子年龄的增长，要想扭转局面，难上加难。我曾问他：“你这样对待学习，有没有想过以后要干什么?”他想都没想，脱口而出：“跟我爷爷、我爸爸做生意，反正家里开公司!”“读书无用论”在 H 同学身上表露无遗。

场景二：

最近一段时间来，H 同学火爆的脾气越来越明显了，动不动就与同学发生冲突，向同学发火。体育课上，体育老师讲解完要领后，让学生进行器械练习，他与一位同学在器械分配上产生了矛盾，不问青红皂白，举起拳头就往那位同学身上砸去，还将那位同学撞倒在地，并骑在那位同学身上。体育老师及时制止，可 H 同学不依不饶，还恶狠狠地说：“你等着，

我还会揍你的，大不了赔你几个钱，反正我家也不缺钱！”

场景三：

F同学的家境也非常优越。他被寄放在一家“安心班”，每两周才回家与家长见一次面。有一回，在写一篇《我当了________以后》的习作时，该同学一开篇就说：“我最羡慕、最敬佩的就是我的爸爸妈妈，他们的事业做得很大，公司里的员工个个对他们毕恭毕敬，我最大的愿望就是当像爸爸妈妈那样的大老板，很威风，很有钱，很受人敬仰。我当了老板以后，我要请人好好收拾那些曾经欺负过我的人，让他们全都到我的公司里来打扫厕所。”

该生的学习成绩也不敢恭维，错别字满天飞。每次留他订正作业，他总是“死皮赖脸”地跑过来说：“老师，我累，您更累。再说了，学习这种事，只要马马虎虎就可以了，不必太认真！”这说明什么？说明家庭教育在孩子幼小的心灵上已经刻下了不良的印痕。在这种情况下，把孩子推给学校教育，学校教育又能转变什么？学校教育绝不是“灵丹妙药”，还需要家庭教育的协同配合啊！

三、面对难题学校教育该怎么做

既然“富二代”“富三代”的教育难题已经出现了，学校就应尽最大的努力去感化、教化这些特殊的教育对象。几天前，我曾批阅到我班一位学生写的一篇习作，题目叫《折翅的天使》，这位学生的观点是，班级里一些学习成绩不佳、行为习惯不良的孩子，是上帝派来平衡班级的，试想，若每个班级的所有孩子都很听话，那这个班级也就失去了特色与光彩；如果说每个孩子都是上帝派往人间的天使，那么那些孩子就可以说是“折翅的天使”，让我们大家共同把翅膀扶正、安好。

读完这篇学生的习作，我很受震撼，这就是孩子眼中所期待的教育——教育是促进，是激发，是矫正，是帮扶……这些“折翅的天使”在家庭教育方面“营养不良”，作为教师，就要想方设法地为家长补上这重要的一课——让家长懂得，自己要通过言传身教，在思维、人格与情操上给孩子以引领。

对“折翅的天使”，教育起来的确费心费力，但教师绝不能轻言放弃，而是要用教育工作者的良知与道义，担当起矫正、促进的责任与义务，要经常找这些学生谈心，告诉他们，一个人来到这个世界，是一种幸运，更是一种责任，我们要为世界创造价值。如果一味享受父辈、祖辈给予我们的一切，那与寄生虫有何不同？我们应感谢家人为我们营造如此好的环境，更应该珍惜当下，以比常人更多的努力回馈家人，只有把人生的基础工程打扎实了，长大后才能接过家人的衣钵，将事业做得越来越大，更多地奉献社会。

对于这些特殊的教育对象，教师一定要有十足的耐心，要学会延缓教育，通过平时的观察，掌握这些学生的脾性，像中医诊断那样——问闻望切，寻找教育的“好方子”，不厌其烦地展开教育攻势，让这部分学生明白，教师的目光始终停留在自己身上，要想不被“追踪”，最好的办法就是遵规守纪，才能尽快“获得解放”。教师要善于激励这部分学生，多为他们提供一些为班级服务的机会，让他们有一种被人信赖的温暖感，让他们品味到受人肯定的欢愉。

教育是漫长的，教育是艰辛的，教育是琐碎的……俗话说，办法总比困难多。“富二代”“富三代”的确给教育带来了一定的困难，但只要教育的信念长存，教育的良知常在，学校就有望在自己的能力范围内做出无愧于心的事业来。

家校应合力培养孩子健全的心智

2006年秋，我新接手了一个班级，担任这个班级的语文教师。在一节语文课上，一位圆脸、留着蘑菇头的小女生Y引起了我的注意。那天，我教的是《孔子和学生》这篇课文。课堂上，我与学生一同探究从“子夏问学”一事中可以看出孔子与学生子夏各有什么特点，根据学生的回答，我写出了“不耻下问”一词来概括子夏的学习品质。这时Y同学马上举手质疑：“老师，我觉得这个词用得不妥，子夏是孔子的学生，怎么能用‘下问’呢?”我一惊，仔细打量着这位扑闪着大眼睛的女孩，她说得对，我之前却一直都没有发现。我示意她坐下，马上将子夏的求学品质更正为“好问善思”，我看见Y同学满意地笑了。

也就是从那一刻起，聪颖的Y同学引起了我的关注。从这节语文课上，我看到了新课程理念下的孩子敢想敢说，敢挑战权威，因此才会出现这样可喜的课堂景观。

有一天，我在教室走廊里碰到Y同学，就与她闲聊。我问：“通过一个多月的接触，你对我的语文教学有什么看法?”她想了想，说：“老师，您在布置语文作业时，总是把写的作业安排在前面，而把读与背的作业安排在后面，这样做会影响同学们完成作业的质量。我建议老师您调整一下顺序。”好家伙，一下子戳到了我的“软肋”，这个小姑娘不可小觑。顿了顿，她又说：“老师，我知道您有时爱板着脸孔给我们上课，为的是想树立权威，让我们都能遵守纪律，服从您的管理。但那样会压抑课堂气氛，使一些同学不敢发言。所以我建议老师您天天带着微笑进课堂。”多么率真的女孩，把一个多月来对我的“意见”毫不客气地“兜”了出来，全然不给我“面子”。不过也好，我需要这样的孩子成为我教学行为的“镜子”。

又过了差不多半个月光景，语文课代表告诉我，在欠交作业的学生中有Y同学。我立马找到她询问，她说作业做好了，只是忘了带到学校。由于之前她给我留下了很好的印象，所以我没有深究，而是让她第二天带来补交。谁知，从那过后，她竟有一段时间不交《语文课课通》作业，问她，她说丢了，可同学从她的书包里找到了这本书。这下我紧张了，这个孩子竟然能做到说谎脸不红心不跳！我第一次把她“请”到了办公室。我问她原因，她竟一下子哭了，向我“大倒苦水”：“在家里，妈妈对我很严格。三年级前我的作业与考试成绩都是A，可这一学期我的语文作业上竟出现了B，我不敢拿给妈妈看，所以不敢在家里做语文作业。”看她哭得很伤心，我也就不便再说什么，叫她利用下课与放学后的时间，把欠缺的语文作业补上。临出办公室时，她还一再央求我不要把今天的谈话内容告诉她妈妈，我答应了，但前提是必须做语文作业。我遵守了诺言，没有把那天的谈话告诉她妈妈，但我打了一个电话，与她妈妈沟通，说孩子上四年级了，有些题目的难度会比较高，孩子在作业中会出现一些问题，我会利用自习课的时间进行集体讲评。言下之意是让她对孩子的成绩看得稍微淡些，而多关注孩子的心智健康。

又过了一周，Y同学上交语文作业的情况好转了一些，但我在抽背她的课文背诵时，她竟然都不会。这下我可慌了，我又“召见”了她。她的眼泪夺眶而出：“老师，我实在是没有时间。周一至周末，我的时间被安排得满满的。我要练书法，要学剑桥英语，要学奥数，真的没有时间背诵课文。老师，我真的好苦啊！”我问：“你有没有把自己的想法与妈妈沟通？”她无奈地摇头道：“沟通了，没用。她认为如果我不抓紧学习，就会被社会淘汰。”

看来她与母亲之间的确存在着沟通与信任的危机。

我马上通过电话与她妈妈再次交流，她妈妈告诉我，听说自己的女儿欠交作业，语文成绩跌入低谷，她感到十分震惊。对孩子她抱着很大的期待，但她与丈夫对孩子成绩一贯看得不重。孩子与她的沟通一直是畅通的，家里给孩子创设的学习氛围是宽松的。

这本是一个聪颖且有见地的女孩，可在自己的学习出现问题时只一味强调是妈妈的责任，全然不认为学习是自己的事情。Y同学出现的状况至少表明她的心智有不健康的倾向，这也暴露出学校与家庭在培养孩子的健康人格方面存在着缺位。虽然学校也一直在强调“德育为先”“人人都是德育工作者”，可实际效果令人担忧。家庭教育依然把重心放在孩子的学业上，只要学习好，其他方面均可以忽略不计，这是一种可怕的观念。不能“立人”，“立学”又有什么意义呢？孩子的心智健康才是第一位的。在Y同学事件中，我检讨自己：对她的问题发现得不及时，还未能找到有效的解决途径，家庭与学校在培养孩子的健康心智上形成的合力几乎是零，甚至是负数。这种“缺钙”首先影响的是孩子的诚信。“人无信不立”，学校与家庭应该好好地给孩子补上这一课。

我期待着自己与Y同学的家长能在对此事的处理上找到一个切入点，用Y同学所能接受的形式，帮助她正视自己的问题，在老师与家长的爱的沐浴下，使她的心智能尽快地“康复”，还未来一个真诚、阳光、上进的女孩。

第六章

与学生成长有关的遐思

世间最醇香的是童真

都说孩子的世界是一片绚烂，都说孩子的天空是一片湛蓝，都说孩子的眼睛是一片纯净，都说孩子的心灵是一片无瑕之地……这些说法我都赞同。今天我所看到的一幕，让我对孩童世界又有了新的发现。

今天是星期四，轮到我导护。所谓“导护师”的任务是课间与放学时间在学校的各“要道”进行“纠察”，督促学生养成文明的行为习惯。我所导护的“地盘”是底层庭院的二年级学生的活动区域。有一位长得虎头虎脑的小男生抱着一个篮球，他的周围簇拥着七八个小伙伴，看样子应该是来自同一个班级的同学。小男生正在挑选一同游戏的人员，这引起了我的注意，我想看看他们是怎样来划分“势力范围”的？突然，那位抱着篮球的小男生瞪大了眼睛，很不客气地对人群中的一位伙伴说：“我不想和你一起玩，请你离开。”也许他们之间曾有过一些不愉快的摩擦，或是出于别的原因。我不动声色，静观“下文”。那位“被剥夺玩球权”的男生噘着嘴，怏怏地立在一旁。双方的人选终于敲定了，场地上没有篮筐，他们玩的是行进中传球的游戏。虽然没有章法，但孩子们全场追逐，兴致颇高。“你的技术太臭了，我不想和你同队!”说这话的依旧是那位“有球一族”的男生。于是比赛暂停，双方的人员又一次进行了调整，那位“技术过烂”的男生被无情地“刷”出局。“你过来，虽然我不喜欢你，但你的技术好一点，替换他，跟我一队。”抱球的小男生再次发出“指令”，他是对之前“被剥夺玩球权”的男生说的……

短短的课间十分钟，围绕着一个球，竟有这么“有趣”的“一进一出”。我们暂时抛开那位“有球一族”男生的有些不讲理不说，我从他的语言中，感受到的是孩子的率真：他们喜欢就说喜欢，不喜欢就说不喜欢，要跟你玩就说“你来玩”，不跟你玩就不客气地请你“出局”……没有成人世界的世故与虚伪，有的是明确的立场和明朗化的态度，说一不二。

我伫立在庭院的廊道上，脑海里回放着刚才的情形，我竟有点羡慕起这样的人际关系来。这是何其单纯的世界——透彻且一目了然。现代人一直喊“活得累”，我个人认为，这种累，除了生活与工作上的压力外，还有人际交往上的累，实质上是“心累”。在工作中，我们难免要去揣摩领导的意图、看法，要去在乎同事的态度、评价，要去思考既能迎合别人又能不得罪别人的语言……只要是生活在红尘中的人，就多多少少要落入这样的“俗套”，不可幸免。我不禁问自己：为何在我们的成人世界里再也找寻不到像孩童天地那般的率真和纯粹呢？

说到这里，我的心中不由得产生了一个新疑问：教育本是“根”的事业，要提升的是孩子各个方面的素质，当然也包括他们的秉性。然而，为何随着年龄的增长、学识的增加，学生的率真并没有与他们所接受的教育成正比，反而渐渐消失殆尽呢？这难道不是教育的悲哀吗？原本那么简单的人际关系，却为何在社会的大舞台上越演绎越复杂呢？这到底是谁的错？“见人只说三分话”“防人之心不可无”……这些人们耳熟能详的俗话，不就在教人要在人际交往中设置“防火墙”吗？

也许你会说，这只限于成人之间的“设防”，成人与孩子之间应该不存在这样的问题。真是这样的吗？作为教育工作者，请你扪心自问：你真的向你的学生开诚布公了吗？很多教师一直在对学生说，“我会客观公正地对待每一个孩子，会像爱自己的孩子一样爱你们”，可事实上，真正能这样做的人是微乎其微的。反思一下自我后，你还敢说自己对孩子真诚吗？教师是学生的镜子，原本那么纯净的孩子，进入校园、踏入社会以后，变得不再纯净与透明了，变得圆滑与世故了，这难道跟我们的教育没有关系吗？不，我们难脱干系！

虽然我们对改变复杂的人际环境无能为力，但至少我们可以在孩子还在“纯净水”中浸泡的岁月里，用我们教育者的坦荡、博大与孩子“赤膊相见”，在这宝贵的黄金时间里，让孩子感受我们的诚意，接纳我们、信任我们，尽我们的绵薄之力去延长孩子的纯真岁月，用孩子的明眸来涤荡我们的心灵污垢。让师生在互动交往中，相互影响，相互“催化”，在校园的圣洁殿堂里，生成率真的“氧吧”，给各自的心灵“补氧”吧！

别让“心花”枯萎

今天，我在改孩子的周记。当我改到《哭泣的贺卡》一文时，我的心陡然收紧了。

这是我班的一位女生写的一篇周记。国庆小长假她回了趟老家，在与其表姐聊天时听说了这样一件事：表姐从一年级起就有一种习惯，每当节日时，她都会亲手为老师制作贺卡，送给老师聊表心意。表姐今年上六年级，国庆前夕，她照常给老师送了亲手制作的贺卡。结果，一位老师丢下了一连串冷冰冰的话语：“今天又不是教师节，怎么突然想起要给我送贺卡？再说了，你这贺卡真不怎么样，没看我正忙着，要么放到我桌上，要么马上扔进垃圾桶去。学习不怎么样，倒会跟老师套近乎。你要是能多考几分，我可比什么都高兴。快毕业了，你是不是想用这种方式来获得我的印象分呢？……”表姐说，那一刻，她的脸红到了脖子根，默默地退出老师的办公室，将那张耗费心思制作的贺卡揉皱，丢入了垃圾桶，并在心底发誓，今后绝不再做这样的傻事，再也不会让贺卡“哭泣”了。说到这里，表姐的眼眶发红，眼泪在眼眶里打转。她说，前两任班主任接到贺卡时，一位很欣慰地接过，并真诚地表示感谢，还将贺卡压入了办公桌的玻璃下；另一位郑重地接过，放进了抽屉里。没想到这位老师竟是以这种方式“接受”贺卡的。

批阅至此，我的心里十分难受。我班的这位女生在周记中这样写道：“这是一位怎样的老师？是不是因为孩子的礼物太轻，看不入眼？所送的礼物一定是要价格昂贵的吗？老师，您太伤一个孩子的心了。贺卡哭了，我表姐的心也在哭，而且很伤心、很伤心！”

这是孩子的指责，是正确的指责。虽然我班这位女生写的是她表姐的老师，但作为同行，我读着这样的文字，犹如芒刺在背。我想起几年前还有一位学生在作文中写到类似的一件事：有一次，他到老师的办公室取作业，无意间看到自己送给老师的一张贺卡竟被当作杯垫，贺卡上已经有了一圈茶垢印痕。那一刻，孩子的心里也同样是冰凉冰凉的。

不管是孩子手绘的还是购买的，每一张贺卡都记录着孩子对老师的一片真情。在孩子眼里，一张贺卡承载的是自己对老师的无限敬意，有些不好意思说出口的感恩的话语，可以借助贺卡用文字加以传达。在老师的眼中，若从实用价值考量，贺卡的确是不值一提的，但其纪念意义重于泰山。能够得到孩子的惦记，能够获得孩子的祝福，对教师来说，这是一种无上的荣耀。

女孩周记里所提的那位教师为何会有那样的异常反应呢？我想大概出于这样几个原因：戴着“有色眼镜”看学生，学生平时的学习成绩不好，老师不高兴，现在刚好有了这样一个批评的机会；太势利，认为贺卡是一文不值的，还不如学生多考几分为老师“撑场面”来得更实在。

老师逞了一时的口舌之快，却让孩子尊师爱师之心枯萎了，这是最可怕的事情。我不禁审视自己：曾犯过类似的“低级错误”吗？在孩子面前有过有损教师形象的言行吗？是不是只关注孩子的学业，对那些成绩不好、习惯不好的学生，总是横眉冷对呢？

教育，是由无数细节凝聚而成的系统工程。“教育无小事，事事皆教育。”对这句话，教育者们都耳熟能详。但在真正落实中，就会发现忽视者还真不少。教师一时的口舌之快，可能在不经意间伤害了孩子稚嫩的心灵。教育，需要教育者率先垂范，以身作则。赢得孩子尊重的前提是教育者必须先尊重孩子。既然选择了教育，就应该以教育者的良知、道义、操守来严格要求自己，要努力做到以下几点。

1. 以天使的眼光看待每一位孩子。西方有句谚语，叫“每个孩子都是上帝派来的天使”。天使在人间，洒向人间都是爱。教育，就是用爱呼唤爱、用爱交换爱、用爱激发爱的过程。每个孩子都有不断超越自我的潜能，每个孩子都有可能成为社会的天使。这就需要教育者从一开始就以天使的目标来给孩子以期待，宽容天使的暂时迷失，引领天使快乐成长。

2. 慎于言，敏于行。教师应该成为语言专家，对要说出口的话语，一定要先三思而后言。要悉心呵护孩子的纯真心灵，不说偏激的话语，不说伤害学生自尊的言语。对教育契机要敏感，能够及时捕捉，瞬间酝酿，巧妙布局，积极引导。教师应成为教育活动的首席策划者与设计师，使无痕教育、温情教育、感动教育等成为现实。

3. 淡物欲，重境界。教师职业决定着教师应该是精神世界的富裕者，而不能以浓重的物质化来体现教师的职业价值。建议每位教师空出一两个抽屉，珍藏孩子用童真写就的贺卡、书信，分门别类，长期保存，以此作为自身在职业发展生涯中的动力，将一届又一届孩子的祝福与感谢化成不断前行的力量。一位教师要想在职业上有所建树，就必须拥有一定的境界——让自己的精神家园姹紫嫣红、枝繁叶茂，用感恩的心回馈孩子对老师的挚爱之情。

别让孩子的“心花”枯萎。孩子是未来的希望，让我们一同手执爱的喷水壶，浇注孩子爱的花蕾，让每一朵“心花”都绽放出最甜美的笑靥。

期待是一种幸福的滋味

教师最大的幸福莫过于学生能在自己的培养下茁壮成长。教师首先应关注的是学生的德育成长，其次才是智育的发展。作为一位小学教师，年轻气盛时，当学生用一些鸡毛蒜皮的小事来烦扰你时，你的心情必定是愁闷的，对学生的回应往往是不冷不热的，有时甚至是简单粗暴的。随着年龄的增长，特别是为人父母之后，面对自己孩子的教育问题时，才知道，正因为孩子在很多方面不成熟，才需要我们来领航、导向。此时的心态与心境就大不一样了。对待孩子需要解决的问题，教师必须妥善、及时地处理。

目前我所教学的这个班，是我从四年级起开始带的，已经经过了一年半的“磨合期”了，我虽然不是班主任，但对这个班的孩子很上心，经常指导孩子订正作业，或对个别行为习惯、学习状态有偏差的孩子进行教育。我对孩子要求比较严格，又不苟言笑，因此，孩子们对我比较敬畏。但一到课堂上，我就会以自己对语文的热爱之情点燃孩子们的语文学习激情，孩子们渐渐地爱上了我的语文课。有好几位家长通过邮件或电话表示对我的感谢，他们说，孩子原先比较害怕上语文课，觉得语文没意思，但我接手这个班级后，孩子在饭桌上与家长聊得最多的就是语文课堂上的事，现在回家写的第一项作业便是语文，看到孩子对语文有这么浓厚的兴趣，他们打心眼儿里感到高兴。

对于大部分小学生来说，语文学习中最头疼的是习作。记得我刚接这个班时，第一次要求学生在40分钟内完成一篇课内习作，结果有近一半的学生完成不了，有些孩子交给我的“见面礼”还不到200字。而在我的引导下，特别是我经常“下水”与孩子一起写作文，我经常将自己的习作展示出来与学生分享，并诚恳地要求学生为我的作文“挑刺”后，孩子们的习作热情空前高涨。渐渐地，有孩子会从网络上收集我的作品，把它们放到自己的博客上，还细心地为我的文章编号。当他们发现某一期刊网站上又有我发表的习作时，他们会比我还高兴，并及时地向全班同学发布这一消息。我也开始尝试写些童话、语文知识辅导类的文章，并投递给相关的报刊。孩子们对这类作品很感兴趣，还会与我一同探讨“连载童话”的思路。我并没有强制要求学生必须怎样热爱习作，必须怎样让自己的习作水平提升上来，但受到我的榜样力量的感召，孩子们都在以我为榜样，也有孩子在暗地里下决心要超越我。于是，习作课与讲评课成了孩子们最期盼的课，每天都在追着我问：“老师，我们什么时候开始写课内作文?”“老师，我上一篇习作写得怎么样?”……

可喜的变化源自我的真诚期待。我不想用大道理或空洞的说教去引导学生。我坚信教育是一项“慢”工程，只要教师用真心、真情浇灌，孩子总会有“山花烂漫”的那一天。

于是，我的语文课变得更开放了，我把早读的时间充分利用起来，每周的周一、周三、周五的早晨，只要没有公事，我必定在 7：40 准时出现在教室里，与孩子们一起诵读。不用我“三令五申”地要求学生必须早到，凡是想在早读课上多吸纳点语文给养的孩子，全都能够自觉地早到学校。这就是期待的力量，孩子早到校进行晨读的习惯就这样逐渐地形成了。

在我的语文课堂上，我开始变得“多样”起来了，有时我故意显出“弱势”的窘迫，期冀着学生“拯救”，孩子在我创设的情境下，自信之光开始熠熠闪亮。与孩子一起诵读古文时，对有些生僻字我一时半会儿想不起来怎么读时，我会真诚地寻求学生的帮助，并向学生真诚地道一声“谢谢”。原来教师也不是无所不知的，教师也有“露馅儿”的时候，但这并不损害教师在学生心目中的形象，反而会让学生觉得教师更为亲切。教师的适时“示弱”，给了孩子更多表现的机会，于是，我们班的孩子变得成熟了，变得大气了。不久前，我在全市上了一节语文阅读公开示范课，前来听课的老师有 300 多人，进了多功能教室，我正在做课前准备，此时一位同学来到我身边，轻轻地对我说：“王老师，加油！我相信您是最棒的!”那一刻，我备感温暖：多聪慧的孩子，居然用我平时鼓励他们的话语来为我加油打气！期待中，孩子传递给我的是甜蜜的幸福。

期待，真的是美丽的！在今天的语文课上，学生又给了我未曾“预约”的精彩，让我再度被震撼。今天下午，我教授了一篇略读课文《青山处处埋忠骨》。课前我已让学生预习了课文，所以在黑板上写下课文标题后，我就问孩子们：“知道这句话的下半句吗？”孩子们齐答：“何须马革裹尸还！”我接着问：“能说说这句话的意思吗？”一位孩子说：“英雄到处都可以埋葬自己的躯体。”又一位学生接着说：“不需要用马革包裹着尸首回家。”“那从这句话中你们能感受到什么？”我紧追不舍地问。孩子们沉默了一会儿，接着陈弘毅同学举手了：“老师，我觉得这句话既有点悲凉又有点豪迈！”我心中暗喜，多好的体悟啊！“能说得具体一点吗？”我刨根问底。“您看上半句，英雄没有落叶归根，让任意一处青山埋葬自己的忠魂，这有些凄凉；从后半句中我读出了英雄的豪迈之气，既然战死疆场了，就无须马革裹尸回乡了。”“是啊！孩子们，你们的理解和体会真到位，这是对英雄的赞誉，读来令人肃然起敬，这句话既悲壮，更有万丈豪情！能把这种理解用朗读表现出来吗？”此刻，学生的朗读就有了一定的基础。

临近下课时，当我要求学生一起来朗读描写毛主席惊闻岸英在朝鲜战场殉职的电文时的动作、神态的语段时，傅逸舟同学举手问道：“老师，我发现了一个问题。”“什么问题？”我尊重他的独特发现，将发言权赋予了他。他说：“您看这句‘岸英是主席最心爱的长子’，请问，主席有几位长子？只有一位！这句话应该改为‘岸英是主席最心爱的儿子’。”我一惊，好小子，居然有向教材指瑕的勇气，而且说得有理有据——长子只能有一个，孩子的这种理解完全是有道理的。这就像我们平常的改错句“我是父母唯一的独生子”一样，独生子就是唯一的，何须这样叠加表达呢？然而，这个句子按原文表述来看，从句子成分分析的角度来读，也是对的——岸英是长子，作者在长子前添加了一个修饰语——主席最心爱的。从我们成人的角度来看，原句也是可行的，但容易产生歧义，要想避免产生歧义，还是应该采纳学生的意见，于是，我大加赞赏，并建议学生将热烈的掌声送给傅逸舟同学。我清楚地看到，他的脸上溢满了自豪之情。这是学生在课堂上带给我的惊喜，也是我在温情的期待中收获的一份快乐。孩子的发现多么细致入微，孩子的发现多么令人惊叹！

有人说，教师不可太能干，能干就喜欢“越俎代庖”，进而剥夺学生发言或自主探索的权利，不利于学生的学习和成长。教育是容不得急性子的，而需要像文火熬中药那样，能用一颗期待的心去熬制。期待，是一种智慧；期待，是一种谋略；期待，更是一种幸福的滋味。

教育应讲究真实有效

“千教万教教人求真，千学万学学做真人”，对这句话，所有的教育者都耳熟能详。学校之所以被称为“圣殿”“象牙塔”，是因为学校是一块没有受到世俗污染的净土。当然，这只是理想化的“乌托邦”。学校在办学过程中，在目前的体制下，受到各方面的制约还是很多的，学校自主办学的愿景还是比较渺茫的。

作为学校中重要的人力资源，教师对学校的建设与发展起着至关重要的作用。只有每位教师都自觉遵守职业规范与职业操守，以一颗赤诚的、火热的、为学生未来健康发展考虑的心从事教育教学工作，教育教学工作才有望得到“绿色”发展。然而，现实状况并非如此，单拿教师参加教育教学比赛一项来说，就能从中发现很多的问题。

镜头一：为了参赛，教师“停课闹革命”

学校往往会集中“重点兵力”全力支持参赛教师。说得功利些，学校需要教师参赛获奖来撑台面，从表面看起来这是无可厚非的。对于参赛教师来说，能拥有这样的机会也十分难得，并不是所有的一线教师都有这样的机会，成功了，自己不但能扬名立万，而且职称、待遇等也会立马水涨船高。由于这么多的利害关系交织在一起，于是，学校与教研团队、参赛教师都高度重视，有时学校甚至还会给教研组、教师个人下达所谓的“参赛指标”——必须获得什么样的奖次，压力可谓不小。

为了让参赛教师腾出更多的时间与精力来准备，学校采用的往往是请代课教师、请同组教师代课等形式来“消化”参赛教师的课务，若参赛教师担任班主任，学校还要派出专人顶替。站在参赛教师的角度看，这的确是为参赛教师着想——毕竟能静下心来，抛开与学生有关的繁杂事务，专心准备赛事；对于教师同伴而言，能为参赛教师做些力所能及的事，也是在为学校做贡献。然而，我们并没有站在学生的角度上来看这个问题，学生及其家长不禁会问：“有这个必要吗?”教师的天职就是做好教书育人工作，为何仅仅为了一项赛事，就影响到正常的教育教学工作？若是这样的话，这样那样的教师职业技能竞赛又有什么意义呢？为了一桩赛事，有时候一位教师对一个班级课务的影响可能是一个月，甚至更长时间，今天请这位老师代课，明天请那位老师代课，学生的作业得不到及时的批阅与订正，试问，这样对学生的教育公平吗?

镜头二：为了求“笼络”，教师“搞不正之风”

现在教师参与各种教学赛事的机会越来越多，主办方活动组织也越来越频繁，这迎合了教师评先晋职等“硬件”的需求。为了体现比赛的公平公正，许多教学赛事采用的是到异地异校“借班上课”的做法。当然，组委会会给参赛教师提供与学生提前见面的机会，虽然时间不会太多，但参赛教师都是聪明伶俐之人，会通过各种途径向原任课教师、学生“示好”——施以一定的好处。最常见的是给每位学生送上一些小礼物，以表示自己的诚意，“礼”外之意是希望学生在正式比赛时能不遗余力地积极配合自己的教学。表面看来，参赛教师是在以亲和友善的面目与学生见面、接触，但往深里思索——这是为人师表者应有的举止吗？与学生一道学习，与学生一道分享学习成果，这是最纯粹的事，是教师与学生每天都要面对与经历的事，有必要弄成有功利色彩的活动吗？这是在教人求真吗？这是在教学生搞不正之风。我们不禁要发问：“有这个必要吗?”

镜头三：为了求圆满，学生无奈“被礼貌”

每次在大型的公开课或现场教学赛事上，经常会看到这样的一幕——课上完了，教师总不忘说这样一番话：“孩子们，课已经结束了，谢谢同学们与我一道完成了这节课的教学，谢谢你们的配合！底下听课的老师也很辛苦，让我们转过身向他们道声‘谢谢’吧!”于是，学生全都听话地回身点头致谢。没错，教育教学应教会学生讲文明、讲礼貌。但参赛教师与学生一同在这样大场合的教学现场中共同演绎了教与学的交互过程，并将这一过程具体、清晰地呈现在各位听课教师面前，为广大教师研究教学、反思教学提供了翔实、直观的案例。照理说，应该是听课教师先向参赛教师与学生送上热情的掌声，那时参赛教师和学生就会情不自禁地回转身向鼓掌的听课教师致谢，一切都应是下意识的、自然的，不应需要任何指令。这样的场面才是和谐的。一旦“被礼貌”，学生的表现一定是机械与木讷的，不是发自内心的真诚的礼貌，而是皮笑肉不笑的虚伪。试问，这样的“被礼貌”有必要吗？

以上我列举的几个问题，为什么会出现在教育教学实践中呢？根源在于教师自身的认识与理解出现了偏差。教师忽略了教育教学最重要的原则——一切以学生的发展为重。由于教师只有体现自身价值的欲望，造成了教育教学“目中无人”的情况出现，这是犯了教育教学的大忌。试问，没有学生，教育教学还有存在的意义吗？教师个人的价值应该是通过学生的发展程度来体现的。换句话说，教师的职业价值应该也只有通过学生的发展情况来反映。

教育教学是“细”工程，更是“长”工程，无法在短周期内体现出价值。因此，教育教学是没有投机取巧的捷径可走的。从事教育教学事业是艰辛的，只有教师付出无尽的心力与智慧，教育教学才有望结出甜美的硕果。教师在开展教育教学活动的每个进程中，都要始终多问自己一句——这样的安排有必要吗？有利于促进学生“绿色发展”的就坚持，对学生的可持续发展没有意义的就要毫不留情地去掉。

多问几个“有必要吗”，相信我们的教育教学活动会变得更加简洁、扼要，留更多的时空给有益的教育教学活动，也许会少些“好看”，但真实有效才是教育教学的追求！

练就一双慧眼，拥有一颗慧心

英国银行协会每年都组织一个培训班，课程为期两周，目的是帮助银行职员识别假钞。这个培训班的教学方法与众不同。在培训的两个星期里，学员们一张假钞也没摸过，训练时用的都是真钞，上课时讲解的也都是真钞的特点。不接触假钞，怎么能识别它们呢？很多人对这项培训的有效性产生过怀疑。银行系统也对受训职员和上过其他假钞识别课的职员进行过跟踪调查，统计结果表明，受了这种培训的职员比接受其他假钞识别培训的职员对假钞的识别能力要强得多。这种方法成功的秘诀是什么呢？专家们解释说，受训时学员摸到、看到的全是真钞，通过反复接触，他们的手指、眼睛习惯了真钞的感觉，虽然对假钞的特征一无所知，但他们在日后的工作中一旦遇到假钞，他们就会感到非常不习惯，潜意识里能感到这不是真钞。

我不禁叹服于该银行协会培训课程的睿智：辨假不用假，真入人心，假为真时终难成。辨别是非和识别假钞是一样的道理。当你心中只有真诚之念，当你交往的朋友都是高尚之士，当你的所做所为全是善良之举时，真善美就会变成你的一部分。到那时，任何假恶丑都逃不过你的眼睛。

于是，我将此事与我们从事的教育工作联系了起来。众所周知，教育是一门艺术，需要教师的慧心“加盟”。那么，教师的慧心来源于何处呢？英国银行协会的培训课程已经给了我们一个明确的答案——教师的慧心来自慧眼的“扫描”与“诊断反馈”。

也许有人会说，我们每天都要面对很多学生，他们各不相同、麻烦不断，哪里有功夫去练什么慧眼，只要学生都能顺利毕业就谢天谢地了。这种认识是狭隘的。我们的教育关乎学生的人生发展，若你每天都带着不良心态步入教学讲坛，你就难免看什么都不顺眼，你也有可能受思维定式的影响，处理学生之间的摩擦时会凭印象与情绪办事，这样的后果是，你在学生心目中的形象就会大打折扣，也会降低学生对你的信任感。因此，作为一位教育工作者，首先必须练就一双会明辨是非、能及时捕捉教育信息、能读懂学生心理的慧眼。

如何练就慧眼？首先，要拥有赏识所有学生的博大胸怀。这是至关重要的，有了这样的胸怀，在你的眼里，每位学生都是可爱的，每位学生都是可造之材。当你将充满慈爱的目光、发自内心真诚的微笑抛撒给教室里的每一个孩子时，你给他们带来的将是和煦的春光，教室会因你的到来而春意盎然。

其次，要学会观察，要能洞察学生的一切。这里的“一切”，指的是学生在校园里的一切活动。发现学生的良好行为时，要大张旗鼓地宣扬；发现学生出现不良行为的苗头时，要及时“熄灭”；发现学生出现头疼脑热时，要及时关爱；发现学生有情绪波动时，要立马“抚平”……

再次，要善于吸纳。从教育智者的论著中、从优秀教师的教育案例中、从教育同伴的有效举措中、从影视作品的演绎中、从对以往自己的教育经历的反思中、从其他行业的成功管理经验中，博采众长，思索归纳。

最后，要有敏锐的“教育嗅觉”。何谓“教育嗅觉”？就是要具有教育敏锐性。要关注新闻时事，要关注身边发生的事，从中提炼教育的“因子”，将其融入学科课程，对学生进行有针对性的教育。对于正面的事迹要组织学生学习，对于反面的材料要让学生进行议论，以培养学生明辨是非的能力。

当然，教师练就慧眼的途径不仅仅是以上几条。但从英国银行协会的培训课程的成功经验中，我们可以得到启示——我们的教师培训（每年各学校都有相应的培训要求，不少学校还进行了教学中的校本培训）也应该把教师的“慧眼培训”列入教师培训的专项课程。这是一项紧迫且急需的培训课程，真诚地期待着我们的教育培训机构能在教师的慧眼培养方面闯出一条康庄大道来。

培养孩子最重要的品质——唯真

由于我对车比较感兴趣，平时也比较喜欢收集一些车的图片，对新发布的车型更为关注。几天前，我看到了这样两部车：一部是“奔驰”，但个头明显小了不少，特别是前脸，怎么看都不像奔驰的风格，于是，我驻足观察它的后身——乖乖，是夏利的“屁股”，这位车主不知从哪儿弄来了“奔驰”的标志，将它立在夏利的车头。无独有偶，没过几天，在这条路上，我发现了一辆大众汽车，它的后车身明显与一般的大众汽车不同，会不会是大众新出的款？为了探个究竟，我细细地观察着。呵，又是一辆“李鬼车”——车身是“吉利”的，不过这位车主更有心，将前后的标志都换成了“大众”，另外，还精心地将四个轮子的标志也换了，应该说，“改造”得还是有一定水准的。同一条路上，看到这样两辆“张冠李戴”的车，我不禁莞尔，其实，这也暴露出了人性中的弱点——虚伪、死要面子。俗话说，有多大能耐办多大事，车仅是代步的工具，我们的能力只处于买“夏利”“吉利”的水平，为什么非得要把车变成“奔驰”“大众”呢？再说了，明眼人这么多，穿帮了不是更难堪？

于是，我想到了一个故事：有一个男孩，家里人都是普通劳动者，妈妈是清洁工，爸爸是收废品的，弟弟是洗头工，姐姐给人家当保姆。有一回，新谈的一位女朋友去男孩家做客，男孩是这样介绍家人的：“我爸是能源回收利用工作者，我妈是环保工作者，我姐是搞家政服务与咨询的，我弟是形象设计师。”女孩了解真相后质问男孩，男孩脸不红心不跳地说：“性质一样，我只不过换了称呼而已嘛！”女孩啼笑皆非。

我进而又想到，不知那两位换标志的车主的孩子上学了没有？若每天用这种“改良”的车去接送孩子，被人一眼洞穿，说某某同学家的车是冒充名牌的，不知道这两家的孩子回家后又会如何去倾吐自己内心深处的委屈与悲哀呢？

当然，换车标，改称呼，这都是人家的自由，谁也无权干涉。但我想说的是，对孩子的教育是家庭、学校、社会的共同责任。“教育无小事，事事皆教育”，改得了车标，却改不了车的实质，这是不争的事实。这虽是个人的事，但放到教育的“放大镜”下看，就不是一件小事了，这会对孩子产生很大的影响。

1. 给孩子以不良的道德影响。你用你的行动在告诉孩子什么叫“指鹿为马”。在你的混淆视听下，孩子的道德准则、道德评判标准便会颠覆。从这层意义上来看，对孩子造成的恶劣影响可谓不小。

2. 抹杀孩子心中的“真”。都说童真是最宝贵的，真，来源于家庭、学校、社会各个方面对童真的共同关注与呵护。虽然我们没有能力阻止社会上一些与“真”相悖的现象出现，但作为家长，理应时时维护着孩子的“真”。你一时的虚伪，却玷污了孩子对“真”的追求，这份代价未免太大了。

3. 动摇了孩子对家长的信赖。信赖，是创造人际和谐关系的最基础的条件。孩子信赖家长，家长信赖孩子，家长与孩子之间坦诚相待，家庭便是和谐、安康的。由于你一时的“糊涂”，你的“偷梁换柱”，一旦“东窗事发”，你在孩子心目中的标杆地位将荡然无存，孩子对你的信赖便会动摇，这份损失是无法估量的。

据此，我想表明的是，家长作为孩子的第一任教师，理应在做每一件事时，都考虑到培养孩子唯真、求真的品格，这是孩子人格培养中最重要的品质。

陶行知早就指出“千教万教教人求真，千学万学学做真人”。前半句是对教师与家长说的，后半句是对孩子说的。其实往深里探究，后半句是对所有人而言的，因为，我们提倡的是终身学习，要学习就必须把“学做真人”铭刻在心中。那么，家长与教师在培养孩子唯真、求真的过程中，应该做些什么呢？我提出如下的一些思考，与各位家长、教师共勉。

一、唯真，应贯穿在平时的言行举止中

在家中，孩子与家长的交往是最频繁的，家长应时时注意自身的言行举止，要去伪存真，不管是与孩子一起读书还是上网、看电视，都要将“真”放在第一位。对书中、网络上、电视中有关真的事件、真的美德，要与孩子一起学习，对丑的、假的现象，要与孩子一同探讨，积极抵制。对孩子，家长要言出必行，行之必果，将“真”贯穿于平时生活的点点滴

滴中。家庭条件一般的，家长要坦诚地告诉孩子真实情况，鼓励孩子与家人一起努力改变，靠诚实劳动去改善；家境富裕的，家长要告诉孩子，眼前的一切都是父母创造的，别人的创造代替不了自己的创造，只有创造才能体验创造财富的幸福。这样的交流，对孩子来说便是一种真的教诲，可以避免孩子产生自卑或自大等不良心理。

二、唯真，应体现在与孩子的共同规划中

对于孩子的未来，家长是无法设计的，就算精心设计好硬塞给孩子，日后孩子并不会感激你。正确的做法是，经常与孩子沟通，了解孩子的心理动态，指导孩子有目的地制订长期、中期、短期目标，要尊重孩子的兴趣，不要以家长“专制”来强压孩子，剥夺孩子的快乐。根据孩子的现实状况和需求，征得孩子的同意，与孩子共同规划比较合理的目标与追求。这样的唯真，孩子会与家长相处得更融洽，因为家长尊重了孩子的意愿和想法。

三、唯真，应体现在互信互惠的人际交往中

不管是家长还是教师，都要学会平视孩子，尊重孩子的人格尊严，特别要用信任的目光与语言与之交流。如果我们有错误，不要掩盖，更不能强词夺理，要敢于承认。也许有人认为这样会降低自己的威信，这是错误的认识。成人真诚地认识自我的错误，是为孩子树立真的榜样——人非圣贤，孰能无过。孩子会觉得你的形象更为高大。有位校长从报上读到有家长对学校某位教师的做法有微词时，并没有直接找来那位教师进行批评，而是在全体教师会议上诚恳地剖析自己在治校上存在的疏漏，并表示对于家长有微词的地方，他不想去揪教师的“辫子”，而是希望教师有则改之，无则加勉，还要求学校考核组扣发自己当月的绩效奖金。教师们为校长的胸襟，更为校长的睿智做法而感动。校长这样的真行动，我想，那位教师的心情应是百感交集的，今后他一定会好好努力，为自己，为校长，更为学校。一个“真”换来的教育效应是如此之巨大且深远，对教师而言如此，更何况对孩子呢？可见，唯真，会为人际交往打开互信互惠的良好局面。

唯真，是培养孩子品质的关键所在，愿家长、教师、社会各界的有识之士，共同为塑造孩子美好的心灵做出正确而具体的行动！

让学生成为卓尔不群的人

“兴趣＋致力＝一个卓尔不群的你”，写下这样一个等式，源自寒假期间在家里收看的两档电视节目后的感触。一档节目是央视一套的《天生我才》，另一档节目是央视二套的《环球驿站》。

先说说《天生我才》吧，有一期节目来了一个8岁的男孩，圆嘟嘟的脸，光溜溜的脑袋，扑闪扑闪的大眼睛。这个来自石家庄的可爱男孩叫姜舒源。这个小男孩一上台，就以浑厚的老生唱腔“秀”了一段京剧，技惊四座；接着，他又以青衣唱腔“秀”了一段，依然是有板有眼，很有专业水准。如果你认为这个小男孩一定是师从某位京剧名家的话，那你就大错特错了。小家伙从4岁起接触京剧，凭着少有的灵性与悟性，跟着名家的碟片自学唱段，至今可以表演近20个经典京剧剧目，角色也多样化，这种自学成才的案例的确令人叹为观止。难怪现场嘉宾评价道：“有人一辈子可能都无法参悟，一个8岁的男孩却做到了！”当导播把镜头切换到姜舒源的日常生活画面时，观众这才惊异地发现，这个男孩已经将对京剧的热爱渗透到学习与生活的方方面面，在饭桌上吃饭，筷子、碗等均成了京剧表演的道具，对妈妈的问话采用唱腔回答，家里的摆设全与京剧脸谱有关，在家对中走路采用京剧人物的步子，连在床铺上打滚也是京剧的架势。在学校，他成了全班同学的“开心果”，并把自己对京剧艺术的热爱传递给其他同学……

看到这里，我的内心不禁一怔：无师自通，仅靠名家的碟片，就能在模仿中揣摩，在揣摩中内化，当同龄孩子都不知京剧为何时，一个8岁的男孩悄然与京剧结缘，并且到了“走火入魔”“不能自拔”的地步，这一切，均没有外力的压迫，一切都源于他发自内心对京剧艺术的热爱。当这种爱根深蒂固时，兴趣也就在灵魂深处扎根了。当一种兴趣像每日三餐一样融入一个人的生命中时，这种兴趣就再也无法割舍，此时，如果再加上名家的栽培，这个男孩的京剧艺术生命将会格外耀眼，我们的国粹艺术将后继有人。此时，我们就会对“兴趣是最好的老师”一语深信不疑了。

再来说说《环球驿站》中的“超级魔术师”克里斯吧。这是一位在国际上享有盛誉的美国魔术大师。小伙子虽然年纪轻轻，所表演的魔术却是匪夷所思的。他的表演以街头魔术为主，不借助任何自带的道具，一切道具皆由路人手上的物品充当。如钱币“挤”进未开盖的易拉罐；猜出某人所要购买的心爱之物；让人悬空；自己在众目睽睽之下悬浮……令人更难以置信的是，他可以在水面行走，真的达到了金庸笔下的“铁掌水上漂”的非凡技艺；在没有任何辅助设施与安全保护的情况下，他能从60米的高楼处顺着笔直陡立的外墙一路行走下来；在观众的围观之下，在安保人员的见证下，他在一块白色幕布的遮蔽下，顷刻间穿越密闭的铁甲运钞车……他创造了一个个令人瞠目结舌的魔术表演节目。看到这儿，我惊呼道：“这哪里是魔术，简直就是魔法。克里斯不是人，简直就是神!”

克里斯之所以被称为“超级魔术师”，就在于他不断地推陈出新，不断地在已有魔术的基础上进行改进创新，他在不断地钻研、训练，他说，这是魔术，并不是妖术。他将魔术事业当成终生奋斗的目标与追求，并且为此付出了常人难以想象的艰辛与努力。为了达到“前无古人”的魔术表演境界，他甚至拿自己的生命不断地开着玩笑。比如，他赤身躺在布满铁钉的板上，胸前压着一块板，让一辆重达2.5吨的悍马汽车轧过；戴着手铐困在密闭的酒桶里，悬吊在30米的高空，在1.5分钟内完成逃生，否则就会与酒桶一起垂直落下，粉身碎骨。这让我想起了另外一个关键词，叫“致力”。将自己所有的心思全部花费在钟情的事业上，这是一种有方向的执着。更难能可贵的是，克里斯至今并没有停止他在魔术艺术道路上追求、探索的步伐。因为追求魔术的新境界——“没有最好，只有更好”已深深地融入了他的灵魂。正因为有了这份难得的坚持与坚韧，他才称得上真正的“超级魔术师”。

这两期娱乐节目除了让我惊叹、感动之外，留给我的更多的是思索。为什么姜舒源和克里斯都是独一无二的呢？也许你会说，我们每个人一生下来就是独一无二的。但这种独一无二指的是一个人在某一种事业或爱好上的作为是他人所无法媲美的。每个人来到世界一遭，是一种幸运。生命属于每个人都只有一次，这一趟生命之旅该如何度过？这不仅属于哲学思考的范畴，也理应成为我们每个人必须思考与正视的问题。

就拿从事教师这份职业来说，也许当初这并不是你的唯一选择，甚至与你的职业初衷相悖。但不管怎么说，你已经进入了这个行当，你就必须全情投入自己所从事的职业——这是一项为孩子未来发展奠基、促进孩子未来发展的职业。作为学生未来发展的引路人与人生导师，教师这项职业决定了教师时时处处都要身先士卒、敢为人先，首先要把教书育人的职业当作人生最大的兴趣与乐趣去经营。只有乐意教书育人，你的脸上才有望每天都挂满微笑，你的嘴角才有望每天都是上扬的，你的眼神才有望每天都是深情款款的。有了兴趣，你才会在教育教学的道路上愈行愈远、愈行愈起劲。由于你对教师职业的兴致高涨，你才会用慧眼去发现并点燃学生的兴趣火苗，引领着学生将兴趣转化成学习的热情与后续发展的不竭动力。

当然，仅有兴趣还不够，作为教师，我们就应该像克里斯那样，致力于自我专业的深度发展。教师的专业发展，是一位优秀教师的永恒话题。教师绝不能得过且过、随遇而安，而要深度发展，要能忍受寂寞、孤独，抵制物欲等的干扰，要让自己做到心无旁骛，一心只在自我的专业发展上。一位教师只要致力于自我的教育教学发展，生命价值定会熠熠闪光。教师自身的勤勉、睿智、好学、高雅、文气等，势必无声无息地感召、影响、陶冶着学生。不管学生今后从事怎样的职业，不管学生今后以怎样的工作成就回馈自己的人生，与教师交往的这一幕幕势必定格在他们的脑海深处，成为一辈子不灭的记忆。

教师职业是平凡的，但又是影响深远的。既然从事了这份职业，就没有任何的理由与借口怠慢，更不能产生惰性。

这两期娱乐节目中的主人翁应该成为教师学习的榜样，教师要从兴趣起步，以致力于成为卓尔不群的人，为教育事业奉献自己的全部心力。当我们离开讲坛时，可以毫无遗憾地说：“作为一位教师，我已经努力做到成为一个最好的自己了!”

给学生以中肯且恰如其分的评价

寒假里，我偶尔也会看一些电视节目。央视二套有一档节目，叫《环球驿站》，最近一直在播《未来超模第12季》。既然是选拔，就必须有残酷的淘汰，每周都要淘汰一位选手。每期都设置了不同的项目，考核未来超模各方面的素质。我最感兴趣的是，在每期节目的最后，当参赛选手完成指定任务后，镜头都要切换到评委的席间，这些评委对每位选手的评价，有些是近乎苛刻的，有些则毫不掩饰自己对某位选手的喜爱或嫌弃之情。比如，有一期节目中，一位选手的面部表情全程几乎没有变化，一位评委直言看不到这位选手的多面性，如若不能克服，将予以淘汰。对照国内的一些选秀节目，似乎在评判的环节往往采用的是“暗箱操作”的方式予以屏蔽，因为一旦将评判过程曝光，可能会给评委个人带来不必要的麻烦。在某一次选秀节目上，由于一位评委话语过于尖刻而遭到网友的群起而攻，最后不得不“落荒而逃”。因此，大凡评委的点评，往往不痛不痒，难以体现其应有的水准。而在《未来超模第12季》中，每位评委都能较为公正、客观、中肯且恰如其分地评价每一位选手，就算对选手在某一个环节的表现不满意，否定后又会很有针对性地予以指导、提出建议。因此，比赛虽然“惨烈”，但离开T型舞台的每一位选手都能带着收获而去。

由此，我联想到我们当下的课堂与作业批阅。教师对学生的评价往往走向了两个极端。一种是不切实际地加以赞赏，使得表扬变得无比“廉价”，还振振有词地说这是给学生以激励。于是，课堂上就会出现这样的一幕幕：只要是在课堂上回答问题或读书的，教师总能不吝啬赞赏激励的话语：“你棒极了！”“你真厉害！”“你太了不起了！”……掌声四起，夸奖声不绝于耳。我不禁要问：这样的赞赏有没有实质的内容？另一种是过于严苛，一味地“挑刺”、否定。“你怎么连这么简单的问题都回答不好，到底有没有把心思放在学习上？”“在同样一间教室里，听同样一位老师上课，你怎么就学得比别人慢好几拍？你是怎么回事？”“这样解题，你想气死我是不是？脑子究竟长在哪里了？”……尽管学生的课堂表现不尽如人意，教师的作用就是要教给学生方法，对学生加以点拨，一味否定不但于事无补，而且会严重挫伤学生学习的积极性，这恰是教育教学工作的大忌。

教师要努力避免以上列举的两种极端的评价，竭力给学生以中肯且恰如其分的评价。

一、中肯的评价来自教师对学生的真挚之爱

每位学生都是一盏渴盼被点燃的灯，教师作为秉烛者或火石，必须平等地对待每一位学生。为什么在有些教师的课堂上，学生表现得十分活跃，而在有些教师的课堂上，学生表现得无比沉闷与无精打采，支撑课堂“台面”的仅是屈指可数的几位学优生，更多的学生自始至终都在充当“观众”与“听众”呢？原因固然是多方面的，但教师缺乏评价的艺术也是其中的一个重要原因。每一位学生都渴盼能得到老师的认可与指导，在大班化的教学现状下，一节课想让全班所有学生都回答问题显然不可能，但教师应尽可能地关注不同层面的学生，尽可能地让学生都有表达的机会。

为此，对于学习上暂时比较优秀的学生，教师评价时要提高要求，以激发为主，以肯定为辅。如“你的回答能抓住问题的关键，不错！但对于你目前的学习能力，老师希望你考虑问题时能更全面一点，再想想，怎样完善才会让答案更令人信服呢”。对于学习能力处于中游的学生，教师要多用眼神与他们交流，多给他们一些微笑，这部分学生是班级的中坚力量。因此，对中等层面的学生，教师评价时既要赞赏学生的临场表现，又要用话语指引学生，促使学生将问题回答得更为完满。如“你能从这样的视角来看问题，有一定的新颖性，老师很赞赏。但当你再仔细读课文后，你就会发现，这样的视角可能有点偏颇，请坐下再好好读读文章，老师相信聪明的你一定会有所新发现”。对于学习能力暂时落后的学生，教师评价时要以赞赏为主，还要予以必要的示范引导，因为这部分学生是课堂的弱势群体，理应在课堂上得到更多的关注。教师的循循善诱、真诚提携，是让这部分学生树立自信的关键。如“你能开口回答问题了，这就是进步的开始。老师真高兴！这样吧，老师先读一遍，你好好听，再模仿着读一

遍，可以吗？来，我们一起试试吧！”。教师对不同层面学生的评价，要因人而异，要自然妥帖，不矫揉造作，一切均源自教师的内心深处。源自师爱的评价，在学生听来都是悦耳与甜蜜的。

二、恰如其分的评价来自教师对学生的到位了解

教师一定要懂学生。因此，在备课中，教师除了了解教材之外，还要了解学生。一个班级通常有几十个学生，他们的个性、学习能力、学习风格、学习状况等迥异，教师不能以同一种方式对待不同的学生。因此，就需要教师对所任教班级的所有学生都了解到位。

1. 将学生归类。为了课堂或作业评价等的需要，教师接手一个班级一段时间后，要从学生的性格与学习能力等方面，将全班学生进行“秘密归类”，如阳光开朗型、智慧待升型、内向内秀型、羞怯畏难型等，归类后，用不同的符号将各类学生的姓名标注出来，粘贴于教材的扉页处，以备课堂评价时心中有底。

2. 分类评价。对于阳光开朗型的学生，教师在评价时，可以多侧重于矫正与促进，让他们感受到教师的诚恳，这样的评价为的是让他们的学习更为优秀；对于智慧待升型的学生，教师的评价要多一些期待，撩拨他们的思绪，引发他们深入思考；对于内向内秀型的学生，教师要积极创造让他们展示自己的成果的机会，以不断地激励鼓舞来引领他们“发声”；对于羞怯畏难型的学生，教师要多一分耐心与细心，以真诚的鼓励、呼唤、引带为主，多给他们提供展示的平台与机会，给他们勇气。

3. 坚持面批。大班化教学，作业批改量相对较大，教师要坚持做到“日日清”。对于学困生，教师的批阅要“严爱相济”。要腾出课外的时间，对这一拨学生进行面批，以抓基本知识和基本技能为主，督促他们“当场清”。

三、教师的评价要讲究艺术与技巧

评价也是一门艺术。艺术就需要讲究一定的技巧。在推进素质教育的进程中，各所学校的学生素质评价都有了新的变革，比如，将分数评价改成了等第评价。然而，有些家长在期末时拿到学生的《素质教育发展报告单》，面对“ABCD”的评价符号，搞不懂自己孩子的学业状况。有些教师表面看起来是用等第评价的方法，实际上是将分数换算成等第进行评价，

依然是“换汤不换药”，甚至当着全班学生的面，将每位学生的成绩进行公布。这是不科学的做法。教师在评价学生时应注意以下几点。

1. 对每一位学生的学科学习能力进行定性评价。这需要学科教师花费心力，较为准确地为班级中的每位学生“画像”，肯定学生学科学习的长处，中肯地指出学生在学科学习中的薄弱环节，并与学生及其家长协商，为每位学生提出改进与提高学科学习的建议与途径。

2. 注重保护学生的自尊心。不当面公布全班学生的成绩，只是在将学期、学年末班级学科学习的总体情况公布出来——告诉学生班级的平均分多少，优秀率怎样，各个分数段的具体人数。讲到这里即可，不要再往下具化与细化，让家长对孩子的学习能力有大概的了解即可。

3. 为每个学生准备一个密封的信封。信封内装着学生个人的成绩，用分数表示。在这张单子上，教师可以详细地将学生该学科的平均分、及格率、优秀率与上学年、上学期相比对的情况，以及班级学生的分数段、最高成绩与最低成绩等的情况一并列出，这样，每位学生家长既能了解全体学生的学习能力发展，也可以借助数据看出自家孩子的学科学习成绩在班级里处于怎样的位置，既保护了学生的隐私权，又将学生的学习情况告诉家长，这样的评价可谓巧妙有益。

当然，教师对学生的评价项目远不止以上所说的这些，我主要关注的是教师的课堂评价与对学生的作业、学业等的评价。教师不能当“好好先生”，也不能“凶神恶煞”，教师的评价关乎学生的未来发展，只有科学、合理、真实、有效的评价，才能促进学生学习能力的发展。愿每位教师都能正视评价，激发学生学习的激情。

要让学生常怀敬畏之心

常听一些年轻教师慨叹：“现在的孩子真是越来越不好教了！某某班级的纪律实在是糟透了！”他们往往把“管理不力”等全怪罪到班主任身上，我认为有失公允。要知道，班主任虽然是班级最重要的“领导者”，但他们本身还有很多的事务，总不可能每节课都跟在学生的屁股后面吧。每位教师除了上课，都有责任与义务为这个班级的管理贡献自己的力量。年轻教师应该反思：为什么在我的课堂会出现“骚动”呢？为什么学生会对我“视而不见”呢？要能够从自己的身上找原因，然后才能用有效的对策去化解，这是每一位年轻教师都要历练的。

不久前，市里的教育督导室突然“造访”学校，巡查学校的教育教学工作。由于正处于期末复习阶段，各班都在进行紧张的复习工作。督导室的领导巡查到一个班级时，发现一位年轻教师正在俯身给某些学生讲题目，其他的学生有“出格”的行为——有的在看漫画书，有的在玩电子游戏，有的在窃窃私语……后来了解，这位年轻教师课前是这样进行教学设计的：请学生以学习小组为单位，交流这段时间内各自在学习中遇到的疑难问题，组长汇总，能解决的在组内解决，不能解决的可跨组求助或请教老师。由于教师给小部分学生讲解，结果其余的“大半壁江山”却出了问题。应该说，这位年轻教师的教学预设还是无可厚非的，那原因究竟出在哪里？我认为，关键在于教师自身的权威性并没有真正确立，学生敬畏教师之心已经严重缺位。

好几位老师找我“取经”：“奇怪，为什么你们班的孩子远远地看见你，就会停止嬉闹，规规矩矩地回班级进行课前的准备？为什么听你的课，发现学生的课堂纪律井然有序，该做什么不该做什么，无须费口舌，他们就按规矩办？为什么同样这个班，我上他们的课却达不到这种效果呢？”我笑了笑，对这些老师说：“你们无须羡慕，只要你真正走进学生的心里，真正让学生服气了，师生的心灵真正有所感应了，便‘一切皆有可能’了!”

基础教育课程改革呼吁师生关系的和谐发展，教师要摒弃“师道尊严”的传统意识，努力追求平等的师生关系，教师要俯下身子平视学生，要当学生的朋友、伙伴，要充分尊重学生的意愿，倾听学生的心声，建立和谐的师生关系。和谐的师生关系能给学生以一辈子的温暖与人文关爱。请大家共同关注“和谐”一词，“和谐”并不是教师对学生的一些不良习惯不闻不问、袖手旁观，更不是无原则地迁就学生，为了保住和谐、平等的“美名”，一味地“和稀泥”。“和谐”应该发自师生内心，教师真诚地关怀学生，每一位学生都真心地敬爱教师，只有发自心底的关怀与敬爱，师生交往才是和谐的。

对于各个方面都没有成熟，需要教育来引导的小学生来说，教师的首席指导者的作用显得尤为重要。为了使教师的指导和要求能迅速且有效地落实到学生的具体行为中，教师要树立一定的权威性，这样才能使各项“指令”不折不扣地落到实处。那么在新时期的教育形势与发展要求下，小学教师的权威性该如何确立？结合教育教学实践，我想从以下几个方面谈谈自己的一些认识与做法。

一、初次亮相要精心准备

新接手一个班级时，与学生的第一次见面要做好精心的准备。要知道，给学生的第一印象是最关键的，绝不可掉以轻心。

1. 事先向原任课教师了解班级学生的总体情况，特别是对一些特殊学生，要更为详细地“刨根问底”。接着，给新接手的班级的每位学生及家长写一封问候信，措辞要诚恳，将自己的教育教学设想与风格提前告知家长，并真诚地留下通讯方式，欢迎家长提出建议。一封信能拉近教师和学生及家长的距离，同时巧妙地将自己的一些治班、治学的要求告诉家长，以后家校配合起来就会比较顺畅。

2. 与学生第一次见面，教师要精心准备。教师对自己的介绍要全面又不失幽默，并要求学生每人准备一张卡片，在与教师交往的这几年中，可以适时地将教师的特点记录下来，形成“备忘录”。对学生的介绍，教师要诚恳倾听，并就自己所掌握的学生资料进行较为准确和简洁的评价，让学生明白：“眼前这位教师课前是做了功课的，我要改变自己在老师心目中的形象，从‘新’开始。”

3. 郑重举行“履新演说”。参考西方国家总统就职演说的做法，简化程序，认真准备“履新演说”稿，给学生一种前所未有的新鲜感，并将自己的教育教学设想与愿景渗透在演说中。演说之后，可以让学生评价，共同商榷——还可以怎么做，才能令我们的班级更出彩，让我们的学习更有效？

二、人格魅力要时时绽放

现在的学生对教师的审美要求也越来越高了。教师要想最大限度地消除学生的视听审美疲劳，最好的做法就是要让自我的人格魅力时时绽放，在学生周边形成一个巨大的磁力场。

1. 教师要苦练基本功。板书、板画、朗诵、下水文写作等基本功要勤学勤练，要技艺过硬，一出手、一出口就能吊足学生的胃口。对一些学生关注的、当下流行的元素，教师也要挤时间了解一二。对于阅读，教师更要成为学生的表率，不断地从书中汲取新的知识，让自己的学识魅力永驻。

2. 师德为先。教师对每位学生都要一视同仁，不断地提高自身的品德修养。要求学生做到的，教师自己必须首先做到。比如，要求学生每天跑步 600 米，教师要与学生一同慢跑，甚至要跑得比学生更多，用自身的行为引燃学生积极参与体育活动的热情。要控制好自己的情绪，不能把生活中的不良情绪带进课堂，上课前，要做深呼吸，保证以积极健康的心态步入课堂。要时时处处注意塑造自身的良好形象。

3. 要敢于认错与道歉。人非圣贤，孰能无过。在与学生的交往中，在具体的教学与对偶发事件等的处理中，教师难免会出现一些失误，对此，教师要敢于承认错误，这不仅不会损害教师的形象，相反还会让学生感受到教师的真诚。当然，教师要尽量避免这种失误，让失误概率降到最低。

三、奖惩赏罚要分明到位

没有规矩，不成方圆。一个班级的建设离不开纪律的约束。为此，教师要建立一整套完整的纪律体系，做到奖惩有度、赏罚分明。

1. 奖赏方式要多样。小学生乐于体验新鲜，为了激发学生积极争取奖赏的热情，教师要经常性地变换奖赏的形式，让学生“乐此不疲”。如奖赏学生一些小物件，奖赏学生为全班学生朗诵国学名篇，奖赏学生一张奖状，奖赏学生一次命卷考查同学的机会……

2. 惩罚要适当温柔。对于不守纪律或者行为有偏颇的学生，教师绝不能姑息迁就，要举起惩罚的“狼牙棒”，告诫他们什么可为什么不可为。当然，惩罚绝不能触碰体罚、变相体罚的“高压线”，要讲求科学性与合理性。惩罚要适当且温柔，要落在心育的目标上。如请犯错误的学生写情况说明书，请同伴们指出错误；限时改正不良习惯，请老师与班干部一起评价该生每节课的表现，一段时间都表现良好，就可以撤销强化训练的处分；留下来“加班”教育，并对不良的行为进行强化训练等。

3. 教师要说到做到，说一不二。大力表彰表现突出的学生，温柔惩罚暂时表现不佳的学生，教师要说到做到。只有给学生留下信守诺言的印象，后续的教育才会立竿见影。教师每天课后可抽出 5 分钟的时间，让学生总结自己的表现：“今天我的表现还好吗？今天我的课堂表现是否比昨天进步了？明天我应该怎么做？……”每天 5 分钟，集腋成裘，督促学生养成及时反思的习惯。

四、敬畏之心要常怀常念

我曾从刊物中看到过这样一段描述：有个日本朋友在大庆游览，一天傍晚，他在井架边看见天边的落日，温润而壮丽，他情不自禁地跪下，泪流满面。他说，从未见过这么大的落日，他最自然的反应就是跪下，表达敬畏！

万物众生，从一朵向阳的花、一棵跳舞的草到一只蚂蚁的力量……都值得我们敬畏。在教育教学中，教师要注意引导学生常怀常念敬畏之心。

1. 经常引导学生诵读一些经典。“仰不愧于天，俯不怍于人”，孟子以此表明自己对天的敬畏之情；“头上的星空与心中的道德法则”，这是刻在德国哲学家康德的墓碑上的敬畏；孔子强调“知天命”，就是要让人心存敬畏，并要躬身行之而不可有丝毫懈怠与傲慢之心……常常诵读经典，可以让师生不忘敬畏。

2. 有意识地安排法律讲堂进教室。教师要有法律教育的意识，可以采用播放录像、让学生提前收看《今日说法》《法制在线》等栏目的方式进行教育，请学生畅谈收获，将法律意识与遵守学校、社会的各项公约、公德、纪律要求等有机结合起来，努力培育学生的敬畏之心。

新型的师生交往关系，同样需要建立一种良好的秩序，教师的权威性依然是教师在教育教学之路上要建立的内容，权威性不是靠歇斯底里地吼出来的，也不是靠整天板着脸就能显现出来的，而是从教育教学的点点滴滴中自然“生长”的。只要用心经营、用心思考、用心实践，教师就有可能成为让学生可亲、可爱、可敬的师长。

由智利受困矿工的成功升井看合作精神的教育

北京时间2010年10月13日上午，智利圣何塞铜矿被困矿工救援工作正式开始。自8月5日矿难发生以来到10月14日，33名矿工全部安全获救，创造了被困地下时间最长且成功生还的世界纪录。

在深达700多米的矿井中被困近70天，33位矿工凭着顽强的毅力，在强大的生还希望的支撑下，在外界的心理抚慰下，在政府有序、得当、有力的救援下，在家人的亲情呵护、期盼下，用生命谱写了世间的奇迹，也将悲剧演绎成了喜剧，并将此事化成了智利国家名片。

在大家的焦灼等待中，在救援人员夜以继日的奋斗中，有两个镜头给我留下了深刻的印象。

有报道称，获救在即，这些受困两个多月的矿工充分展现了团结互助的精神。智利卫生部长海梅·马纳利奇说，当自己告诉矿工，他们的升井顺序将取决于“技术因素”时，矿工们的反应值得称赞。“这没问题，但我想最后一个出去。”一名矿工对马纳利奇说。另外一名矿工反驳：“噢，朋友，我说过我要最后一个出去。”“不，不，真的——我想最后一个出去。”又有一位矿工抢过话。

同时，33位矿工的地下经历已成为各媒体抢夺的素材。有报道说，一位矿工在给妻子的信中这样描述：“我们收到了很多采访和拍电影的邀请，但都拒绝了。我们要将被困地下的经历用写书或其他方式披露，然后平分所得的报酬。”

从33名受困矿工的“最大度，争相最后一个升井”与“最心齐，约定共同出书”这两个细节中，我除了感动之外，更多的是对教育产生了新的思索。

在我们的小学语文教材中，有《一次成功的实验》与《地震中的父与子》这两篇课文。《一次成功的实验》讲的是一位教育家来一所小学做实验，让三个孩子从一个瓶子里拉出三个系着绳子的小铅锤，这三个小铅锤分明代表这三个学生，那个瓶子则代表一口井。结果，三个孩子在一位女孩的指挥下，有序且迅速地从“井”里“脱险”，得到了教育家的高度评价。《地震中的父与子》写的是在洛杉矶大地震中，一个叫阿曼达的孩子，在受困境地里，以坚强的意志与对父亲的信任，坚持到父亲前来援救，还让其他小朋友先脱险的真实故事。在灾难面前，每个人都会表现出强烈的求生欲望，这是无可厚非的，也是人的生存本能。在危险与灾难面前，早一分一秒离开危险之地，就早一分一秒获得生还的机会，能在危险与灾难面前保持大度与克制，将希望大的机会留给别人，把危险大的可能留给自己，这是需要多么高尚的情操啊！课文中的孩子做到了，而且做得那样从容低调，这不由得让我想到了我所观察到的身边的学生。

在大课间活动中，几个男孩一起在打篮球，一个男孩跳跃抢断球，手不小心碰到了另一个男孩的肩膀，被碰的一方立马青筋暴起，狠狠地推了对方一把：“为什么撞我？好疼啊!”再细看他们的球赛，没有章法，也全然不顾配合，球一到自己手中，就“单枪匹马”独干。

每天的早操时间，尽管每支队伍前后都有老师“督操”，但总有一些学生无视班级的集体荣誉，该伸直手臂的时候弯曲，该弯腰的时候直背，一副我行我素的样子。

凡此种种，不一而足，在学校并不少见。于是，我就在想，33 名被困的智利矿工要是都是这样的人，在 700 多米的矿井中，食物储备又是非常有限的情况下，他们在长达近 70 天的时间里，在生物钟完全紊乱、情绪易于暴躁的情况下，有可能创造出生命的奇迹吗？答案显然是否定的。据报道，矿难发生时，在最短的时间里，他们就组成了一个自救小组，对矿灯照明、帐篷使用、食物分配、设法与外界联系、饮用水合理饮用等进行了明确与细致的规划，并自发地形成了一个生命救护共同体，确立了一个领导灵魂。试想，如果没有 33 名矿工发自内心的团结协作精神，怎么可能在暗无天日的井底坚持那么长时间呢？

由此，我认为，学校应切实在安全自救与团结合作精神教育方面努力地下苦功做好。试问，还有什么比生命更重要？没有了生命，也就没有了一切。人生活在这个世界，需要与人交往、接触，因此，学会合作、学会团结，对提升生命质量是非常重要的。

一、学校要将合作精神的培养融于安全演练中

汶川地震后，全国对学生的安全教育都高度重视起来，全国各地的学校都将安全自护、安全救护、安全疏散等演练纳入学生的常规训练之中。像我所在的学校，每学期至少举行两次安全疏散演练，请公安局的干警到学校教授安全自护的知识，请专业人士到学校讲授消防安全、医疗自救等知识。这都是可喜的，但在安全演练中，我发现，学生的重视程度不高，敷衍参与，在演练过程中推搡、嬉戏的现象依然存在，学生的思想过于放松，以为那样的情景离自己很远，学校举行这样的训练，简直是在“过家家”。这种麻痹的思想是最可怕的。我还发现，学校在安全疏散演练中只注重疏散速度，而忽视在突发事件中合作精神的培养。这样可能产生的后果是，遇到突发事件时，现场会出现逃生无序、人人只顾自己的情况，很难像上述做“逃生实验”中的孩子那样，有明确的分工，能确定较佳的逃生顺序。因此，学校非常有必要将团队的分工协作等因素考虑进平常的安全演练与安全教育中。

学校还要有对案例剖析的敏锐性。像智利矿难的成功解救案例，学校要及时地将其开发成校本安全教材，将矿工在灾难中的团结互助以及外界的通力合作、全力营救的过程展现给学生，让学生从中去发现、去分析矿工们成功获救的原因，并转换角色——假如我们困在那样的矿井中，我们能做到这样吗？如果不能，我们最欠缺的可能是什么？从现在开始应该怎么做？学校教育要善于从日常生活中去开发有益的资源，为学生的健康成长服务。

二、学校要将合作精神与合作能力的考核纳入能力评价的范畴

国外一些名牌高校在自主招生考试时，国外的一些企业巨头在招聘员工时，都会将学生、员工的合作精神与协作能力纳入考评分数中。例如，在一份材料中我看到，有的高校招生考试时，将考生自然组合成一些小团体，给他们一分钟时间到一个房间中看一个已经成型的模型，然后让考生到另一个散布凌乱零件的房间，在规定时间内合作组合模型，评委通过看监控与模型的成型程度为各位选手打分。我也曾在电视台看到类似的考验选手协作能力的节目，如中央电视台的《绝对挑战》栏目。因此，学校可以尝试将合作精神与合作能力的考核纳入学生综合能力评价的范畴。通过

设计游戏、项目活动等，采用平时观察与现场考量相结合的方法，对学生的发展情况予以评价，记入学生的《素质教育发展报告单》。对合作精神佳、合作能力强的学生，学校予以专门的表彰。对于那些在这些方面有所欠缺的学生，建议以年级为单位，由专门的老师进行指导、强化，以此来训练学生，增强他们的合作意识。学校也可以在安全演练中，有意识地将学生分成不同的小团体，创设各种各样的安全情境，引导学生去分工协作、战胜危险、赢取安全。丰富安全训练的形式，让安全训练和合作精神的培养有机交融，使训练更新鲜、更有趣、更有效。

三、学校教育要与家庭教育协同培养学生的合作精神

学校与家庭都承载着对学生的教育责任与义务，学校教育与家庭教育在学生的成长历程中都占有相当大的比重。教师与家长要做学生的表率，就教师而言，呈现在学生面前的是一个良好的合作者形象。首先，要与教师群体和谐融洽共处，不在学科教学中当“强权”的角色，比如，常“霸占”其他教师“导优辅差”的时间，强势要求学生必须对自己所教的学科花更多的时间等。要学会和各个学科的教师平等和睦地相处，尊重每一位学科教师，绝不在学生面前谈对某一位教师不敬的话语，维护教师群体的整体形象，乐于当一个合作者。其次，要学会与家长平等合作，共同探讨教育学生的良策，绝不对家长有过分的要求，绝不对家长说过重的话语。让学生知晓，老师是尊重家长的，老师与家长是平等交流的，老师是在真诚地寻求与家长的合作，共同写好教育这一篇章的。再次，在课堂上，教师也要乐于当学生学习的合作者，把更多的机会留给那些更需要帮助的学生，在课堂上与他们合作，激发他们的思维火花，树立他们的自信心，塑造他们的美好人格。

学校还要充分发挥家长学校的作用。在家庭的合作精神的教育上，学校要为家长提供帮助，让家长明白合作教育的重要性，绷紧合作教育的弦，与学校共同在学生的合作精神与合作能力的培养上出力，让学生成为懂合作、会合作的人，更好地适应未来社会发展的需要。

我们在为智利受困矿工成功获救高兴的同时，如若能从教育的角度对事件进行一些提高教育效益的思考，并付诸教育实践的话，那么，我们的教育就能在原有的基础上有新的突破，而这正是我们教育者的孜孜追求。

江苏凤凰教育出版社
《行知工程》系列丛书目录

系列	序号	书名	主编	定价
教育索求系列	1	《欣说教育那“一亩三分地”——一位一线教师的教育微思考》	王庆欣	30.00
	2	《爱的守望——一位一线教师对教育的坚守》	林卫红	30.00
	3	《思政教学的人文力量》	戴晓华	30.00
	4	《师道新说——给教育者的30条箴言》	徐　卫	30.00
学生心理解码系列	5	《在人生的春天播种——十四岁，写给青春的一封信》	白宏宽	30.00
	6	《孩子问题行为一点通——只有好老师才知道的学生心理谜底》	严育洪	30.00
创新教学探索系列	7	《玩出精彩作文——张化万活动作文教学经典策略》	张化万	35.00
	8	《〈红楼梦〉里的语文课》	李日芳	30.00
	9	《品世界名画，学精彩作文——特级教师的“名画”作文教学法》	李日芳	30.00
	10	《让学生把母语用精彩——“语用课堂”的探索与实践》	佘小红	30.00
	11	《“备”出课堂精彩——备学式教学的课堂实践与思考》	张旭兰	30.00
	12	《神奇的阅读教室——带学生踏上美妙的阅读之旅》	李祖文	30.00
	13	《打造有生命力的课堂——“两步八环节”教学模式探索与实践》	查联智	30.00
	14	《最能培养学生探究能力的课堂——小学科学与信息技术单元整体课程实施与评价》	李怀源	30.00
	15	《最能激发学生运动天赋的课堂——小学体育单元整体课程实施与评价》	李怀源	30.00
	16	《最能提升学生艺术素养的课堂——小学艺术单元整体课程实施与评价》	李怀源	30.00
	17	《“生命语文”探索——焕发语文生命力的思考与实践》	王自成	30.00
	18	《粘连作文教学：让习作成为有个性的自我建构》	黄瑞夷	30.00
	19	《备学式教学——在体验中建构数学思维》	单广红　范雪梅	30.00
	20	《向着自主进发——自主教育的创新实施智慧》	朱亚红	30.00
	21	《写中学——让学习更有效的学科写作教学》	钟传祎	30.00
	22	《小学科学实验总动员——大科学课堂有效提升学生创新力》	江美华	30.00
	23	《小学语文单元整体课程实施与评价》	李怀源	30.00
	24	《小学英语单元整体课程实施与评价》	李怀源	30.00
	25	《小学数学单元整体课程实施与评价》	李怀源	30.00
	26	《让教学更能激发智慧——“思维碰撞”课堂的建构与实施》	程和方	30.00

系列	序号	书　　名	主编	定价
校本研修系列	27	《徜徉语文教研》	肖俊宇	35.00
	28	《校本研修资源的开发与利用》	陈朝林	30.00
	29	《校本研修与教师专业成长》	吴积军	30.00
	30	《卓越教师经典研修成长策略》	刘天宝等	30.00
	31	《特色校本课程开发范例解读》	刘永平　李秀伟 张雪梅	30.00
	32	《高效校本研修模型构建艺术》	刘素雁	30.00
	33	《走向实践的教研——中小学教育科研引领与应用》	江　敏	30.00
名校系列	34	《让每个孩子都成志 ——清华附小主题阅读课程的实施探索》	窦桂梅	30.00
	35	《让每个孩子都成志 ——清华附小主题实践课程的实施探索》	窦桂梅	35.00
	36	《向着朝阳走去——清华附小合作办学实践探索》	窦桂梅	30.00
精彩课堂系列	37	《给孩子更好的数学课堂》	易增加	30.00
	38	《小学生阅读素养的提升策略》	邵巧治	35.00
	39	《从语文素养走向生命成长——小学语文读写课堂教学密码》	曾海玲	30.00
	40	《真实的品德课》	朱淑秀	30.00
	41	《英语课堂学习共同体——新型的师生交互学习场》	杨延从	30.00
	42	《指导自主学习——初中数学学与教的研究与实践》	刘其武	30.00
	43	《玩出精彩的课堂——小学低年级教与学方式转变研究》	陶红松	30.00
	44	《让生命之花自主绽放——语文个性化教学建构策略》	商德远	30.00
	45	《让学生亲历知识——主体参与下体验式学习的实施策略》	何世祥	30.00
教育思想者系列	46	《高效教学的道与术——陶继新教育讲演录》	陶继新	30.00
	47	《名校之道——陶继新对话名校长（1）》	陶继新	30.00
	48	《教育，一切从孩子出发》	黄　俭	30.00
教育管理力系列	49	《缔造唯美教育——延奎小学素质教育实施策略》	易增加	30.00
	50	《让普通学校崛起的20个细节——“生命为本”教育团队成长密码》	李其玉	30.00
	51	《“走”出教育的精彩：走动式学校管理文化构建》	罗　军	30.00
	52	《校长兵法：学校管理四十六计》	皮大鹏	30.00
教师修炼系列	53	《教育，爱与宽容——教师心灵礼仪修炼》	许力争	30.00
班级文化系列	54	《活力班级的文化建设》	胡　珏	30.00
	55	《做幸福的班主任》	吕　丽	26.00

系列	序号	书名	主编	定价
教育家核心思想系列	56	《叶圣陶谈阅读》	叶圣陶 著 李怀源 选编	30.00
	57	《多元智能理论的本土化应用》	刘治富	30.00
	58	《大教育家最具施教力的教学思想》	白刚勋	30.00
高效能教学系列	59	《高效能教师的10个好习惯（中学卷）》	张　瑾	30.00
	60	《让作文落地生根——提高写作实效的教学策略》	黄桂林	30.00
	61	《高效能作文教学5项修炼》	陈步华	30.00
	62	《高效能校长的10个好习惯》	张　勤	30.00
	63	《高效能教师的10个好习惯（小学卷）》	谢　英	30.00
	64	《高效能语文教学5项修炼》	王其华	30.00
新课程探索系列	65	《语文新课程的批判与重建》	葛桂斌	30.00
美国名师教学译丛	66	《美国名师游戏教学本土化应用：幼儿园》	（美）玛西娅 L. 泰特 著 胡珍　瞿菁　编译	30.00
	67	《美国名师游戏教学本土化应用：小学英语》	（美）玛西娅 L. 泰特 著 杨永华　张心影　编译	30.00
	68	《美国名师游戏教学本土化应用：小学数学》	（美）玛西娅 L. 泰特 著 谢艳红　编译	30.00
	69	《美国名师游戏教学本土化应用：小学科学》	（美）玛西娅 L. 泰特 著 刘丽萍　编译	30.00
	70	《美国名师游戏教学本土化应用：小学社会》	（美）玛西娅 L. 泰特 著 姜梅芳　编译	30.00
	71	《美国名师游戏教学本土化应用：小学音体美》	（美）玛西娅 L. 泰特 著 尹立志　编译	30.00
鲁派名师名校·教育探索者系列	72	《悦读立人——校园阅读文化体系构建策略》	杨世臣	30.00
	73	《教育智慧何处来——一位特级教师的思考手记》	付立金	30.00
	74	《和雅文化——校本课程的创新构建》	汤善香	30.00
	75	《让个性绽放精彩——学校课程体系整合与创生》	谢建伟　徐淑萍	30.00
	76	《让每个学生都幸福——最能润泽生命的学校文化建设》	谢建伟　张新喜	30.00
生态化校园系列	77	《点燃学习的激情——构建校园生态化学习型组织》	杨树岳	30.00
	78	《课改突围——构建学校生态化教学体系》	杨树岳	30.00

系列	序号	书　　名	主编	定价
教育新思考系列	79	《语文教育向何处去》	王　丛	26.00
	80	《教育，就是做好普通的事》	孙志毅	27.00
	81	《走出语文的偏见——让学生体悟文本的原义》	丛智芳	30.00
	82	《让语文教学更高效——批注式阅读教学探索》	韩中凌	30.00
	83	《读写互促——探寻学以致用的语文教学》	曹　龙	30.00
	84	《跳出数学教数学——用文化融通数学教学》	马建秀	27.00
名师感悟系列	85	《让心灵伴着歌声成长——22位音乐名师的教育智慧》	陈　璞	30.00
	86	《超越自我的教师——32位名师的成长感悟》	李卫东　李秀伟	35.00
	87	《心灵的守护者——19位名班主任的教育智慧》	王晓松　曲文弘	30.00
	88	《名师感悟班主任有效工作艺术90例》	符礼科	30.00
	89	《名师感悟有效教学90例》	林高明　徐玉烟	30.00
信息化教学系列	90	《巧用白板教语文——信息技术与语文教学操作指南》	蒋丽清	30.00
	91	《跨越式实现高效课堂——信息技术与课程整合高效教学方案评析》	陈　玲　刘　禹	30.00
教师必读系列	92	《教师必学的16堂修养课》	武宏伟	30.00
	93	《教师不可不知的教学心理效应》	叶勇军	30.00
	94	《班主任不可不知的管理效应》	奚一琴	30.00
	95	《教师不可不知的教育心理效应》	孙　媛	30.00
	96	《校长不可不知的管理效应》	谢申刚　张金豹	30.00
	97	《成为好教师的7项修炼》	王福强　李维华	30.00
	98	《如何让学生会学习》	龙　冰	30.00
	99	《如何让学生爱学习》	周震宇　许小燕	30.00
核心教学主张系列	100	《新生代语文名师核心教学主张》	许友兰	30.00
行思讲坛系列	101	《灵动而朴素地教语文——潘文彬的微格教育生活》	潘文彬	30.00
	102	《师爱无疆——润泽学生心灵的教育故事》	侯忠彦	30.00
	103	《怎样反思更有效——促进教师专业发展的反思策略》	诸贝贝	30.00
	104	《成为高度自觉的教育者——写给后课标时代的数学教师》	许卫兵	30.00
	105	《哲思数学课》	刘全祥	30.00
	106	《智慧数学课——黄爱华教学思维的实践策略》	黄爱华	30.00

系列	序号	书　　名	主编	定价
行思讲坛系列	107	《童趣数学课》	徐　芳	30.00
	108	《把学生教聪明》	严育洪	30.00
	109	《教师最应该规避的教育误区》	杨坤道	30.00
	110	《用语文的方式教语文——潘文彬教学主张与实践智慧》	潘文彬	30.00
	111	《怎样让阅读教学更有效——提升教学能力的十种读诵模式》	汪秀梅	28.00
	112	《让生命在润泽中起舞——当代小学生最需要的主题班会》	吴联星　罗　琳　冯卫东	30.00
	113	《让生命欢快拔节——当代中学生最需要的主题班会》	冯卫东　吴联星	30.00
	114	《课堂因生成而精彩——高效教学的生成智慧》	张文质	30.00
	115	《回到每一个人的生命化教育——张文质二甲中学教育行动录》	张文质	30.00
中国教育变革之路丛书	116	《百年树人师何为——教师队伍建设困顿与出路》	将丽珠　李玉向	30.00
	117	《入园何时不再难——学前教育困惑与抉择》	曾晓东　范　昕　周　慧	30.00
	118	《三尺书桌何处寻——流动人口子女教育困难与破解》	范先佐	30.00
	119	《苦旅何以得纾解——高考改革困境与突破》	郑若玲	30.00
	120	《择校纠结何时了——择校问题困局与治理》	曾晓东　周文海　曾娅琴	30.00
创新教学思想系列	121	《“大问题”教学的形与神》	黄爱华　张文质	30.00
校长领导力系列	122	《高品质学校生长要素》	王益民	30.00
	123	《校长高校教学领导力提升策略》	徐世贵　郭文毟	30.00
教育漫笔系列	124	《课堂，诗意地栖居》	吴书华	30.00
新思维系列	125	《教育中的“不一定”——打破教育的19种思维惯式》	严育洪	30.00
教学提升系列	126	《有思想地教阅读——让学生学会品读文字真意》	王学东	30.00
教育艺术提升系列	127	《藏在师生体态语言里的教学智慧》	张　宇　廖生波	30.00

系列	序号	书名	主编	定价
教学全手册系列	128	《小学习作教学全手册》	郭家海	30.00
	129	《中学写作教学全手册》	郭家海	30.00
	130	《情境教学操作全手册》	冯卫东	35.00
	131	《合作教学操作全手册》	李春华	35.00
	132	《探究教学操作全手册》	周新桂	35.00
	133	《自主教学操作全手册》	诸葛彪	35.00
	134	《创新教学操作全手册》	王　玮	35.00
	135	《班主任工作全手册》	刘沛华	35.00
	136	《新教师工作全手册》	周震宇	35.00
	137	《学生心理健康教育全手册》	刘海莉　刘春杰	35.00
	138	《高效教学操作全手册》	马友平	35.00
创新人才培养系列	139	《创新人才培养校园科普精品课程开发与指导 ——人大附中创新人才培养》	罗　滨	30.00
	140	《创新人才培养特色校本课程开发与创新人才培养 ——清华附中"国际安全下的科学技术"课程构建与实施》	王殿军　方　研 赵宏雁	30.00
	141	《创新人才培养：学校实验室建设与管理》	刘克文 杨发丽　杨　平	30.00
	142	《创新人才培养：数学探究活动开发与指导》	马云朋　韩继伟	30.00
	143	《创新人才培养：化学研究活动开发与指导》	王　磊	30.00
	144	《创新人才培养：物理探究活动开发与指导》	廖伯琴	30.00
	145	《创新人才培养：地理探究活动开发与指导》	张建珍　陈　澄	30.00
	146	《创新人才培养：生物探究活动开发与指导》	张迎春	30.00
	147	《创新人才培养：理念探索与思维突破》	王晶莹	30.00
新生代通派名师系列	148	《简约数学教学》	许卫兵	30.00
	149	《语文教学的本真——情意课堂展现母语之美》	吴建英	30.00
	150	《语文课堂的理想追求——欢快达成三维目标》	董一红	30.00
	151	《阅读教学的真髓——意象构建读出文学的真美》	祝　禧	30.00
	152	《美术教育的真谛——审美人生教育让生命绚丽成长》	陈铁梅	30.00
	153	《语文教学的理想境界——无痕教学润泽生命》	李　凤	30.00
	154	《儿童作文的本义——嬉乐作文让儿童乐并成长着》	王笑梅	30.00
	155	《名师是怎样炼成的》	王建明　王笑君	35.00
幼师成长系列	156	《幼儿行为背后——教师如何读懂幼儿的心思》	吴亚英	30.00
	157	《最具教育力的22种幼儿教育思想》	杨　达	30.00
	158	《幼儿教师必知的安全应急措施》	杨　达	30.00
	159	《幼儿教师必备的教育技能》	李　玲	30.00
	160	《卓越园长21条幼儿园管理策略》	周　丹　江东秋	30.00